本教材受中南财经政法大学中央高校基本科研业务费专项资金资助
（项目编号：2722023DY001）

普通高等学校"十四五"规划旅游管理类课程思政版精品教材

总主编◎邓爱民

旅游经济学

（课程思政版）

LÜYOU JINGJIXUE

（KECHENG SIZHENG BAN）

主　编◎周丽丽
副主编◎廖　华　严嘉靖　吴亚玲　李晓倩

华中科技大学出版社
http://press.hust.edu.cn
中国·武汉

内容简介

本书充分结合新时期旅游业发展背景与课程思政化建设实践经验,秉承"课程承载思政"和"思政寓于课程"的理念,向各位读者展现了旅游新时期发展的各类实践案例,建立起科学知识体系。全书共十二章,核心内容包含旅游经济学理论概述、发展现状和问题建议,以期提供更良好的阅读体验和更系统的知识梳理。本书立足国际视野,以丰富有趣的案例学习将家国情怀、法治意识、专业素养等元素融入课程教学中,不断优化旅游经济学课程设计。本书结合党的二十大精神,以价值塑造、知识传授、能力培养"三位一体"为教学目标,不仅适合高等院校、旅游研究机构、自学考试人员作为教材,而且对旅游企业服务和管理的发展以及旅游职业培训都具备一定实用性和参考价值。

图书在版编目(CIP)数据

旅游经济学:课程思政版/周丽丽主编. —武汉:华中科技大学出版社,2023.6
ISBN 978-7-5680-9537-2

Ⅰ.①旅… Ⅱ.①周… Ⅲ.①旅游经济学-教材 Ⅳ.①F590

中国国家版本馆 CIP 数据核字(2023)第 110510 号

旅游经济学(课程思政版)　　　　　　　　　　　　　　　周丽丽　主编
Lüyou Jingjixue(Kecheng Sizheng Ban)

策划编辑:李 欢 王 乾		责任编辑:张 琳	
封面设计:原色设计		责任校对:刘 竣	
责任监印:周治超			

出版发行:华中科技大学出版社(中国·武汉)　　电话:(027)81321913
　　　　　武汉市东湖新技术开发区华工科技园　　邮编:430223
录　　排:华中科技大学惠友文印中心
印　　刷:武汉科源印刷设计有限公司
开　　本:787mm×1092mm　1/16
印　　张:17.5
字　　数:408 千字
版　　次:2023 年 6 月第 1 版第 1 次印刷
定　　价:59.80 元

本书若有印装质量问题,请向出版社营销中心调换
全国免费服务热线:400-6679-118　竭诚为您服务
版权所有　侵权必究

2014年5月,习近平总书记在北京大学师生座谈会上的讲话中指出,全国高等院校要走在教育改革前列,紧紧围绕立德树人的根本任务,加快构建充满活力、富有效率、更加开放、有利于学校科学发展的体制机制,当好教育改革排头兵。为了实现立德树人的根本任务,中央和国家有关部门出台了多项文件政策。2019年,中共中央办公厅、国务院办公厅印发了《关于深化新时代学校思想政治理论课改革创新的若干意见》,强调要整体推进高校课程思政建设,使各类课程与思政课同向同行,形成协同效应。2020年,教育部印发《高等学校课程思政建设指导纲要》,强调课程思政是高校落实立德树人根本任务的战略举措。因此,高校落实立德树人根本任务,不仅要突出思政课程的地位,更要强化专业课程的思政建设,共同构筑良好的育人课程体系,引导学生塑造正确的世界观、人生观、价值观。

教材建设是课程思政建设的重要内容,对于落实立德树人的根本任务具有重要意义。以往的教材编写,主要侧重于专业知识的讲解,忽略了思政育人作用。即使有较好的育人素材,也没有进行很好的挖掘。基于此,为落实立德树人根本任务,进一步强化国家级一流本科专业(旅游管理)建设,中南财经政法大学旅游管理系筹划了旅游管理专业课程思政系列教材的编写。本系列教材由教育部高等学校旅游管理类专业教学指导委员会委员、湖北名师邓爱民教授担任总主编和总策划。本系列教材从结构到内容,均实现了较大的创新和突破,具有以下特点。

一、突出课程思政主题

本系列教材在编写过程中注重将习近平新时代中国特色社会主义思想"基因式"地融入,推进专业教育和思政教育的有机结合,用"双轮驱动"打破思政教育与专业教育相互隔绝的"孤岛效应",将价值塑造、知识传授和能力培养三者融为一体,培养学生的家国情怀、职业责任和科学精神。

二、结构新颖

为落实立德树人根本任务,突出课程思政教材的主题,本系列教材在结构安排上实现了创新。例如,《现代旅游发展导论》在每个章节前面列出了本章的"思政元素",在章节正文部分,无论是案例引用,还是内容介绍,都有机融入了课程思政元素。在每章结束部分,单列了"本章思政总结",对本章涉及的思政元素进行总结、提炼和升华,强化对学生的思政教育。

三、配套全面

本系列教材案例丰富,内容翔实,不仅有利于教师授课,也方便学生自主学习。为适应新时代高校教育模式改革,本系列教材将不断丰富配套资源,建设网络资源平台,方便旅游管理课程思政教学与经验交流。

在编写和出版过程中,本系列教材得到了华中科技大学出版社的大力支持,得到了全国旅游学界和旅游业界的大力帮助,在此一并表示感谢。希望本系列教材能够丰富课程思政教材建设,促进高素质旅游人才培养。

总主编　邓爱民

2021 年 9 月 3 日

前言

Preface

2023年是贯彻落实党的二十大精神、以中国式现代化全面推进中华民族伟大复兴的开局之年,也是坚持推进旅游经济破除困境、重返繁荣的破题之年。不断满足广大人民群众品质化和多样性的旅游需求,重构旅游经济高质量发展新格局,将是未来旅游工作的主基调。旅游有其独特的价值和作用,旅游业在增加地方收入、促进共同富裕上,在移风易俗、促进精神文明建设上,在引领绿色崛起、促进人与自然和谐共生上,在促进民间交往、成为世界和平发展之舟上,具有重要作用。旅游经济思政化教学更应"守好一段渠、种好责任田",为旅游经济高质量发展提供优秀人才。

本书以旅游经济发展为主题,以弘扬中华优秀传统文化及当代精神文化为主旨,在对旅游经济学课程内容的系统讲述的基础上,结合中国旅游传统文化审美、中国非物质文化遗产的价值与传承、中国休闲农业振兴乡村道路、红色旅游文化内涵、研学旅游与校外教育、"一带一路"倡议下中国旅游文化的国际交流等内容,赋予思政价值,为旅游经济学课程的思政化建设奠定理论基础。

本书共分为十二章,每章以及每节都有特定的思政引导与思政内容,并配备了当下的热门旅游案例与思考分析实例,导入和升华章节主题,每章最后所列出的思考题旨在进一步激发读者的深入思考。

在本书编写过程中,编者研读了大量国家政策、思政会议报告、时事新闻、旅游规划文件、行业规范和学术界出版的书籍、报刊以及研究成果等并进行了规范引用。在此,我们向本书所引用文献的各位作者表示衷心的感谢!本书的完成还充分依托了编者长期从事"旅游经济学""旅游资源与规划"等方面的研究历程与教学经验,以及在湖北、北京、四川、山东等地进行的旅游实践的深刻体会与心得。

本书由周丽丽任主编,廖华、严嘉靖、吴亚玲和李晓倩任副主编。具体分工如下:第一章、第十一章和第十二章由周丽丽、廖华编写,第二章和第十章由周丽丽、李晓倩编写,第三章、第四章、第五章和第六章由周丽丽、严嘉靖编写,第七章、第八章和第九章由周丽丽、吴亚玲编写,全书由周丽丽统稿。

由于编者水平有限,书中难免存在不足之处,敬请读者批评指正。

编　者
2022年12月

目录
Contents

第一章 旅游经济学导论 /001

第一节 概述 /003
一、旅游 /003
二、旅游产业 /006
三、旅游经济 /006
四、旅游经济关系 /008

第二节 产生与发展 /010
一、国外研究发展历程 /010
二、我国研究发展历程 /012

第三节 研究内容与研究对象 /013
一、研究内容 /014
二、研究对象 /015

第四节 研究方法与研究意义 /016
一、研究方法 /106
二、研究意义 /108

第二章 旅游产品与开发 /020

第一节 旅游产品的概念与特征 /021
一、旅游产品的含义 /022
二、旅游产品的特征 /022
三、旅游产品的价值 /024

第二节 旅游产品的构成 /026
一、旅游产品的一般构成 /027

二、旅游产品的需求构成　　　　　　　　/027
三、旅游产品的供给构成　　　　　　　　/029
四、旅游产品的构成关系　　　　　　　　/031

第三节　旅游产品的开发　　　　　　　　/032
一、旅游产品的类型划分　　　　　　　　/033
二、旅游产品的开发原则　　　　　　　　/035
三、旅游产品的开发内容　　　　　　　　/036
四、旅游产品的开发策略　　　　　　　　/038

第四节　旅游产品的生命周期　　　　　　/039
一、旅游产品生命周期的含义　　　　　　/040
二、旅游产品生命周期的四个阶段及特征　/040
三、旅游产品生命周期的四个阶段的营销策略/042
四、旅游产品的生命周期变异　　　　　　/043

第三章　旅游需求　　　　　　　　　　/046

第一节　旅游需求概述　　　　　　　　　/048
一、旅游需求的概念　　　　　　　　　　/048
二、旅游需求的产生条件　　　　　　　　/049
三、旅游需求的特点　　　　　　　　　　/052
四、旅游需求的影响因素　　　　　　　　/054

第二节　旅游需求规律与弹性　　　　　　/057
一、旅游需求基本规律　　　　　　　　　/057
二、旅游需求弹性　　　　　　　　　　　/060

第三节　旅游需求的衡量及预测　　　　　/063
一、现代旅游需求的衡量　　　　　　　　/063
二、现代旅游需求的调查　　　　　　　　/066
三、现代旅游需求的预测　　　　　　　　/067

第四章　旅游供给　　　　　　　　　　/069

第一节　旅游供给概述　　　　　　　　　/071
一、旅游供给的概念　　　　　　　　　　/071
二、旅游供给的特点　　　　　　　　　　/072
三、旅游供给的影响因素　　　　　　　　/074

第二节　旅游供给规律与弹性　　　　　　/076
一、旅游供给基本规律　　　　　　　　　/076
二、旅游供给弹性　　　　　　　　　　　/079

第三节　旅游供给的组成与衡量　　　/081
　一、旅游供给的组成　　　　　　　/082
　二、旅游供给的衡量　　　　　　　/084

第五章　旅游供求平衡　　　　　　　/089

第一节　旅游供求关系概述　　　　　/090
　一、旅游供求关系的内容　　　　　/090
　二、旅游供求关系的本质　　　　　/091
　三、旅游供求矛盾的主要表现　　　/091
第二节　旅游供给与需求的均衡　　　/092
　一、旅游需求与供给的静态均衡　　/093
　二、旅游需求与供给的动态均衡　　/093
第三节　旅游供求规律与调控　　　　/097
　一、旅游供求规律　　　　　　　　/097
　二、旅游供求平衡的调控　　　　　/098

第六章　旅游市场　　　　　　　　　/101

第一节　旅游市场概述　　　　　　　/103
　一、市场的概念　　　　　　　　　/103
　二、旅游市场的概念　　　　　　　/103
　三、旅游市场的特点　　　　　　　/105
　四、旅游市场的作用　　　　　　　/108
　五、旅游市场机制　　　　　　　　/109
第二节　旅游市场类型与细分　　　　/112
　一、旅游市场类型　　　　　　　　/113
　二、旅游市场细分　　　　　　　　/116
第三节　旅游市场竞争　　　　　　　/120
　一、旅游市场竞争的概念　　　　　/120
　二、旅游市场竞争的必然性　　　　/120
　三、旅游市场竞争的类型　　　　　/122
　四、旅游市场竞争的影响因素　　　/123
　五、旅游市场竞争的结构　　　　　/124
　六、旅游市场竞争的内容　　　　　/125
　七、旅游市场竞争的方法　　　　　/126
第四节　旅游市场开拓　　　　　　　/128
　一、旅游市场开拓的概念　　　　　/128

二、旅游市场开拓的意义　　/128
　　三、旅游市场战略目标确定　　/129
　　四、旅游市场开拓策略　　/131

第七章　旅游消费　　/134

第一节　旅游消费概述　　/135
　　一、旅游消费的概念与性质　　/136
　　二、旅游消费的特点　　/136
　　三、旅游消费在旅游经济运行中的作用　　/138

第二节　旅游消费决策　　/139
　　一、旅游消费者最大效用均衡　　/139
　　二、消费者最大效用均衡与旅游消费决策　　/142

第三节　旅游消费结构　　/146
　　一、旅游消费结构的概念和分类　　/147
　　二、影响旅游消费结构的因素　　/148
　　三、合理的旅游消费结构的标准　　/149

第四节　旅游消费效果评价　　/151
　　一、旅游消费效果的含义　　/151
　　二、旅游消费效果衡量　　/152
　　三、旅游消费效果的评价原则　　/153

第八章　旅游收入　　/156

第一节　旅游收入　　/158
　　一、旅游收入概念　　/158
　　二、旅游收入分类　　/158
　　三、旅游收入指标　　/160
　　四、影响旅游收入的因素　　/163

第二节　旅游收入分配　　/165
　　一、旅游收入初次分配　　/166
　　二、旅游收入再分配　　/167

第三节　旅游乘数效应　　/169
　　一、旅游乘数效应原理　　/170
　　二、旅游乘数效应的测量　　/171
　　三、旅游乘数的类型　　/173
　　四、影响旅游乘数效应大小的主要因素　　/177
　　五、旅游乘数效应的局限性　　/178

第四节　旅游收入漏损　/179
一、旅游收入漏损的主要形式　/179
二、影响旅游外汇漏损的因素　/180
三、减少旅游外汇收入漏损的途径　/182

第九章　旅游产业　/184

第一节　旅游产业　/185
一、旅游产业的含义　/186
二、旅游产业构成　/187

第二节　旅游产业结构　/189
一、旅游产业结构的概念　/189
二、产业结构分类　/190
三、旅游产业结构分类　/191
四、旅游产业结构分析　/192
五、旅游产业结构的优化　/194

第三节　旅游产业政策　/196
一、旅游产业政策的概念和特点　/196
二、旅游产业政策的内容　/197
三、旅游产业政策的作用　/198

第四节　旅游产业关联与融合化发展　/199
一、旅游产业关联　/200
二、旅游产业融合　/201

第十章　旅游企业与经营　/204

第一节　旅游企业概述　/206
一、旅游企业的含义　/206
二、旅游企业的分类　/207
三、旅游企业的特点　/208

第二节　旅游企业一体化行为　/209
一、纵向一体化　/209
二、横向一体化　/210

第三节　旅游企业跨国经营　/212
一、跨国经营的原因　/213
二、跨国经营的模式　/213

第四节　旅游企业发展　/215
一、旅游企业集群化　/215
二、旅游企业信息化　/216
三、旅游企业标准化　/217

第十一章 旅游经济效益与评价 /220

第一节 旅游经济效益 /223
一、旅游经济效益的概念 /223
二、旅游经济效益的范畴与分类 /224
三、旅游经济效益的特点 /225
四、影响旅游经济效益的因素 /225
五、旅游经济效益的评价 /227

第二节 旅游企业经济效益 /228
一、旅游企业经济效益的概念 /228
二、旅游企业经济效益分析 /229
三、提高旅游企业经济效益的途径 /232

第三节 旅游宏观经济效益 /234
一、旅游宏观经济效益的概念 /234
二、旅游宏观经济效益的分析和评价 /236
三、旅游宏观经济效益的途径与方法 /238

第十二章 旅游经济可持续发展 /241

第一节 旅游经济可持续发展概述 /243
一、旅游经济可持续发展的定义 /243
二、旅游可持续发展的表现形式 /244
三、旅游经济可持续发展的特点 /245
四、旅游可持续发展的原则与目标 /245
五、旅游可持续发展的内容 /247
六、旅游经济可持续发展的意义 /248
七、旅游经济可持续发展的一般性措施 /249

第二节 旅游经济可持续发展模式 /250
一、旅游经济发展模式的概念 /250
二、旅游经济发展模式的影响因素 /250
三、国外的旅游经济发展模式 /251
四、我国的旅游经济发展模式 /254

第三节 新发展时期的旅游经济可持续发展 /256
一、新发展时期旅游业发展的"新变化" /257
二、新发展时期旅游经济可持续发展的思路 /258
三、新发展时期旅游经济可持续发展的措施 /259

参考文献 /261

第一章
旅游经济学导论

学习目标
1. 了解旅游及旅游经济相关概念。
2. 熟悉旅游经济学发展历史阶段。
3. 掌握旅游经济学的研究内容与研究对象。
4. 理解旅游经济学的研究方法与研究意义。

思政引导

党的二十大报告指出,中国式现代化的本质要求是坚持中国共产党领导,坚持中国特色社会主义,实现高质量发展,发展全过程人民民主,丰富人民精神世界,实现全体人民共同富裕,促进人与自然和谐共生,推动构建人类命运共同体,创造人类文明新形态。

思政内容

依据旅游经济的地位和作用,特别是旅游业的带动功能,认识我国旅游经济发展对于丰富人民精神世界、促进地区经济平衡发展方面的重要作用。

旅游业新发展阶段　向质向精

旅游业是一个综合性产业,其产业要素包括食、住、行、游、购、娱等,产业链包括上游交通、住宿、景点等资源端,中游传统线上、新兴线上渠道端,以及下游多种旅游消费者类型组成的消费。

近年来,旅游业逐渐成为我国国民经济战略性支柱产业,据国家统计局核算,2019年全国旅游及相关产业增加值为44989亿元,占国内生产总值(GDP)的比重为4.56%。中国国内游客总数由2015年的39.9亿人次上升到2019年的60.06亿人次,相应的,旅游行业总收入由 2015 年的 34195.05 亿元增长至 2019 年的 57250.92 亿元。受到疫情的影响,2020 年中国国内旅游行业总收入为 22286 亿元,同比下降 61.07%;旅客数量仅有 28.8 亿人次。

从短期来看,我国旅游行业市场 2020 年受到的冲击较大,市场在一定的时间内都处于低迷的态势。2015—2019 年,我国居民人均旅游消费额稳定占人均可支配收入比例 3% 以上,而在 2020 年,该比例降至 1.14%。但同时需看到,困难是短暂的,随着我国人均可支配收入的不断提升以及消费结构的稳定性,我国旅游业的发展空间还很大。

2020 年中国旅游行业市场持续低迷,但随着情况的变化,旅游业复苏态势强劲。国内旅客运输量持续攀升,国内旅游业逐步复苏。

2021 年第一季度以来,国内旅游业正在加速复苏。据交通运输部统计,4 月 3 日至 5 日,全国预计发送旅客 1.45 亿人次,比去年清明假期增长 142%。其中民航预计运输旅客 432.8 万人次,比去年清明假期大幅增长 256.4%。

如今,我国旅游业发展有以下三大趋势。

1. 数字化成为旅游发展新形态

在大数据时代,作为供给方的 OTA(即在线酒店、旅游、票务等预订系统平台)为各旅游主体提供线上的产品营销或者产品销售,从而为消费者带来定制化的线上旅游产品。随着消费群体从线下到线上消费的大量转移,以及相应的用户预订习惯的转变,OTA 平台的优势逐步展现,各旅游及相关企业都纷纷开始依托第三方的 OTA 平台或者开拓自己的数字化产品,为消费者提供相当多的新式应用、个性化推送与位置服务,数字化已然成为旅游发展新形态。

2. 互联网内容社区、平台对消费决策影响日益增强

随着全民消费升级与移动互联网的迅猛发展,消费者的需求变得更加多元化、个性化,当今的旅客需要更多个性化且便利的旅游产品与服务。而小红书、抖音等内容社区和平台通过 KOL/KOC 的优质内容,以图文、短视频、直播等多元化手段吸引了大量用户群体,特别是年轻群体,并影响平台上用户的旅行决策,用户再通过分享去影响其他用户。相较于传统的旅行社服务,网络社区上的 KOL/KOC 内容更具备个性化和差异化的特质,能满足用户多元的需求。

3. 旅游新业态不断涌现

2020 年后,消费者的消费习惯发生改变,各行业孕育出新的发展趋势。通过旅游业界的积极探索与共同努力,催生了旅游新业态和服务新模式,如旅游景区实名制登记、严格控制线下客流量等,倒逼景区升级数字化管理;云旅游、跨界直播带货、"宅经济"促使旅游企业发展"新大陆";"无接触服务"带火智能无人酒店;国内周边游,公园野餐外卖服务等推动旅游行业转变运营模式重新获客。

高质量发展阶段是现阶段产业升华的内在需求,必须不断推动旅游业的发展,尽管受到疫情的冲击,我国还是努力致力于旅游业的恢复发展,推出文旅融合、创新引领、品质供给、生态环保等发展政策,以期推动旅游业的长足发展。

资料来源 文化和旅游部,前瞻产业研究院。

思考:旅游新业态是能够长期持续的新增长极,还是"昙花一现"的现象?

第一节 概　述

思政引导

旅游业作为国民幸福产业，不仅能够促进经济增长，还能丰富人民精神世界，协调地区平衡发展，旅游经济的健康发展对于实现"绿色"和"协调"并驾齐驱具有重要意义。

思政内容

依据旅游经济含义、性质、地位和作用，了解旅游经济在国民经济发展中的重要性，坚持培育和践行社会主义核心价值观，有效提升旅游规范化发展水平。认识到我国旅游经济发展对丰富人民精神世界、打造美好生活、增强人民幸福感的重要作用。

旅游经济学分属于现代经济学，经济学是研究人类社会各种经济活动、经济关系和经济规律的学科总称，而旅游经济学则是以经济学的一般理论为指导，研究旅游经济活动中各种经济现象、经济关系和经济规律的科学。因此，旅游经济学同其他学科相比较，具有不同于其他学科的特点。

党的二十大报告指出，中国式现代化的本质要求是坚持中国共产党领导，坚持中国特色社会主义，实现高质量发展，发展全过程人民民主，丰富人民精神世界，实现全体人民共同富裕，促进人与自然和谐共生，推动构建人类命运共同体，创造人类文明新形态。

随着旅游业快速发展，旅游活动如今已然成为十分重要的活动，不论是旅游者或是旅游产业的活动，都吸引了人们越来越多的关注，引发各地学者的研究，受到各国各地政府部门的高度重视。旅游活动既是一种社会现象，又是一种经济活动，包含经济、政治、社会、文化、生态等多方面、多领域的属性与影响。因此，在我们深入学习旅游经济学之前，导论部分必须先介绍四个基本概念：旅游、旅游产业、旅游经济和旅游经济关系。

一、旅游

（一）旅游的含义

旅游的定义，是旅游学的基本概念，而对于"旅游"这一概念的理解和把握，是研究旅游经济学的逻辑起点。

世界旅游组织(world tourism organization, WTO)是联合国系统的政府间国际组织,联合国世界旅游组织正式采用的旅游的定义如下:旅游活动是由人们前往外地的旅行及在该地的逗留活动所组成,是人们出于休闲、商务或其他目的,离开自己的惯常环境(usual environment),前往某地旅行,并在该地连续停留时间不超过一年的访问活动。

旅行者(traveler)的定义如下:任何在两个或多个国家之间或是在其惯常居住国境内的两地或多地之间开展旅游活动的人员。在旅游统计中,对所有各类旅行者都统称为游客(visitor)。游客这一术语是整个旅游统计系统的基础概念。

按照游客的不同,可将旅游活动分为以下四种类型。

(1) 国际旅游(international tourism)。

①入境旅游(inbound tourism),是指非该国居民来访该国的旅游活动。

②出境旅游(outbound tourism),是指某一国居民前往另一国访问的旅游活动。

(2) 境内旅游(interal tourism),是指该国居民以及非该国居民在该国境内开展的旅游活动。

(3) 国内旅游(domestic tourism),是指一个国家的居民在本国境内开展的旅游活动。

(4) 国民旅游(national tourism),是指该国居民的国内旅游和出境旅游的合称。

随着社会的不断发展,旅游的定义也发生变化,同时由于旅游学的综合性与复杂性,旅游的定义往往不会限于一方面,因此学界对旅游也有不同的定义。

1. 交往定义

德国学者蒙根罗德(1927)认为旅游在狭义上是指暂时离开住地,为满足生活与文化需求或个人愿望,而逗留异地的人的交往。这一定义强调旅游为一种社会交往活动。

2. "艾斯特"定义

瑞典学者亨齐克和克拉普夫(1942)认为旅游指非定居的旅行和短暂逗留而引起的一切现象和关系的总和,这种旅游不会产生长期居住或者利益活动。这一定义于1970年被旅游科学专家国际联合会所认定,强调旅游的异地性、暂时性、非就业性和综合性。

3. 目的定义

20世纪50年代,奥地利维也纳经济大学旅游研究所对旅游的定义:旅游可以理解为是暂时在异地的人的空余时间的活动,主要是出于休养;出于受教育、扩大知识面和交际的原因的旅行;参加这样或那样的组织活动,以及改变关系和作用。

4. 流动定义

英国学者伯卡特和麦德里克(1974)认为:旅游即除开进行有偿活动外的任何原因而离开正常居住地的短期外出访问、逗留别处的现象。这一定义强调异地性、暂时性以及非就业性。

5. 时间定义

美国博士马丁认为:旅游即以消遣为目的而进行的旅行,在某一国家逗留的时间超过24小时。这一定义强调了旅游定义的逗留时间标准。

6. 相互关系定义

美国学者罗伯特·麦金托什和查尔斯·戈尔德耐(1980)认为:旅游为在吸引和接待访问者的过程中,由于游客、旅游企业、目的地政府及目的地居民的相互作用而产生的一切现象和关系的总和。此定义强调了旅游的复杂性和现象的综合性。

7. 生活方式定义

中国学者于光远(1985)认为:旅游是现代社会人类的一种短期的特殊的异地性、业余性和享受性的一种生活方式。这一定义强调旅游为一种生活方式。

8. 技术定义

技术定义为世界旅游组织的官方定义,是一种官方的技术性界定。

9. 体验定义

中国学者谢彦君(1999)对于旅游的定义突出"愉悦"的目的和"体验"的动机两方面。他认为旅游是个人以前往异地寻求审美和愉悦为主要目的而度过的一种具有社会、休闲和消费属性的短暂经历,这一定义被称为"愉悦经历说";谢彦君(2011)又提出"休闲体验说":旅游是个人利用其自由时间并以寻求愉悦为目的而在异地获得的一种短暂的休闲体验。他的旅游定义从"愉悦经历说"到"休闲体验说"的修正发展,也表明"愉悦"的目的和"体验"的动机一直是谢彦君所强调的旅游定义的重点核心内容。

综合这些对旅游定义的不同表述,可以发现人们至少在以下两个方面已经取得共识:①旅游是人们离开其定居地,去异国他乡访问的活动,这一点反映了旅游活动的异地性;②旅游是人们前往旅游目的地,并在那里进行有别于移民性永久居留的短暂停留的访问活动,这一点反映了旅游活动的暂时性。异地性和暂时性正是旅游较为突出的两个外部特征。

除了上述两点共性,这些旅游定义之间还存在着一些差异性。有的强调旅游的综合性,有的强调旅游的目的性,有的以便于统计为出发点,强调"一年之内"或"超过24小时"。

(二) 旅游要素系统

旅游活动是一种复杂的综合现象,涉及游客的旅游需求、旅游消费体验、旅游产品、旅游服务等各种支持性条件与手段。从旅游活动的过程来看,影响旅游活动的主要因素有以下三个方面(图 1-1)。

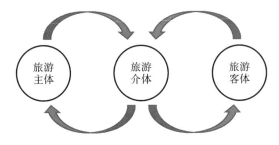

图 1-1　影响旅游活动的主要因素

1. 旅游主体

旅游者是旅游活动的主体,其追求的是旅游活动带来的各种各样的身心体验和满足。这在很大程度上决定了旅游者的出游动机和对旅游目的地以及参与活动的选择。

2. 旅游客体

旅游客体是旅游活动得以开展的物质基础,是吸引旅游主体前往目的地的各类因素,包括目的地自然环境、社会人文环境或其他一些因素。

旅游地居民通常将旅游看成一种文化交流或促进就业的因素,看重的是游客与他们之间的互动所产生的影响。这种影响可能是有利的,如旅游带来的外部文化与信息的进入、就业机会与收入增加等;也可能是不利的,如旅游带来的对当地原有的社会生活秩序、民俗习惯、地域文化的冲击与影响。旅游地居民是否拥有热情的好客精神是影响游客体验感知价值的重要因素。

3. 旅游介体

旅游介体是连接旅游主体和旅游客体的中介,即为旅游活动提供各种服务安排,使旅游者旅游愿望得以实现,并能够从中获得满足以及精神愉悦的那部分因素。

旅游产品和服务提供者指的是向旅游市场直接或间接提供旅游产品和旅游服务的企业和相关部门,是旅游产品或旅游服务的供给商,将旅游活动看成一种市场机会,通过为旅游市场提供商品和服务实现盈利。它们构成旅游经营部门,承担着向游客交付高品质旅游体验的责任。另外,各国各地区政府部门的政策、管理也都十分重要。

二、旅游产业

如何理解产业的内涵?苏东水在《产业经济学》中指出:产业是介于宏观经济与微观经济之间的中观经济,产业是社会分工和生产力不断发展的产物,其内涵随着社会生产力水平的不断提高而不断充实,外延也不断扩展,并且产业应该是具有多层次性的,即产业是具有某种同类属性的企业经济活动的集合。

结合旅游活动的特点,可以将旅游产业界定为:为开展旅游活动提供旅游产品和旅游服务,以及相关配套产品与服务的同类属性企业经济活动的集合。旅游产业是一个综合性很强的产业,包括开展旅游活动所涉及的食、住、行、游、购、娱等多个产业部门及相关产业。

2015年,中国国家统计局公布的《国家旅游及相关产业统计分类(2015)》将旅游及相关产业划分为11个大类,27个中类,67个小类。将旅游业和旅游相关产业定义为:旅游业是指直接为游客提供出行、住宿、餐饮、游览、购物、娱乐等服务活动的集合;旅游相关产业是指为游客出行提供旅游辅助服务和政府旅游管理服务等活动的集合。

旅游产业的形成是与社会生产力发展水平相适应的社会分工形式的表现,是随着物质生产的发展和居民生活需求的扩大而逐步从商业、交通运输业、住宿餐饮业等服务业中派生出来的,其形式虽然仍属于服务业,但其经济活动的内容和范围已经超出服务业的范畴,涉及农业、工业、文化、社会管理等经济社会各领域。随着现代旅游业的快速发展,旅游业具有较为集中的旅游需求和供给,以及独立的分工领域,形成了相应的产品体系和市场结构,并且日益成为国民经济的重要组成部分。

三、旅游经济

(一)旅游经济的含义

旅游是十分重要的行业,依托当地旅游资源、基础设施,为旅游者提供观光、游览、休闲、娱乐等活动的行业。而旅游经济是在旅游活动有了一定的发展,并具备了一定物质条件的前提下产生的一种社会经济活动,是近代商品生产和商品交换长期发展的结果。

从经济学角度考察,旅游经济就是旅游需求和旅游供给之间的经济联系,以及由这种联系引起并采用商品交换形式所形成的,旅游者、旅游产品和旅游服务提供者,以及旅游地政府、旅游地社区(居民)等利益相关者之间的经济联系和经济关系的总和。简而言之,旅游经济是指以商业经济为基础,以旅游活动为前提,伴随着社会发展的需求而产生的一种社会综合活动,主要表现为旅游者在旅游的过程中进行的经济交易往来所带来的各种各样的经济现象与经济关系的总和。

(二) 旅游经济的发展条件

旅游活动发展成为旅游经济活动的条件包含两个方面:一是旅游活动商品化;二是旅游活动社会化。

旅游活动商品化是指采用商品交换的方式来组织旅游活动,即旅游者的旅行过程以及与其相关的各种活动是通过一系列商品交换关系的完成实现的。在旅游市场上,旅游企业或旅游相关企业直接或间接地向旅游者提供旅游产品和旅游服务或相关产品及服务,通过满足市场需求以获得经济利益;旅游者在旅游活动过程中为满足食、住、行、游、购、娱等旅游需求或获得某种旅游体验,必须以一定的价格向旅游企业或相关企业购买旅游产品或服务。旅游者与旅游产品或旅游服务提供者之间发生市场交换关系。

旅游活动社会化以分工与协作为基本特征,具体表现为旅游生产要素和劳动力要素集中在旅游企业及相关部门中进行有组织的规模化生产。旅游活动的专业化分工不断发展,旅游产品和服务提供者之间的分工更为细化,协作更加密切,旅游产品和服务的市场化以及市场机制的调节作用,使旅游活动过程各个环节形成一个不可分割的整体。

(三) 旅游经济的性质

旅游经济作为一种经济性的产业,它是社会发展到一定阶段时产生的,在国民经济中的地位非常重要,而旅游经济具有以下三种性质。

1. 旅游经济是一种商品化的旅游活动

现代旅游经济是建立在商品经济基础之上的,以旅游产品的生产和交换为主要特征的旅游活动,必然要产生旅游经济活动中的供求关系和旅游产品的市场交换。一方面,随着现代社会经济的发展,特别是交通运输业的发展和人们闲暇时间的增多,既有旅游消费需求又有旅游消费能力的大众旅游活动的普及,产生了巨大的旅游市场需求。旅游需求的规模数量、消费水平、旅游目的、游览内容、出行方式等对旅游经济的发展规模和水平具有决定性的影响和作用。另一方面,旅游经济活动的市场供给主体——旅游企业,为旅游者提供各种旅游产品和服务,通过满足旅游市场需求获得利润。旅游企业既是旅游产品的生产者,又是旅游产品的经营者,是促进旅游产品价值得以实现并产生旅游经济效益的市场主体和重要基础。

2. 旅游经济是一种具有消费属性的旅游活动

经济活动可分为两个基本领域:生产领域和消费领域。生产领域的生产活动表现为要把投入的生产要素转换成产出,向旅游者提供有价值的产品或服务,满足市场需要并获得利润;消费领域的消费活动是出于维持个体生存、保证劳动能力的再生产以及实现个人和社会发展等目的面对物质生活资料和精神生活资料的消费，即人们通过消费产品或服务满足自身欲望的一种经济行为。

在旅游活动中，从供给角度看，旅游企业向市场提供旅游产品和旅游服务，其目的是满足游客的旅游需求；从需求角度看，旅游者在旅游过程中需要购买并消费各种旅游产品和旅游服务，以满足其观光游览、休闲度假、文化娱乐、探亲访友、医疗健康、商务或其他目的的需求欲望。由此可知，游客的旅游活动是一个消费的过程，具有显著的消费属性特征。

3. 旅游经济是一种综合性服务经济

旅游活动虽然不是以经济活动为目的，但其整个活动过程是以经济活动为基础的，涉及交通、住宿、餐饮、购物、文化娱乐、金融保险、通信、医疗等各种经济关系和综合服务。这些经济关系和综合服务构成现代旅游活动得以开展的支持体系，具体可分为四个层次：①公共政策支持体系，包括政策、法规等，如旅游法、公民休假制度等；②基础设施支持体系，包括交通、通信等；③旅游业经营系统，包括旅行社、酒店、旅游景区等；④旅游管理及环境系统，包括旅游行政管理、旅游行业管理、市场环境等。从旅游活动的支持系统来看，旅游经济是一种多行业、多部门分工与协作而形成的综合性服务经济。

（四）旅游经济的地位与作用

1. 平衡国民经济发展

旅游业发展的势头突飞猛进，已经超过了汽车制造、能源行业，成为世界第一大产业。各国为平衡本国国民经济及外汇的收支，都纷纷将旅游业作为最有力的"筹码"。另外，发展国内旅游投资少、收益快，可以安置大量人员就业，市场需求一直有增无减，并且资金回笼较快，是一个"永远的朝阳产业"，它对国民经济的发展起着重要的平衡作用。

2. 促进就业水平提升

旅游业是一个综合性的服务行业，为满足游客的多方面的服务需求，就需要为他们提供更多的直接或间接的服务，这就催化大量工作岗位的出现。据分析，在旅游业的就业安置上，每增加一个直接的就业岗位，就会伴随5个以上的社会间接岗位的出现，因此，旅游经济的快速发展，可以增加大量就业岗位，对于社会的安定具有非常重要的作用。

3. 助力其他产业的协同发展

旅游业具有综合性与复杂性，其繁荣发展往往离不开其他行业，例如酒店、交通、食品、房地产等。同时，旅游业发展会刺激大量游客的消费，从而形成新的消费市场，因此必须扩大生产才能够满足市场需求。所以旅游业带来的消费需求成为推动社会生产力发展的新动力，为其他产业的发展提供一些发展方向与思路。旅游业的发展还会与其他行业进行信息交流，这为其他新行业的产生提供了有利的条件。

四、旅游经济关系

随着旅游活动的大众化、全球化发展，旅游经济活动的社会化分工越来越深入，专业化协作越来越密切，每一个经济主体都在利益最大化原则下理性地选择具有比较优势的核心业务,旅游经济现象和经济关系更加多样化和复杂化。旅游者为了满足自己的旅游需求,必须支付一定的货币向市场购买旅游产品和服务;旅游经营者为了自己的生存和发展,必须投入一定的成本向市场销售旅游产品和服务;旅游产品的开发需要投入一定的旅游资源,而旅游资源又依托于旅游地的自然资源和人文环境;旅游产品的消费是一个旅游体验过程,需要旅游者前往旅游地才能得以实现。因此,旅游者、旅游经营者和旅游地三者构成了旅游经济活动的三大要素,旅游产品成为旅游者、旅游经营者和旅游地三大要素之间的连接纽带,旅游供求关系的矛盾运动和旅游产品的交换关系构成旅游经济的运行过程。

旅游经济关系主要反映在以下五个方面。

(1) 旅游者和旅游经营者之间的经济关系。

(2) 旅游者和旅游地之间的经济关系,包括与旅游地居民之间的经济关系和旅游地政府之间的经济关系。

(3) 旅游者和旅游者之间的经济关系。

(4) 旅游经营者和旅游地之间的经济关系,包括与旅游地居民之间的经济关系和旅游地政府之间的经济关系。

(5) 旅游经营者与旅游经营者之间的经济关系。

总结:旅游经济学以旅游活动为逻辑起点,旅游主体、旅游客体、旅游介体是旅游经济的三大构成要素,以旅游产品为连接纽带,旅游经济学涉及多个领域,以经济学、旅游学、管理学、产业经济学等学科为理论基础,包含旅游市场、旅游产业和旅游经济发展三个层面,旅游经济学主要理论包含旅游市场理论、旅游产业理论、旅游经济发展理论、旅游产业政策四个方面。本书在学习借鉴国内外旅游经济学领域研究成果基础之上,构建学科理论体系(图1-2)。

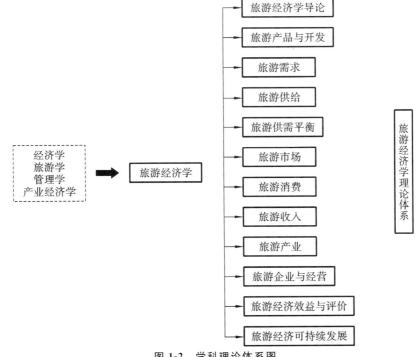

图1-2 学科理论体系图

第二节 产生与发展

思政引导

根据党的二十大报告,我们应推动事关旅游业发展的重大现实问题、热点问题和难点问题研究,加强基础理论研究,加快构建以人民为中心的新时代旅游业发展理论体系。研究出台关于加强旅游科研工作的政策文件,推动旅游科研院所创新发展,培育和认定一批旅游行业智库建设试点单位,用好中国旅游科学年会等研究成果交流平台。

思政内容

通过对国内外旅游经济发展相关研究的收集与总结,梳理旅游经济学相关理论体系,加强学生对于旅游经济发展历程的了解,增强专业素养,提升学生对于旅游专业的喜爱度和自信度,有效提升旅游规范化发展水平,认识到我国旅游经济发展对丰富人民精神世界、打造美好生活、增强人民幸福感的重要作用。

一、国外研究发展历程

关于旅游经济学的研究,随着旅游活动的产生和发展逐渐开展并不断深化,国外旅游经济研究的演进与发展过程可大致分为以下四个阶段。

(一)第一阶段:旅游经济研究的萌芽期(19世纪后半叶至20世纪20年代)

19世纪后半叶,开始于欧洲的产业革命给社会经济带来的巨大变化,也为旅游经济活动的产生与发展创造了必要条件。随着欧洲旅游业的发展,人们开始关注旅游活动及旅游经济问题。意大利学者为早期的旅游经济研究作出了突出贡献。1899年,意大利国家统计局局长鲍德奥(L. Bodio)发表了题为《关于在意大利的外国旅游者的流动及其花费》的论文,这是可见到的最早研究旅游经济活动的文献。

这类研究一直延续到20世纪20年代。这些研究文献利用统计方法,对前来意大利旅游的人进行调查研究,从平衡国际外汇收支角度,评述了旅游对国家经济的影响及作用。这一时期关于旅游经济问题的研究主要集中在对旅游活动过程中一些现象的描述和计算方法的探讨,如游客人数、滞留时间、消费能力等,目的在于了解旅游活动的运行规律,这一时期对旅游经济现象的研究是学术界早期对旅游现象的认知过程,是旅游经济研究的萌芽期。

(二)第二阶段:旅游经济研究的起步期(20世纪20年代末至第二次世界大战结束)

第一次世界大战结束后,随着欧洲经济的逐步恢复,越来越多的人从北美来到欧洲旅游,日益增长的北美游客带来大量美元的旅游活动成为欧洲战后经济恢复和走向复兴的重要财源,旅游活动被普遍视为一种具有重要经济意义的活动,这种认识在当时深刻地影响着学术界。1927年,罗马大学讲师马里奥蒂(A. Mariotti)出版了专著《旅游经济讲义》,首次从经济学角度对旅游现象进行系统的剖析和论证,通过对旅游活动的形态、结构和活动要素的研究,第一次提出了旅游活动是属于经济性质的一种社会现象的观点。1933年,英国爱丁堡大学的政治经济学教授欧吉尔维的著作《旅游活动:一门经济学科》中阐述了旅游需求和旅游消费的理论。德国柏林大学教授葛留克斯曼(G. Glucksmann)发表了多篇论文,阐述了关于旅游研究的观点,并于1935年出版了《旅游总论》,该书系统论证了旅游活动的发生、基础、性质和社会影响。他认为,研究旅游现象就是研究旅游活动的基础、发生的原因、运行的手段及其对社会的影响等问题,这是一个范围非常广泛的领域,除从经济学角度考察外,还需要从多学科角度去研究旅游现象。在这一阶段的旅游经济研究中,国外学者普遍认识到发展旅游业可以带来巨大的经济收益,因此,重点探讨和研究了旅游经济的性质、地位和作用,从不同角度对旅游经济的有关内容进行了研究。这些研究成果推进了旅游经济学的形成,并为现代旅游经济的发展与研究奠定了基础。

(三)第三阶段:旅游经济研究的发展期(第二次世界大战结束至20世纪末)

第二次世界大战结束后,旅游被普遍看成一种恢复和发展经济的手段,能够促进接待地经济发展,包括旅游业界、政界和学术界都认为旅游业是劳动密集型行业,可以为经济不发达国家和地区以及发达国家和地区带来显著的经济利益。在西方国家,随着农业和工业的迅速发展,服务业也迅速发展起来,特别是作为服务业的旅游业逐渐发展成为国民经济中的重要产业。旅游活动也由北美、西欧两个区域扩展到全世界,大众旅游成为时代潮流。

为了适应旅游业快速发展的需要,欧美许多国家建立了各种类型的旅游经济管理学院,开设了旅游经济、旅游管理等学科课程,培养旅游业发展所需要的人才。同时,欧美一些专家、学者对有关旅游经济的理论及方法进行了更为全面和深入的研究,研究领域涉及国际旅游分工理论与差别化需求、旅游市场、旅游企业管理、区域经济发展与旅游、旅游资源开发、旅游投资、旅游国际合作、发展中国家旅游经济等诸多方面,并且在旅游活动的本质和规律性研究方面取得重大进展,发表和出版了一批具有较高研究水平的论文和著作。具有代表性的成果如下:1955年意大利特罗伊西的《旅游及旅游收入的经济理论》,1969年美国迈克尔·彼德斯的《国际旅游业》,1974年英国伯卡特的《旅游业的过去,现在和未来》,1975年世界旅游组织出版的《国际旅游业对发展中国家经济发展的影响》，1976年西班牙旅游研究院出版的《西班牙旅游经济投入-产出表》，1978年南斯拉夫翁科维奇教授的《旅游经济学》，1980年美国唐纳德·伦德伯格的《旅游业》，1984年美国夏威夷大学朱卓任教授的《旅游业》，等等。这些成果为促进现代旅游经济发展起到了指导性作用，为构建旅游经济学科体系奠定了坚实的基础。

（四）第四阶段：旅游经济研究的新发展（21世纪以来）

21世纪以来，在旅游经济研究方面，研究者更关注旅游市场问题，如旅游市场需求分析与预测、旅游目的地、旅游营销等。

在旅游市场需求分析与预测方面，研究的重点是旅游需求模型的构建和旅游需求的预测，Divisckers构建了国际旅游业的需求模型，Kevin Greenidge用结构时间序列模型预测旅游需求。同时，也有部分研究成果是关于旅游需求的一般分析及对未来旅游需求各个指标的预测。

在旅游目的地研究方面，研究者的主要关注点集中在旅游目的地定位、旅游目的地形象、旅游目的地营销、旅游目的地管理、旅游目的地发展、旅游目的地与当地居民的关系等方面。20世纪90年代以来，特别是进入21世纪后，随着全球化的快速发展，旅游目的地之间的同质化加剧，国际旅游市场竞争日趋激烈，旅游目的地定位的重要性受到旅游管理实践者和学术界的格外关注。旅游目的地形象与旅游者或潜在旅游者的行为动机、旅游决策、服务质量的感受及满意程度等因素存在密切关系。

旅游目的地市场营销理念在旅游中的应用主要基于旅游企业和旅游目的地两个层面。从整个旅游系统来看，旅游者的旅游活动主要发生于旅游目的地；与企业层面的市场营销研究相比，旅游目的地营销是一个相对较新的研究领域。由于旅游产品的综合性及旅游目的地自身的复杂性，旅游目的地营销涉及的内容非常庞杂，大致包括旅游目的地形象、旅游目的地营销组织、旅游目的地市场推广及现代信息技术在旅游目的地营销中的应用等内容。

二、我国研究发展历程

我国对旅游经济学的研究起步较晚，这不仅与我国旅游经济活动和旅游产业发展阶段相吻合，而且与我国旅游教育发展阶段也相吻合。

中华人民共和国成立以前，我国没有旅游经济。1949—1978年，入境旅游作为一种外交活动而存在。1978年，我国开始实行改革开放政策，1978年和1979年，邓小平同志就发展我国旅游业发表了5次讲话，开启了我国旅游产业发展的新道路。

改革开放以后，我国对外开放了旅游市场，以入境旅游为特征的旅游活动和旅游经济在北京、广州、杭州、西安等主要旅游城市开始迅速发展。当时，国内关于旅游经济的研究仍是空白。在著名经济学家于光远的提议下，1979年全国经济科学规划会议将旅游经济学列入国家经济科学研究重点项目序列。20世纪80年代初，浙江大学、南开大学、西北大学、北京第二外国语学院等率先开设了旅游经济专业，这在客观上推动了我国旅游经济研究和旅游教育的发展。沈杰飞、吴志宏在《建立适合我国实际的旅游经济学科》一文中，对旅游经济学科的研究对象和研究内容展开了深入探讨，提出应建立旅游经济学科体系，以适应中国旅游业和旅游教育发展的需要。王立纲、刘世杰撰写的

《中国旅游经济学》是国内第一部关于旅游经济研究的专著,该书提出了一些旅游经济的基本规范,对中国旅游发展道路、旅游业的基本性质及旅游资源开发等问题进行了有益的探索,初步构建了旅游经济研究体系。

进入20世纪90年代,随着我国旅游产业体系的逐步形成以及国际旅游和国内旅游需求的日益增长,旅游经济学科的研究领域也开始逐步扩展,从最初以经济学和管理学为主逐步向多学科发展,涵盖了社会学、心理学、市场学、地理学、环境学、历史学、文化学等,旅游经济研究逐步转向战略研究、规划研究和深化研究,主要研究内容包括旅游发展战略、旅游产业定位、旅游规划、旅游供求规律、旅游消费、旅游企业管理、旅游经济效益等问题,形成了以多学科交叉融合为特征的旅游经济研究体系。同时,随着旅游高等教育的发展,旅游经济科研队伍不断壮大,旅游经济研究成果显著增加。例如,魏小安、冯宗苏在《中国旅游业:产业政策与协调发展》一书中,从制定科学的旅游产业政策角度,研究了中国旅游经济的结构问题。迟景才的《改革开放20年旅游经济探索》,李江帆等的《旅游产业与旅游增加值的测算》,吴必虎的《区域旅游规划原理》,杜江的《旅行社管理》,周达人的《论旅游商品》,王大悟、魏小安的《新编旅游经济学》,罗明义的《旅游经济学》,林南枝、陶汉军的《旅游经济学》等成果的问世,为我国旅游经济的发展提供了重要的理论指导和政策参考。同时,也为旅游高等教育和旅游经济学科的发展提供了丰富的参考资料和重要的学术支撑。

进入21世纪后,全球旅游经济活动日益频繁,旅游产业的融合与扩展也日益深入,我国旅游产业规模不断扩大,旅游需求更加旺盛,对旅游经济的研究也更加趋向于多学科交叉融合,无论是在研究内容上,还是在研究方法上,都有了极大的改进与创新,旅游经济学科的研究体系更加系统化,旅游经济学科的理论体系也正在逐步形成。在这一时期,国内关于旅游经济的研究,主要集中在旅游经济管理体制、旅游产业竞争力、旅游产业集群、旅游产业与区域经济、旅游产业融合、旅游信息化、旅游可持续发展等方面。

第三节　研究内容与研究对象

根据党的二十大报告,我们应加强前瞻性思考、全局性谋划、战略性布局、整体性推进,发挥好中央、地方和各方面积极性,实现发展质量、结构、规模、速度、效益、安全相统一,有利于为旅游业营造更具活力的发展环境、提供更可持续的发展动力、形成更具国际竞争力的发展优势。

在研究内容与研究对象中,很好地梳理旅游经济学的知识框架结构,帮助学生了解旅游经济能从哪些方面不断发展,通过系统框架结构,锻炼学生的系统思维、创新思维能力。

一、研究内容

旅游经济学研究的目的是通过对旅游经济活动过程中各种经济现象和经济规律的研究,揭示影响和作用于旅游经济活动的基本因素和经济关系,探索支配旅游经济运行的内在机制和规律性,寻求获取旅游经济效益、社会效益及环境效益的最佳途径,并为各级政府制定旅游业发展规划及各项方针、政策和法规提供理论依据。为达到上述研究目的,旅游经济学的研究内容主要有以下几方面。

(一)旅游经济的形成及产业标志

现代旅游经济是社会生产力发展到一定历史阶段的产物,是国民经济的有机组成部分。因此,研究旅游经济学首先应明确旅游经济的形成及发展特点;明确旅游经济产业的性质及主要标志;并从社会经济发展的角度把握旅游经济在国民经济中的重要地位,及其对社会、文化和生态环境的作用和影响。

(二)旅游产品的开发及其供求关系

旅游经济活动是以旅游产品的需求和供给为出发点的,但由于旅游产品具有不同于其他物质产品的属性和特点,因而必须研究旅游产品的科学含义及构成,把握旅游产品的市场寿命周期,制定合理的旅游产品开发策略,并根据旅游产品在市场上的需求和供给状况,分析旅游产品供求的变化及影响因素,掌握旅游产品供求的矛盾和问题,努力实现旅游产品的市场供求平衡等。

(三)旅游市场及其开拓策略

旅游产品的供给和销售离不开旅游市场。因此,必须加强对旅游市场的研究,掌握不同类型旅游市场的特点及竞争态势,采取合适的市场开拓策略;并遵循旅游市场经济规律的要求,充分运用旅游市场机制,完善旅游市场法治体系,掌握旅游市场竞争规律和策略,积极促进旅游产品的销售和旅游市场的拓展。

(四)旅游消费及其合理化

旅游产品的消费是旅游经济活动的重要环节。由于旅游产品的特殊性,使旅游消费直接表现为旅游经济活动过程之中的现实消费。因此,必须研究旅游者的消费倾向、消费行为和消费结构,科学地分析和评价旅游消费水平的发展变化,积极地探寻旅游消费的合理化途径,以实现旅游者消费的最大满足。

(五)旅游收入、成本及效益

获取旅游经济效益是旅游经营者从事旅游经营活动的主要目标,也是旅游目的地国家发展旅游业的基本目标之一。因此,要研究旅游经营成本及投资情况,研究旅游业的收入及分配,研究旅游经济效益指标体系,并通过对宏观旅游经济效益和微观旅游经济效益的分析,对旅游经济效益的实现给出合理的评价,制定提高旅游经济效益的对策措施等。

（六）旅游经济结构及发展

旅游经济不仅研究旅游经济现象及其运行机制,还要研究旅游经济活动中各种经济关系,它们会从不同方面对旅游经济的发展产生影响。因此,要研究旅游产品结构、产业结构、地区结构,以寻求旅游经济结构的合理化;要研究旅游经济增长与发展的关系,并从旅游经济发展与资源、环境的相互关系中,探寻促进旅游经济可持续发展的最佳模式和途径。

二、研究对象

不同的科学有各自不同的研究对象,对于某一现象的领域所特有的某一种矛盾的研究,就构成某一门科学的对象。由于旅游经济活动过程中总是存在着旅游需求与旅游供给的主要矛盾及由此而产生的各种矛盾,因而旅游经济学就是要揭示旅游经济活动过程中的内在规律及其运行机制,以有效地指导旅游工作实践,促进旅游业持续、协调地发展。具体地讲,旅游经济学的研究对象和任务主要表现为以下几方面。

（一）旅游经济的形成过程及规律

旅游经济是伴随着旅游活动的发展而形成的。旅游活动作为人类社会生活的一部分,并非生来就是商品。旅游活动成为商品是人类社会发展到一定阶段的产物,是商品生产和商品交换发展的必然结果。因此,旅游经济学研究的首要任务就是要分析旅游经济的形成条件和过程,揭示旅游活动商品化过程的客观规律性,以及旅游经济在社会经济发展中的作用和影响。

（二）旅游经济运行的机制及实现条件

旅游经济运行是旅游活动在经济领域的表现,而贯穿旅游经济运行的主要矛盾是旅游需求与旅游供给的矛盾,它决定了旅游经济运行中其他一切矛盾。因此,旅游经济学的研究应从分析旅游需求和旅游供给的形成、变化及其矛盾运动入手,揭示旅游经济运行的内在机制,分析旅游供求平衡的实现条件,为旅游经济有效运行和顺利实现提供科学的理论指导。

（三）旅游经济活动的成果及实现状况

在旅游经济活动过程中,不同的参与者(如旅游者、旅游经营者)有不同的目标和要求,因而旅游经济活动是否有成效就其达到各参与者的目标的状况,简言之就是旅游经济活动的效益。这些效益主要体现在三方面:一是旅游经济活动是否满足了旅游者的需求,从而需要对旅游者的消费进行分析和研究;二是旅游经济活动是否满足了旅游经营者的需求,从而需要对旅游经营者的收入和分配进行研究;三是旅游经济活动是否满足了旅游目的地的需求,从而要求对旅游经济活动的宏观效益和微观效益进行综合分析研究。

(四) 旅游经济的地位及发展条件

旅游经济是国民经济的有机组成部分,在国民经济中占有十分重要的地位,旅游经济的形成和发展必须以整个社会经济发展为基础,同时旅游经济的发展又对社会经济、文化及环境产生重要的影响作用。因此,必须研究旅游经济与社会经济各产业、部门间的相互联系,从整个社会的角度为旅游经济的发展创造良好的条件,以促进旅游经济健康、快速、持续地发展。

第四节 研究方法与研究意义

思政引导

旅游成为小康社会人民美好生活的刚性需求;旅游成为传承弘扬中华文化的重要载体;旅游成为促进经济结构优化的重要推动力;旅游成为践行"绿水青山就是金山银山"理念的重要领域;旅游成为打赢脱贫攻坚战和助力乡村振兴的重要生力军;旅游成为加强对外交流合作和提升国家文化软实力的重要渠道。

思政内容

旅游行业的发展对国家政治、经济、文化、生态等各方各面具有重要作用,因此旅游经济的研究、旅游专业的教育是不可或缺的,能够增强学生的专业信心,同时教会学生运用合适的研究方法对旅游经济的发展进行精准把握。

从旅游经济学的学科体系框架构建,我们已经知道旅游经济学的学科支撑涉及旅游学、经济学、管理学等多个学科。学科领域包含旅游市场、旅游产业、旅游经济发展三个层面。旅游经济学研究的主要内容包括:旅游产品、旅游需求与供给、旅游消费等旅游市场微观层面的问题;旅游及相关产业、旅游产业关联与融合、旅游产业投融资等中观层面的旅游产业发展问题;旅游经济效益、旅游经济发展战略与形式,旅游产业政策等宏观层面的旅游经济发展问题。这些研究内容相互联系、相互影响、相互作用,形成一个开放的、复杂的、综合的旅游经济系统。

一、研究方法

(一) 微观分析和宏观分析的方法

任何系统都是要素的总和,是由若干要素以一定的结构形式联结而成的具有某种功能的有机整体。整体性、关联性、结构性、平衡性、时序性等是所有系统共同的基本特征,这些既是系统论的基本思想观点,也是系统分析方法的基本原则。旅游经济是一个开放的、复杂的、综合的系统,因此,旅游经济学的研究方法首先应着眼于系统分析的角度,既要研究组成旅游经济系统的各个要素及其相互之间的关系,也要研究这些要素是以什么样的方式联结而成为一个有机整体并实现其功能的。系统论观点是旅游经济学研究方法论的基本观点之一。首先,强调整体的观点,研究旅游经济要注重以旅游市场和旅游产业整体优化为导向;其次,强调动态平衡的观点,研究旅游经济要注重旅游市场和旅游产业的动态过程,协调旅游活动及旅游产业各部门间的平衡发展,实现旅游经济发展过程中的整体优化;最后,强调环境适应性观点,旅游经济研究不能局限于旅游本身或一个国家、一个区域,应树立旅游观念,站在一个国家或一个区域社会经济发展战略的高度,将旅游放在整个国际经济大环境中加以研究。

（二）理论和实际相结合的方法

唯物辩证法是人们研究任何事物、任何系统的根本方法论,研究旅游经济学也不例外。唯物辩证法告诉人们事物是运动的,事物是普遍联系的,事物是发展的。旅游活动、旅游产业是运动发展的,因此,研究旅游经济要从发展的角度来分析问题。在研究旅游经济的过程中,既要根据唯物辩证法实事求是的观点尊重旅游活动的规律,又要承认在一定时期内不同国家或不同区域的旅游产业及其结构是存在差异的,要以发展的观点来看待这一问题,努力探究推进旅游产业发展和优化产业结构的途径,促进本国或本地区经济的增长和发展。旅游产业是一个综合性的产业,涉及旅游活动的食、住、行、游、购、娱等要素,包括餐饮住宿、交通运输、商贸流通、文化娱乐等多个行业,各行业部门之间、各产业之间都是有普遍联系的。在旅游经济研究中,我们要深入研究各行业部门之间、各产业之间的关联情况,促进各产业之间、产业内部各部门之间平衡协调发展。

（三）动态和静态相结合的方法

旅游经济学注重的不仅仅是当下旅游产业所能够带来的经济效益,同时还有长远收益,需要放远眼光,实时动态把握旅游发展生态,坚持科学发展模式。旅游产业成为国民经济的战略性支柱产业,意味着其能整合几乎所有产业,是现代产业转型发展、创新发展、全面发展的催化剂与融合剂,是经济社会发展的方向性产业载体,是社会和谐、环境友好的战略工具。旅游资源也称为环境资源,包括自然资源、人文资源和社会资源。旅游资源开发力度越大,环境破坏性就越强。这就要求在旅游资源的开发利用中,树立可持续发展的理念,敬畏自然,珍视资源,尊重文化,保护文物。依托自然环境系统以及与之共生的人文环境系统,追求人与自然和谐、环境和谐、文化和谐,推动旅游产业健康可持续发展。

（四）定量分析与定性分析结合的方法

辩证唯物主义认为,任何事物都既有质的规定性,又有量的规定性。一定的质包含着一定的量,而量变发展到一定程度必然会引起质变。旅游经济活动中的各种经济现象也都是质和量的统一。一方面,旅游经济学的范畴应具有质的规定性,才能区别各种不同的旅游经济现象;另一方面,旅游经济学的范畴同时又具有量的规定性。因此,在旅游经济学的研究和学习中,必须把定性分析与定量分析有机地结合起来。通过定量分析,揭示各种旅游现象的变动关系及发展趋势,为定性分析提供科学的依据;通过定性分析,准确界定事物的本质属性,为定量分析提供指导,从而达到事物质和量的统一,促进旅游经济的持续发展。

二、研究意义

(一) 旅游经济学研究的理论意义

旅游经济学研究有利于促进旅游经济学学科理论体系的建立。旅游经济学研究的出发点是旅游产品,它是旅游者、为旅游者提供旅游产品和服务的企业、旅游目的地国家或地区政府产生经济关系的纽带。旅游活动是围绕旅游产品的需求与供给这一主要矛盾展开的。从经济学的视角来看,运用经济学的基本理论解释旅游活动中的经济现象、经济关系以及旅游产业的经济活动规律和经济影响,有利于建立旅游经济研究的范式和学科领域,形成旅游经济学学科理论体系,促进旅游学与经济学的沟通与融合。

(二) 旅游经济学研究的实践意义

旅游经济学研究源于旅游活动和旅游产业发展实践的需要。研究旅游经济学的目的在于揭示旅游经济活动和旅游产业的本质特征及其发展规律以指导旅游产业政策的制定和旅游实践活动的开展,以促进旅游产业和旅游经济的有效发展。旅游经济学研究的实践意义主要有以下三个方面。

1. 有利于促进旅游资源的保护与开发

旅游资源是旅游经济活动得以开展的基础,是激发旅游动机的吸引物,是旅游供给的重要内容。旅游资源只有通过开发才能被利用,形成旅游产品,满足旅游需求,产生旅游经济效益和社会效益。而旅游资源的价值直接受到开发是否合理、利用是否充分的影响。旅游资源开发是充分利用旅游资源的经济价值,开发旅游产品,并使旅游活动得以实现的技术经济活动。因此,旅游经济学研究有利于促进旅游资源的保护、开发与利用。

2. 有利于建立有效的旅游产业组织

产业的组织结构不仅影响产业内企业规模经济优势的发挥和市场竞争活力,还会影响整个产业的市场绩效和产业发展。旅游产业同样如此。目前,旅游产业普遍存在着企业规模整体偏小、市场集中度较低、价格竞争激烈、进入壁垒低等现象,在一定程度上影响了旅游产业的发展,导致产业的有效竞争不足,市场秩序混乱。通过旅游经济学研究,深入分析产业的规模经济问题,通过产业政策引导,调整市场结构,规范市场行为,形成有效竞争的市场态势,提高市场绩效,促进旅游产业的发展,实现旅游经济效益。

3. 有利于促进旅游经济的发展

旅游经济发展不仅仅是旅游产业的发展,还表现在由旅游引起的经济、社会、文化、政治等多方面的改善和提高。旅游经济发展的内涵是综合性的,具体包括:旅游产业规模的扩大,如旅游人次的增加、旅游收入的增长,旅游服务业的扩张;旅游对国民经济增长的贡献;旅游对社会文化建设的影响;旅游资源的开发与旅游产品结构的完善;旅游管理体制与经营模式的改善;等等。旅游经济效益是旅游经济活动中要素的投入与所获取的各种利益之间的比较,不仅体现了旅游企业和旅游产业的经济效益,还体现了由旅游业带动而引起相关产业部门的经济效益以及国民经济和社会发展、生态环境改善等综合效益。旅游经济学研究可以为旅游经济实践活动提供理论指导和产业政策导向,进而促进旅游经济的发展。

本章思考题

案例分析

一、名词解释
旅游 旅游产业 旅游经济

二、简答题
1. 旅游经济学具有哪些特点?
2. 旅游经济学的研究对象是什么?
3. 旅游经济学的研究内容有哪些?
4. 为什么研究旅游经济学要坚持理论和实际相结合的分析方法?
5. 为什么要研究旅游经济学?

三、论述题
1. 阐述旅游经济学的研究对象和内容。
2. 阐述旅游经济研究中定性与定量分析相结合的方法。

本章思政总结

高质量发展是"十四五"乃至更长时期我国经济社会发展的主题,关系我国社会主义现代化建设全局。高质量发展不只是一个经济要求,而是对经济社会发展方方面面的总要求;不是只对经济发达地区的要求,而是所有地区发展都必须贯彻的要求;不是一时一事的要求,而是必须长期坚持的要求。各地区要结合实际情况,因地制宜、扬长补短,走出适合本地区实际的高质量发展之路。要始终把最广大人民根本利益放在心上,坚定不移地增进民生福祉,把高质量发展与满足人民美好生活需要紧密结合起来,推动坚持生态优先,推动高质量发展,创造高品质生活有机结合、相得益彰。旅游经济的发展也应当顺应时代潮流,实现高质量发展,为人民的美好生活与幸福贡献一份力。

第二章
旅游产品与开发

学习目标

1. 掌握旅游产品的基本概念、主要特征。
2. 了解旅游产品的构成。
3. 能够对旅游产品的开发问题进行系统分析。
4. 掌握旅游产品生命周期的相关理论。

思政引导

党的二十大报告指出,发展社会主义先进文化,弘扬革命文化,传承中华优秀传统文化,满足人民日益增长的精神文化需求。旅游产品与开发要立足于中华优秀传统文化和区域文化,增强文化自信。

思政内容

旅游产品是物品和服务的总和,旅游产品与开发要立足于中华优秀传统文化和区域文化。在旅游过程中唤起旅游者的民族文化自豪感,使民族文化精华得以锤炼、保留和发扬。

章前引例

九部门:着力增加旅游产品供给加大力度落实带薪休假制度

2019年12月24日,国家发改委、中央组织部、教育部等九部门近日联合印发《关于改善节假日旅游出行环境促进旅游消费的实施意见》(以下简称《意见》),提出要加大投入力度,着力增加旅游产品供给、大力发展"智慧景区",同时加大力度落实职工带薪休假制度,推动错峰出行等。

《意见》提出,要完善交通基础设施,优化节假日出行环境。在高速公路规划、建设中充分考虑与重点景区连接道路的衔接,完善交通引导标识设置,在邻近景区的高速公路互通式立交、服务设施以及国省干线公路的重要路口合理设置旅游交通引导标识;提高热门景区公共交通的可达性和便捷性,节假日期间优化公共交通运力供给,探索建设旅游交通公共平台,推动景区门票与城市公共交通一体化服务,引导游客乘坐公共交通工具。加快景区道路设施建设,根据需要增加4A级及以上景区出入口开放数量。

在增加旅游产品供给方面,《意见》提出要加强旅游产品和旅游景区规划布局。加强旅游资源开发和产品建设的规划指导,科学调整区域旅游产品空间分布格局,加强旅游基础设施和公共服务设施建设,集中力量打造一批新的精品景区、重点线路和特色旅游目的地,给民众提供更多出游选择。

同时要丰富节假日旅游产品供给。加快旅游产品升级改造,注重提升旅游产品的文化内涵、科技含量、绿色元素。依托革命历史文化和历史文物遗迹,着力开发文化体验游、研学旅行游、乡村民宿游、休闲度假游、红色教育游等。注重旅游消费引领,及时推出新线路新产品,发布旅游消费指南,拓宽旅游活动空间,避免旅游消费冷热不均、结构失衡。

《意见》提到,要提升旅游景区管理水平。统筹考虑景区文化自然资源保护要求和游客游览安全,建立实施景区门票预约制度,合理确定并严格执行最高日接待游客人数规模。在符合安全保障等相关条件的基础上,适当延长游览开放时间,鼓励开发夜间游览项目。

要大力发展"智慧景区"。提升智慧产品开发水平,鼓励智慧景区建设,充分运用虚拟现实(VR)、4D、5D等人工智能技术打造立体、动态展示平台,为游客提供线上体验和游览线路选择。鼓励各地积极提升智慧旅游服务水平,重点推进门票线上销售、自助游览服务,推进全国4A级以上旅游景区实现手机应用程序(App)智慧导游、电子讲解等智慧服务。

另外,《意见》还要求,加大力度落实职工带薪休假制度,推动错峰出行。鼓励进行错峰旅游,引导、鼓励职工和其所在单位更加灵活地安排带薪休假。鼓励用人单位在年初结合工作需要和职工休假意愿统筹安排当年休假,优先考虑子女上学的职工在寒暑假的休假安排。各地可以结合气候环境等情况统筹寒暑假时间,制定出台中小学放春假或秋假的办法,引导职工家庭在适宜出行季节带薪休假。加强用人单位休假配套制度建设,积极推行岗位AB角制度,不断完善职工休假保障制度。

资料来源 整理自文旅界,有改动。

思考: 如何提升旅游产品的文化内涵?

第一节 旅游产品的概念与特征

党的二十大报告指出,统一战线是凝聚人心、汇聚力量的强大法宝。旅游服务人员充分践行社会主义核心价值观有利于提高旅游产品的质量。

旅游产品是旅游者在旅游活动中所需要的物品和服务,旅游服务对旅游产品质量的提高起着重要作用。旅游服务人员要充分践行社会主义核心价值观,提高旅游服务的质量,满足旅游者在旅行过程中的需求,进而提升旅游者的满意度。

一、旅游产品的含义

所谓产品,从现代市场观念出发,是指向市场提供的,被人们使用和消费,并能满足人们某种需求的东西,包括有形的物品、无形的服务、组织、观念或它们的组合。旅游产品是指在旅游市场上由旅游经营者生产的并且能够满足旅游者需要的各种物品和服务的总和。旅游产品既有有形的内容,也有无形的服务,是一个整体概念。从质的角度而言,旅游产品是旅游者在旅游活动中所需要的物品和服务;从量的角度而言,旅游产品是旅游者在旅游活动中消费的物品或服务的加总。旅游产品可以从供给者和需求者两个角度进行考量。从需求者即旅游者的角度,旅游产品就是旅游者愿意支付一定的金钱来满足在旅游过程中的某种需求。旅游产品在旅游者眼中并不仅仅是在旅游过程中所产生的交通及住宿等的费用,而是旅游者在整个旅游过程所有方面的综合感受,是一次完整的旅游经历。从供给者角度,旅游产品是旅游经营者为了吸引旅游者参观,凭借现存的旅游资源和设施,不断提高自身服务质量,满足旅游者在旅行过程中的各种需求。通过旅游产品的生产与销售,旅游经营者达到盈利的目的。这里,旅游产品最终表现为活劳动的消耗,即旅游服务的提供。

二、旅游产品的特征

旅游产品是能够满足旅游者需要的产品或服务。作为一种复合产品,旅游产品既不同于一般的物质产品,也不同于一般服务行业所提供的服务性产品,而是与这两类产品既有区别又有联系。除了具备使用价值和价值的一般属性外,其特征还表现在以下六个方面。

(一) 综合性

旅游产品的综合性体现在两个方面。一是旅游产品的构成具有综合性。旅游产品是由旅游设施、旅游服务、旅游购物品、旅游资源等要素组成,其中既包含着物质产品也包含非物质产品,既包含有形部分也包含无形部分,可以满足旅游者在旅行过程中各个方面的需要。二是旅游产品生产和经营的综合性。旅游产品的生产和经营涉及多个部门和行业,有直接为游客提供产品或服务的旅行社业、餐饮业、交通运输业和景区、景点,也有间接为游客提供产品或服务的工业、农业、建筑业、金融业、保险业等。这些部门和行业有的是以物质生产为主,有的是以非物质生产为主。

基于旅游产品的综合特性,我们认识到:首先,国家各个行业的发展是紧密联系的,各个行业的良好运行才促进旅游服务业的发展。在旅游业发展中,各个旅游行业的命运也是联系在一起的,在旅游产业链上,一个行业的发展速度慢或行为不规范,都会对其他行业产生一定的影响,因此,各个旅游行业必须要互相扶持,共同发展。其次,旅游经营者在设计、组合旅游产品时应当充分考虑旅游者的需要和喜好。

(二)无形性

旅游产品的无形性特征可以从旅游产品的购买前、购买中、购买后的具体情况中反映出来。

首先,在购买之前旅游者对旅游产品存在一定的想象,是旅游者在了解旅游目的地之后想象出来的,与实体物品相比,旅游者在抵达旅游目的地前无法看到旅游产品的具体形态。旅游者可以通过互联网、报刊、旅行社等渠道了解旅游产品并对此留有一定的印象,但是这种印象是无形的。

其次,旅游产品在购买中主要是以服务的方式呈现的,这种服务是看不见摸不着的,消费者只能通过感官对旅游设施、旅游服务、旅游资源等旅游产品的体验作出总体评价,因而无形性成为服务性产品的普遍特点。

最后,在购买之后,除了旅游购物品,旅游者无法获得其余有形的产品,在整个旅游过程中所消费的旅游产品都是无形的,在旅游者心中呈现为一段旅游经历,这段经历通常表现为游客从"居住地—旅游地—居住地"的一次旅游体验,这种体验或经历是无形的。

针对旅游产品无形性的特征,旅游企业应该更加注重旅游服务的质量,通过旅游者对旅游产品形成的良好印象和口碑作为宣传的渠道之一。同时,要建立旅游产品的消费反馈平台,为旅游产品的改进提供依据。此外,还可以通过互联网平台对旅游产品进行宣传,以优质的旅游服务和良好品牌形象去满足旅游者的需要。

(三)不可转移性

旅游产品不同于一般产品,在消费之后其所有权并不发生转移。旅游产品的不可转移性体现在以下方面。一是旅游产品中的旅游设施、旅游资源位置是固定的、不可移动的。旅游者只能到旅游目的地进行消费,即旅游者通过空间移动对固定位置的旅游产品进行消费。二是旅游者在对旅游产品进行消费时,旅游产品的所有权仍然属于旅游企业和旅游目的地,旅游者只是对旅游产品具有参观体验的权利。

针对旅游产品的不可转移性特征,要求旅游经营企业要加强旅游产品的服务质量,扩宽信息流通渠道,运用自媒体等渠道对旅游产品进行宣传,以提高旅游产品的竞争力。

(四)消费与服务的同一性

旅游产品消费与旅游服务提供的同一性表现为在空间上和时间上同时发生并同时结束。在旅游活动过程中,旅游者的消费和旅游经营者的旅游服务提供是同时发生的。

例如，当游客由惯常居住地前往旅游目的地时，需要旅游交通部门提供交通服务；当游客在旅游目的地停留时，需要酒店提供食宿接待服务。旅游活动结束，旅游消费和旅游服务提供也同时结束。

正是由于旅游产品消费与服务提供具有同一性，因此，当没有旅游消费发生时，旅游服务的提供也不会发生，以服务提供为核心的旅游产品也就不会生产出来，旅游产品的生产和消费是即时的，不可储存。

（五）依赖性

旅游产品是一种高度依赖社会公共物品的商品。首先是旅游产品构成中的旅游资源，包括自然旅游资源（如名山、洞穴、河流、瀑布、森林等）和人文旅游资源（如长城、故宫、庙会等），它们大多属于公共物品，具有非竞争性。其次是旅游产品构成中的旅游基础设施（如道路、绿化、安全保卫系统等），它们并不是为服务旅游者专门建立的，但是旅游业在发展过程中可以有效地利用这些公共基础设施，有效地发挥其功能。尽管这些公共物品并非纯粹属于旅游产品，但如果缺乏其所带来的方便，旅游业发展将步履维艰。因此，旅游产品对社会公共物品具有较强的依赖性。

（六）脆弱性

旅游产品脆弱性指旅游产品是一种风险较高的产品，容易受到许多因素的影响，影响其价值和使用价值的实现。旅游产品的脆弱性是由旅游产品的综合性所决定的。旅游产业是一种具有高度依赖性的产业，其所提供的旅游产品是旅游路线、节庆活动以及各种服务的有机结合。在这种复合结构中，不同的因素属于不同的利益主体，由于不同的需求和动机，必然会产生不同的企业行为，从而影响整个旅游产品的独立性和整体效益的发挥。这些要素自身客观上的"先天不足"和"发育不良"也会弱化整个旅游产品的质量和价值。旅游产品"先天不足"因素包括旅游资源的季节性、旅游服务的同一性、旅游产品的依赖性等。旅游产品"发育不良"是指旅游业发展受到交通、服务质量等因素的制约，与此同时，旅游业作为国际性行业，容易受到国际旅游市场的影响。最后，旅游产品受极端气候、地震、传染病以及通货膨胀的冲击最为强烈。因此，旅游产品具有很强的脆弱性。

三、旅游产品的价值

旅游产品是一种可以在市场上进行交易的产品，所以它具有商品的一般属性，即使用价值和价值。

（一）使用价值

商品的使用价值是物品的自然属性，指其具有满足人们某种需要的效用。旅游产品的使用价值既有一般产品的属性，能够满足旅游者在旅游活动过程中的各种需要；同时，它还具有自身的一些特殊品质，具体表现在以下三个方面。

1. 旅游产品的使用价值可以分为基本部分和附属部分

基本部分是指旅游产品的使用价值中不可缺少的部分，可以满足旅游者在旅游过程中最根本的需求。它是旅游经济收入来源中比较稳定的一部分。例如在旅行过程中,旅游产品能够提供给旅游者必需的食、住、行、游部分等。附属部分是旅游者在旅行中不一定需要的那一部分,是旅游产品使用价值中的附属部分,附属部分并不是在每次旅行中对每位旅游者体现。例如某位旅游者在旅行活动中突发疾病,旅游经营者必须及时向旅游者提供医疗救助以及相应服务,这就属于旅游产品使用价值附属部分,虽然不属于使用价值正常内容,但如果发生了,必须义不容辞为旅游者提供服务,这一部分不是在一次游览过程中都要发生并体现出来,具有较高的随机性。

2. 旅游产品的使用价值具有综合性和多效用性

人们购买绝大多数产品是为了满足自身某一方面的需要,人们对某一方面产生了需求就会在条件允许的情况下购买与之相对应的产品。例如一部游戏机,它的使用价值主要是带给人娱乐体验、放松心情;一支笔,它的使用价值主要是记录信息。而旅游产品却不同,旅游产品具有综合性,其使用价值也是具有综合性的。一方面,旅游产品能够满足旅游者旅行过程中的物质需求,这是旅游产品使用价值的基础性内涵。旅游产品可以满足旅游者在旅行过程中所需要的食、宿、行等方面的物质需要。另一方面,旅游产品在能够满足旅游者精神需要时所表现出的效用,是其使用价值的发展内涵。在满足食、宿需求的基础上,旅游者更希望参观景点、体验特色文化、放松心情,得到更好的精神满足。因此,旅游产品除了满足物质需要,应当更加注重服务的质量,以满足旅游者在精神层面的需求,这才是旅游者对旅游产品使用价值的更高追求。

3. 旅游产品的使用价值对游客来说具有暂时性

在一般的商品交易中,买方以货币形式向卖方支付,以取得对商品的所有权和使用权,卖方丧失了其使用价值,并取得了货币,从而实现了商品的转让。而旅游产品的交易与普通商品的交易是有区别的。在旅游产品的交易中(除了购买旅游购物品),消费者只能以支付货币形式取得商品的临时使用权,而不能长期占有或享用旅游产品的使用价值,例如旅游者购买景点的门票,此时,旅游经营者可以在同一时期将门票售卖给多个旅游者,旅游者可以到景点参观、游览,共同分享旅游产品的使用权,参观结束,旅游者对景点的所有权和使用权也就随之消失。整个过程中,旅游者只享有对旅游产品的临时使用权。在任何时间,旅游产品的所有权都是由旅游目的地和旅游企业共同拥有的。

(二) 价值

价值是凝结在商品中的一般人类劳动,旅游产品同其他商品一样,也具有价值,其价值是凝结在旅游产品中的差别的、一般的人类劳动。与一般产品相比,旅游产品在价值构成、价值决定和价格形成等方面具有自身特殊性。

1. 价值构成

旅游产品的价值主要包括三个方面:一是旅游基础设施的折旧费用;为旅游者提供所需的食物和其他用品的原料费用;旅游企业在经营、管理、服务等方面所消耗的各类物资。二是为旅游从业人员提供其所需要以保持其劳动力的再生产所需消耗资料的价值。三是旅游从业人员创造的新价值。

2. 价值量

在经济学中,商品所含价值量的大小是由生产这一商品的社会必要劳动时间决定的,这一价值原理同样适用于旅游产品。但是,由于旅游产品使用价值的特殊性,在其价值量的确定上也有一定的特殊性,具体表现在以下方面。

一是旅游服务价值量的确定。旅游服务是旅游从业人员通过体力和智力活动所产生的,其价值并不是以物化劳动的形式存在,而是通过活劳动的形式表现在服务活动的全过程中,服务结束,劳动消耗即终止。旅游产品以服务为中心,其服务质量将直接关系到其产品的价值。在同等的服务设施条件下,旅游产品的价值会随着服务质量的提高而提高;反之,它的价值就会降低。旅游服务质量的好坏,固然与人力投入的数量有关,但并非总是呈比例关系,而是与其自身的道德素质、文化素质、职业道德水平等因素紧密联系在一起,进而影响旅游者对旅游产品的评价。

二是旅游资源价值量的确定。旅游资源是旅游产品的重要构成部分,可以分为:自然旅游资源,如地貌景观、水域风光、生物景观、气象气候类景观等;人文旅游资源,如历史遗迹、古陵墓、民族民俗、人文活动、园林建筑、古建筑等。这些资源各自具有鲜明的个性特征,在价值量的计算上差异很大而且难以计量。例如,野生植物和温泉等纯自然因子,它们并非人类劳动所创造的,没有人类劳动的投入因而没有价值。这些纯自然因子如果要作为旅游产品提供给旅游者,则必须经过人类的开发,投入人类的体力和脑力劳动,从而也就具有了价值。民族风情、社会习俗、传统生活方式等纯社会现象,是经过漫长的社会发展演进而来,蕴藏着人类的智慧与辛劳,是人类脑力劳动和体力劳动的结晶,具有不可替代的社会价值和历史价值。又如古建筑、园林等人文旅游资源,它们的产生是因为前人付出了大量的劳动,它们能保存至今,是因为后人不断地努力维护,其价值难以用消耗多少劳动量去衡量。

三是旅游设施价值量的确定。旅游设施,如酒店的一个房间,是旅游产品中的有形部分,它和普通的商品一样,具有固定的投入成本,并对其所含的价值进行了评估。然而,由于其自身的经济运作特征,使得其价值在组合成旅游产品时会发生变化,从而获得新的增值。

第二节 旅游产品的构成

党的二十大报告提出,必须坚持系统观念。万事万物是相互联系、相互依存的。只有用普遍联系的、全面系统的、发展变化的观点观察事物,才能把握事物发展规律。旅游产品的构成要充分考虑系统观念。

发展现代旅游业,开发旅游产品,必须要从旅游产品的构成进行多方面考察,运用系统观念从不同角度进行分析,以满足旅游者在旅游活动中的各种需求,进而推动旅游业的发展。

旅游产品是一个综合性的概念,从不同的角度来分析,其构成内容是不同的。

一、旅游产品的一般构成

从市场营销的角度来看,旅游产品的构成包括核心部分、形式部分和延伸部分。

(一)旅游产品的核心部分

旅游产品的核心部分是指产品满足旅游者需求的基本效用和核心价值。旅游产品的核心部分可以满足旅游者外出旅游最主要的需求,是旅游产品形成的基础和最具竞争力的部分。旅游者需求的差异、旅游产品中旅游吸引物的差异,也带来了旅游者核心产品的差异。例如,以观光为主要目的的旅游产品使旅游者感受旅游目的地景点给自己带来的"观赏和享用";激流探险旅游产品带给旅游者的是旅游过程的"刺激性体验";休闲度假旅游产品给旅游者带来的是一段身心彻底放松的愉悦性体验。总之,旅游产品的核心部分向游客提供的是一段由具体生理和心理效用组成的"旅游体验",满足旅游者"旅游感受"和"旅游经历"的需要。因此,旅游营销人员的根本任务是向旅游者推销这种旅游体验。同样,它应是旅游产品的促销重点,特别是在激烈的市场竞争中与竞争者的旅游产品相比较时,更应如此。

(二)旅游产品的形式部分

旅游产品的形式部分是指构成旅游产品的实体和外形,包括款式、品牌、商标、质量等,是旅游产品核心部分向生理或心理效应转化的部分,属于旅游产品向市场提供的物质产品和劳务的具体内容,是保证产品的效用和价值得以实现的载体。旅游产品的形式部分主要与旅游产品的物质载体、形象、品牌、特色、声誉及组合方式有关。

(三)旅游产品的延伸部分

旅游产品的延伸部分是指旅游者在购买和消费旅游产品时获得的各种优惠条件和其他附加利益,如方便预订、电话跟踪服务、购买量优惠、重复购买优惠等。虽然延伸部分并不是旅游产品的主要内容,但旅游者购买的是整体旅游产品,在旅游产品核心部分和形式部分的基本功能确定后,延伸部分往往成为旅游者对旅游产品进行评价和决策的重要促成因素。因此,旅游经营者在进行旅游产品营销时,应注重旅游产品的整体效能,除了要突出旅游产品核心部分和形式部分特色外,还应在旅游产品的延伸部分形成差异性,以赢得市场竞争的优势。

二、旅游产品的需求构成

从旅游需求的角度来看,旅游产品是由旅游者在旅行过程中对食、住、行、游、购、娱等多个方面产生需求而组成的。根据旅游者对产品构成中不同部分的需求强度、内容及偏好差异,可将旅游产品进行如下区分。

(一) 按旅游者的需求程度分析

1. 基本旅游产品

基本旅游产品是指旅游者必须购买的以满足其在整个旅游活动的需要,例如旅游者从居住地前往旅游目的地必须乘坐的交通工具、酒店的住宿、日常的餐饮以及景观的门票等。这些产品在旅游者任意一次外出旅游过程中都是必不可少的。基本旅游产品的需求弹性较小,基本旅游产品费用是旅游者旅行中必须支付的一部分费用,也是旅游业经济收入来源最为稳定的一部分。但是,从消费层面来说,基础旅游产品消费具有一定的消费限度,因此,应从提高饮食质量、丰富服务内容、丰富经营档次等方面提高基本旅游产品的收入。

2. 非基本旅游产品

非基本旅游产品是指旅游者在旅游活动中不一定购买的且需求弹性较大的旅游产品。例如旅游者在旅游过程中的购物,可以根据自身需求选择是否购买,此外如美容服务、医疗健康服务等都属于非基本旅游产品。

需要说明的是,基本旅游产品和非基本旅游产品的划分是相对的,两者在一定情况下可以相互转化。例如许多地区专门开展的旅游购物,此时旅游购物在整个旅游活动中成为不可缺少的一部分,旅游购物就属于基本旅游产品。因此,基本旅游产品和非基本旅游产品划分不能一概而论。

区分基本旅游产品和非基本旅游产品,有助于旅游经营者根据它们需求弹性的特点,提供有针对性的服务,满足不同旅游者多样化的需求;也有助于旅游者在选择、购买旅游产品过程中,有计划地调整自己的需求结构和消费结构,提高旅游活动的舒适度和满意度。

(二) 按旅游者的消费内容分析

按旅游者的消费内容分析,旅游产品主要由食、住、行、游、购、娱等组成,即要求旅游经营者分别向旅游者提供饮食、住宿、交通、游览、购物、娱乐等方面的消费内容。

(三) 按旅游者的需求偏好分析

1. 游览观光旅游产品

游览观光旅游产品是指满足旅游者游览自然风光、观赏文化遗迹、了解历史名胜等为主要目的旅游产品,是一种大众化的旅游产品,其构成现代旅游活动的主体内容。

2. 休闲度假旅游产品

休闲度假旅游产品是指以满足旅游者消遣、娱乐、度假、康体等需求偏好的旅游产品,随着人们生活质量的改善和生活水平的不断提高,这类旅游产品在旅游活动中的比重也日益提高。

3. 特种旅游产品

特种旅游产品是指以满足旅游者探亲访友、会展商务、宗教朝拜、学习考察、科考探险等特殊需求偏好的旅游产品,其类型多样、内容广泛,是前两种旅游产品的重要补充,能够满足人们的多样性旅游需求偏好。

三、旅游产品的供给构成

从旅游经营者的角度看,一个完整的旅游产品应包括旅游资源、旅游服务、旅游设施、旅游购物品和旅游通达性五个方面。

(一)旅游资源

旅游资源是旅游业发展的先决条件,是旅游业发展的根本,自然界和人类社会中任何能吸引旅游者进行旅游活动并产生多种综合效益的事物,都可以称为旅游资源。根据自身的性质和构成因素,旅游资源可以划分为自然旅游资源和人文旅游资源两大类。其中自然旅游资源又包括地貌景观类(如火山景观、冰川景观、山地景观、喀斯特景观、丹霞景观、砂岩峰林景观、海岸景观等)、水域风光类(如海洋、河流、湖泊、瀑布、泉水等)、生物景观类(如森林、草原、海洋生物、野生动植物等)、气象气候类(如雾凇、云海、极光、蜃景等);人文旅游资源包括古迹和建筑类(如长城、故宫、楼阁、祭祀建筑、人类文化遗址等)、消闲求知健身类(如风物特产、节日庆典、园林等)、购物类(如地方土特产品、地方风味、庙会等)。

旅游资源相对于其他资源而言,最突出的特点就是它具有从各个层面上激发和满足旅游者审美、休闲娱乐、探险、考察等需求,从而促进旅游行为的产生。要充分发挥旅游资源的吸引力,就必须依据旅游资源的类型、密度、丰度、品位和知名度等条件,将旅游资源开发组合成为具有特色、功能互补的旅游景点和景区。同时,旅游资源是旅游业生存与发展的根本。因此,旅游资源的开发与利用要合理、适度,要把旅游者的数量控制在可接受的范围内,保证旅游资源可持续使用,促进旅游业的健康、可持续发展。

(二)旅游服务

旅游产品以旅游服务为中心。旅游者购买的旅游产品中,除了少量食品、旅游纪念品之外,还有许多无形的旅游服务。其中,导游服务、酒店服务、交通服务、商品服务等是旅游服务的重要组成部分。

1. 导游服务

导游服务是指旅行社或旅游接待单位为旅游者提供的专项服务。当旅游者前往一个陌生的城市或景点参观游览,导游就可以带领旅游者了解当地的区域文化、风土人情,帮助旅游者解决旅游中的问题,为旅游者安排食宿,增强与当地居民的交流,使旅游者对当地的文化背景有进一步了解,增强文化认同。因此,旅游从业者必须了解不同的旅游者的文化背景,了解其在旅游过程中的心理特点,根据旅游者的特点、出行时间和地点,采取灵活的方式,为旅游者提供优质的旅游服务。

2. 酒店服务

酒店服务是指酒店为旅行过程中的旅游者提供的住宿、饮食、通信、贸易、洽谈等方面的综合性服务。酒店作为旅游者离开居住地前往旅游目的地的居住场所,可以帮助旅游者放松身体、恢复体力,保障旅游者参观游览活动的顺利进行。提供面对面的亲切服务是酒店业的行业特点,也是旅游服务的重点所在。要做到这点,旅游从业人员必须具有良好的分析判断力,以及良好的应急能力,充分考虑旅游者在安全、环境、权利和尊重等各方面的需要,以优质的服务获得旅游者的信赖。

3. 交通服务

旅游者旅游需要花费一大部分时间在乘坐各种交通工具上。旅游者对旅游产品的评价也很大程度上依赖其所乘坐的交通工具以及所接受的服务。因此,舒适的交通工具和热情的交通服务至关重要。由于地域限制,部分地区可能不设置飞机场或高铁站等,在交通工具不能完全满足旅游业发展需要的情况下,旅游从业人员提供的优质服务可以一定程度上弥补这一缺憾。

4. 商品服务

商品服务是指在旅游者购买旅游产品的过程中所提供的信息咨询、包装、代理等方面的服务。细致的商品服务可以有效地激发旅游者的购物欲望,从而达到良好的经济效果。但是,旅游经营者不能仅以经济利益为导向,诱导、误导、威胁、恐吓旅游者购买会给旅游业带来负面影响。

无论旅游服务的内容怎样改变,服务的品质都与服务观念、态度、技术以及价格等有关。质量与价格相匹配,旅游者满意度高;质量差,价格高,旅游者不满意;质量好,价格低,则旅游产品具有很强的市场竞争力。

(三) 旅游设施

旅游设施是指旅游目的地提供的,为保障旅游服务顺利开展,向旅游者提供服务时依托的各项物质设施和设备的总和。一般旅游设施分为旅游接待设施和旅游基础设施两大类。

1. 旅游接待设施

旅游接待设施是旅游经营者用来直接服务旅游者的凭借物,主要包括住宿、餐饮、交通、游览设施。住宿设施通常有宾馆、酒店、度假村、度假别墅等,各种设施在规模、档次、功能和设备上存在一定的差别;餐饮设施通常包括各种类型餐馆、饮品店、茶室、酒吧、咖啡厅等;交通设施包括观光游船、景区索道、滑道、游览汽车等;游览设施是由旅游景区规划、建设,供人们登临、游览、休憩的各种设施、设备,如凉亭、扶杆、栈道等。

2. 旅游基础设施

旅游基础设施是为了满足旅游者在旅游活动过程中的需要而建立的各种设施、设备的总称。旅游基础设施包括旅游交通、旅游酒店以及文化娱乐设施三部分:旅游交通是指旅游者从居住地到旅游目的地乘坐的交通工具,是旅游业发展的重要物质条件,此项基础设施并不是为旅游业专门建立的,但是旅游业发展必须依赖这些公共基础设施;旅游酒店是指为旅游者提供住宿休息和膳食的场所,它是旅游基础设施的重要组成部分;文化娱乐设施是吸引旅游者前往旅游目的地参观的重要设施,它是根据旅游者的兴趣爱好而建立的,例如各种体育场所、游乐园、游泳馆等,能够满足旅游者多方位需求。

(四) 旅游购物品

旅游购物品是指旅游者在旅途中使用、赠送、收藏等的物品,具有实用性、纪念性、礼品性、收藏性等特点。旅游者在旅行过程中所买的物品,除了一小部分是日常用品,大部分都会被旅游者带回家,用来纪念,或是帮助旅游者更好地理解目的地的文化、艺术和传统。旅游购物品的种类很多,可以分为三大类:实用品、工艺品和艺术品。其中,实用品又分为土特产品(如茶叶、名酒、中药材、中成药等)、旅游食品(如风味菜、民族菜、点心等)和旅游用品(如地图、导游图、旅游指南等);工艺品包括陶瓷品、丝织刺绣品、漆器、金属工艺品、玉石木竹雕刻、文房四宝等;艺术品包括书法绘画、文物仿制品等。旅游购物品大多数价格较高,消费潜力较大,只要旅游者喜爱,他们就愿意反复花钱购买。因此,旅游购物品是旅游创汇的重要来源,旅游购物品可以送给亲朋好友,在一定程度上可以对旅游目的地起到宣传的作用,进而吸引更多旅游者到访。

(五)旅游通达性

旅游通达性是指旅游者在不同的旅游目的地之间往来的便利、快捷、通畅的程度,其主要体现在进出旅游目的地的难易程度和时效标准。主要可以从以下几个方面来衡量:一是交通运输系统是否健全、发达;二是通信条件是否良好;三是办理出入境签证手续、验关程序、服务效率和咨询等方面是否便利。旅游通达性直接关系到产品的成本、质量和吸引力,从而成为产品结构的一个重要内容。

四、旅游产品的构成关系

旅游产品的构成关系是指旅游产品各组成成分之间相互关系。旅游产品的构成关系主要是互补关系和互代关系。

(一)互补关系

旅游产品结构的互补关系,是相对旅游需求从而相对旅游经济效益而言的旅游产品各构成部分之间的相互依存、相互促进、共同发展的关系,也就是功能不同的旅游产品组成成分之间相互依存、共同发展的关系。这种关系体现在两个方面。一是各个功能不同的组成成分,如食、住、行、游、购、娱等几个部分,每一部分的发展都是以其他部分的生存发展为前提,各部分按比例协调发展。二是各个功能不同的组成成分之间在经营成果上相互影响。一个部分收入的增加带来其他部分收入的增加,一个部分收入的减少会造成其他部分收入也减少;一个部分成为旅游发展的"瓶颈",那么其他部分的收入和接待旅游者的数量增长便会受到阻碍。

旅游产品的互补关系,是由旅游需求的综合性决定的。从互补关系可知,旅游产品的各个组成部分必须齐备,共同组成一个完整的产品。同时,也要求提供各单项旅游产品的行业、部门和企业按比例协调发展,除了搞好本行业、本企业的经营,还要与其他行业和企业相互配合、互通信息,增强旅游产品的招徕能力和竞争力。

(二)互代关系

旅游产品结构的互代关系,是相对于旅游需求而言的,是指旅游产品每一构成部分内各成分之间的相互替代或代用关系,也就是功能相同或相近的旅游产品的组成成分之间相互替代的关系。例如,提供交通服务的有汽车、火车、飞机、轮船等交通工具,其经营企业之间就存在着互代关系,尤其是高速公路、高速铁路的发展更加深了这种关系;提供住宿服务的星级酒店、招待所、度假村等也存在着互代关系,尤其是档次、规模、服务水平及价格差不多的时候,这种互代关系表现尤为明显。

互代关系在提供相同服务的企业之间表现为竞争。这就要求各企业不能盲目追求建设与别的企业雷同的设施、提供相同的单项旅游服务,而应当提供功能不同的、档次各异的服务,或者说要求旅游产品数量上、质量上、档次上有计划按比例协调发展,力求旅游产品结构的合理性。同时,也要求各旅游企业重视经营管理工作,改进服务质量,提升企业信誉和形象,提供有特色的旅游服务,避免过度竞争。

（三）互补关系和互代关系的转化

旅游产品构成的各部分之间的互补关系,不是绝对的。旅游产品各部分内的组成成分之间的互代关系也不是绝对的、一成不变的。旅游经营者可以根据旅游需求发展变化和自身条件,促使两种关系互相转化。

1. 互补关系向互代关系转化

这种转化是由旅游需求多样化和旅游企业经营的多样化促成的。在市场经济条件下,旅游企业为了获得竞争优势,必须不断地调整自己的经营范围,为旅游者提供方便、快捷、经济的服务。当旅游企业向旅游者提供多样化的一条龙服务时,互补关系就会变为互代关系。例如,甲企业提供住宿服务,乙企业提供交通服务,它们之间是互补关系。现在甲企业经营范围扩大了,也提供接待游客的交通服务,这样甲、乙企业之间的关系就成了互代关系。若乙企业扩大经营范围,提供住宿服务,同样也可转化成互代关系。在实际情况中,这种转化的实例有很多。因此,旅游企业的多种经营和集团化经营是互补关系向互代关系转化的主要途径。

2. 互代关系向互补关系转化

当供给小于需求时,提供相同单项产品的旅游企业之间可以互相帮助,以解燃眉之急。例如,某两个酒店,当其中一个旅游者超额预订且客人都到的情况下,可以把客人介绍给另一家酒店,这时,两者的关系就变成了互补关系。同样,旅游交通中的铁路、航空、公路、水路运输,一般而言,它们之间是互代关系,但经营者达成协议,开展联运业务,可使本来的互代关系转化为互补关系。中国沿海各省的旅游度假产品具有许多相似性,是一种互代关系,现在各省联合开发出各具特色的度假产品,安排合理统一的旅游线路,同时联合促销,推向国内国际旅游市场,互惠互利,共同发展,这样,互代关系即可转化为互补关系。

第三节 旅游产品的开发

党的二十大报告指出,大自然是人类赖以生存发展的基本条件。尊重自然、顺应自然、保护自然,是全面建设社会主义现代化国家的内在要求。必须牢固树立和践行"绿水青山就是金山银山"的理念,站在人与自然和谐共生的高度谋划发展。旅游产品开发要坚持保护性开发,保护生态环境。

旅游景区在高质量发展中彰显亮眼的时代特征。"两山"理念深入人心,各地要坚持在开发中保护、在保护中发展原则,推动景区建设,告别盲目投资、无序开发的状况,纠正以牺牲环境、破坏生态为代价的粗放式发展方式。

旅游产品开发是根据市场需求,对旅游资源、旅游设施、旅游人力资源及旅游景点进行规划、涉及、开发和组合的活动。

一、旅游产品的类型划分

需求的多样化导致旅游产品丰富多样,旅游产品的类型可以按照不同的标准进行划分,主要划分方式有以下三种。

(一)按旅游产品存在的方式划分

按旅游产品存在的方式,可以把旅游产品分为单项旅游产品、组合旅游产品和整体旅游产品。

1. 单项旅游产品

单项旅游产品是指旅游者在旅游活动过程中向不同的旅游经营者分别购买的有关食、住、行、游、购、娱等某一方面的物品或服务。单项旅游产品的经营部门可以是不同的景区、航空公司、酒店、旅行社等,它们围绕各自特定的目标开展独立的经营活动,提供特定的旅游服务,而旅游者可以根据自己的特殊需要随机购买。单项旅游产品现在有个很时尚的称谓,即"碎片化产品和服务",因为现在旅游者对走马观花的旅游形式已经厌倦,他们更希望与当地有深度的交流,加之互联网时代为这种愿望提供了技术保障,传统旅行社和在线预订平台(OTA)目前都在做碎片化产品和服务,单项旅游产品的销售占比越来越大。旅游经营者应顺应市场需求的变化趋势,从旅游者的角度来设计销售产品。

2. 组合旅游产品

组合旅游产品又称旅游线路产品,是指旅行社根据旅游市场的需求,把多个单项旅游产品组合起来提供给旅游者,以满足其旅游过程中多方面的需要。如旅行社提供的综合包价旅游,是初次旅游者和中老年旅游者经常购买和消费的旅游产品形式。

3. 整体旅游产品

整体旅游产品又称旅游目的地产品,是指某一旅游目的地能够提供并满足旅游者需求的全部物质产品和服务。其包括了整体旅游产品作为一个区域性的概念。它不仅包含着该地区旅游经营者可以提供的全部单项旅游产品,还包含着该地区旅行社能够提供的各种旅游线路产品。整体旅游产品可以分为观光、度假、休闲、养生、会议、特种旅游产品等多种类型。区分整体旅游产品的不同种类可以正确把握旅游目的地的特色和优势，做好旅游目的地的宣传促销工作。在旅游市场上，与旅游者发生交换关系的主要是旅游目的地整体旅游产品中的单项部分和线路部分，而不是整体旅游产品本身。

（二）按旅游者出游的目的划分

按旅游者出游的目的，可以把旅游产品分为休闲度假旅游产品、商务专业旅游产品、体验型旅游产品、健康医疗旅游产品、旅居养老旅游产品、工业旅游产品和其他专项旅游产品。

1. 休闲度假旅游产品

这一类旅游产品包括观光旅游、度假旅游、娱乐旅游等。此类旅游主要是为了放松，旅游者往往与家庭成员或单位组织的成员在一起，把旅游作为与其职业无关的活动。

2. 商务专业旅游产品

这类旅游产品包括在惯常环境以外的所有商务和专业访问活动，如商务旅游、公务旅游、会议旅游、奖励旅游、研学旅游等。这类旅游产品的共同特点是旅游者与个人职业或所在单位的经济活动有关，这类旅游产品受商务活动性质、政府或公司管理制度和经济繁荣程度等因素的影响比较大，与季节气候等因素的关系不明显，旅游目的地多集中在一些经济或政治中心的大城市，对价格不太敏感。

3. 体验型旅游产品

探险旅游、登山旅游、攀岩旅游等属于体验型旅游产品。旅游者对这类旅游产品的选择和购买具有强烈的主观意愿且较少受到外界的干扰。在旅游活动过程中，旅游者全身心投入，对旅游产品的使用价值体验深刻，并能从中得到满足。这类旅游者对价格不太敏感，对体验目的之外的因素不太关注。进行专业化的组合是这类旅游产品获得成功的重要手段。随着人们旅游需求的日渐多元化和细分化，体验型旅游者会被越来越多的旅游者认可和接受。因此，体验型旅游产品可以挖掘的市场空间还会更大。

4. 健康医疗旅游产品

这类旅游产品是指在惯常环境以外的以健康、医疗为主要目的的旅游，主要包括体育旅游、保健旅游和生态旅游。

5. 旅居养老旅游产品

旅居养老最早由中国老年学会提出，旅居养老是"候鸟式养老"和"度假式养老"的融合体，老年人会在不同季节，辗转多个地方，一边旅游一边养老。与普通旅游的走马观花、行色匆匆不同，选择旅居养老的老年人一般会在一个地方住上十天半个月甚至数月，慢游细品，以达到既健康养生又开阔视野的目的，这种养老方式是有利于老年人身心健康的一种积极的养老方式。除了慢节奏的旅途，旅居养老对老年人最大的吸引力在于价格和服务。"旅游＋养老"模式的推广，需要政府部门在政策层面予以规范，需要社会养老机构提升专业化服务水平，也需要老年人不断更新养老消费理念。

6. 工业旅游产品

工业旅游是伴随着人们对旅游资源理解的拓展而产生的一种旅游新概念和产品新

形式。由于研究视角的差异,众多学者对工业旅游的概念尚未形成统一的看法,大家比较认可的是阎友兵和裴泽生(1997年)从需求的角度对工业旅游的定义:人们通过有组织地参观工业、科技、手工业、服务业等各类企业,了解到某些产品的生产制造过程,并能从厂家以低于市场价的价格购买产品。企业通过工业旅游追求形象效益和经济效益。从需求方来看,求新、求异、求知、求乐是参加工业旅游重要的动机,参加工业旅游不仅看得见而且摸得着,能够了解整个产品的生产过程,在旅游中增长知识。目前,工业旅游发展势头强劲。工业旅游市场具有范围广、旅游者素质高、无明显淡旺季、以团体旅游为主等特点。

7. 其他专项旅游产品

除了上述类型的旅游产品外,还有以探亲访友、宗教朝拜、研学等为主要目的的专项旅游产品。探亲访友旅游产品的客源较为稳定,但旅游消费一般不高;宗教朝拜旅游产品对旅游目的地和旅游时间都有很强的选择性,多在重要的宗教节日期间集中前往宗教圣地;研学旅游产品的参与者多为青少年,主要集中在学校的假期进行,旅游活动的内容与某项专业技术或学科领域联系紧密,通过研学旅游达到学习与教育的目的,旅游者的求知欲可以得到较大满足。

(三)按旅游产品的创新程度划分

根据旅游产品的创新程度,可以把旅游产品分为改进型旅游产品、换代型旅游产品、完全创新型旅游产品和仿制型旅游产品。

1. 改进型旅游产品

改进型旅游产品是指在原来旅游产品的基础上,对产品构成要素中的某些部分加以改进,以此来增加旅游活动内容,提高旅游服务质量,增强旅游产品吸引力,巩固和拓展客源市场。

2. 换代型旅游产品

换代型旅游产品是指对现有旅游产品进行较大规模改造后的旅游产品。例如,旅游酒店对原有的硬件设施进行更换、扩建新楼,增加服务内容,提高档次。旅行社对原有的旅游线路进行优化和更新,丰富旅游内容,提升旅游文化内涵,增强旅游活动的参与性与互动性,使旅游产品更富生机和活力。

3. 完全创新型旅游产品

完全创新型旅游产品是指运用新技术、新方法、新手段设计生产出来的旅游产品。如新的酒店、新的景点、新的旅游线路、新的旅游项目和新的娱乐设施等。完全创新型旅游产品研发时间长,对资金和技术的要求较高,开发的风险较大。

4. 仿制型旅游产品

仿制型旅游产品是指模仿市场上已有旅游产品的基本原理和结构而生产出来的旅游产品。仿制型旅游产品包括国际市场已出现过,但国内市场尚属首次出现的产品。这类旅游产品常见的有仿历史古城、仿各类游乐园、仿大型建筑的微缩景观等。

二、旅游产品的开发原则

旅游产品开发是一个综合性的项目,必须综合考虑市场需求、市场环境、价格政策和投资风险。开发旅游商品时,应遵守下列原则。

(一) 市场导向原则

旅游产品的开发是基于对旅游资源的分析和评价,但是,开发什么、开发到何种程度,都要以市场为主导,以满足市场的需要为出发点。市场导向原则包含以下两个方面。一是旅游市场定位。任何一种旅游产品的开发都不能完全满足所有旅游者的需要,所以,对于产品开发人员来说,要根据当地的社会、经济发展状况以及目前的旅游发展趋势来确定其主要的客源市场是非常必要的。二是目标市场需求状况分析。在确定了目标市场后,产品开发人员还要进一步了解其需求内容、规模档次、水平和发展趋势,进而制定出符合市场需求的产品,实现预期的经济效果。旅游市场与旅游环境一直处于持续发展和变动之中,因此,旅游目的地市场在发展的各个阶段都会发生相应的改变。因此,开发企业必须具备发展与战略眼光,确保旅游产品开发重点突出、有序进行。

(二) 综合效益原则

资本的本质就是追求经济利益的最大化。旅游产品的开发需要投入巨大的资金,因此,在开发的过程中,开发商必须将经济利益摆在首位。然而,旅游商品作为一种非物质商品,又具有一定的文化属性,应在保证其经济发展的前提下,注重其产生的社会、生态效益,以求提高旅游开发的综合效益。

(三) 可持续发展原则

可持续发展强调人类需要,也强调资源限制和代际公平。因此,在开发旅游产品时,应充分考虑资源与环境承载力,合理规划旅游资源与环境承载力,以最大限度地降低开发对生态环境的损害,保证可持续发展。具体来讲,就是要采用先进的环境保护技术,使酒店、旅游景点、餐厅等建筑达到保护的目的,节约能源,转变传统的消费模式,从而使旅游产品具有更强的生命力。

三、旅游产品的开发内容

旅游产品是一个综合性的产品,旅游产品的开发需要对旅游资源、旅游设施、旅游人力资源及旅游商品等进行规划、设计、开发和组合,具体包括两个方面内容:一是旅游地的开发,二是旅游线路的开发。

(一) 旅游地的开发

旅游地是旅游产品的地域载体,旅游者对旅游产品的满意度,主要是由旅游者参与的一系列旅游活动及其所能获得的各种旅游服务而定。这就要求在景区建设、设施完善、人才培养、环保措施制订等方面作出统一的安排与部署。由于各地区的发展历史、发展水平不同,其发展的重点和发展方向也不尽相同。

1. 全新旅游地的开发

对于一个新兴的旅游地来说,必须清楚自己在竞争中处于什么位置。因此,旅游地在认识自身资源的基础上,确定其资源的总量、种类、密度、丰度、品位等,从而作出资源基础的评价。要针对目前的旅游市场竞争现状进行分析,制定出一个清晰的发展目标。然后,详细地规划旅游景点,如发展什么旅游产品,增加多少酒店、餐饮店等。最后,要对旅游行业的总体需求进行合理的预测,并加大培训力度,培养和引进高层次的旅游人才,以适应旅游业发展的需要。应当指出,不管是旅游产品的开发还是旅游地的开发,都必须采取切实的环保措施,以确保其科学合理地发展。

2. 发展中旅游地的开发

对于发展中的旅游地,旅游产品的开发已经具备了一些基本的条件,主要是要充分发挥现有旅游产品的知名度和开发优势,不断拓展新的旅游活动、新的旅游项目,突出旅游产品的特点,加强旅游市场的营销,从而使旅游产品的魅力得到进一步的提升。

3. 发达旅游地的开发

发达旅游地的开发重点是继续巩固和提升景区的市场形象,不断提高景区的经营和服务,积极创新,利用现代科技对原有的产品进行改造和改良,使原来的产品更加具有科学性。经过精心设计和策划,开发一批具有引导功能的旅游产品。

(二) 旅游线路的开发

旅游线路的开发很大程度上决定旅游产品的开发。在旅游市场中,只要线路的规划和组合能符合旅游者的心理预期,并符合其消费水平,那么,该旅游线路就会受到人们的青睐并促进旅游产品的销售。反之,旅游线路不被旅游者所接受,旅游产品就会滞销。所以,旅游线路营销的成功与否与线路规划的水平有着直接的关系。

旅游线路的开发必须要考虑五个方面的因素:旅游资源、旅游基础设施、旅游接待设施、旅游成本因子(即费用、时间和距离)和旅游服务,它们的开发实质上是综合旅游产品开发。旅游线路的设计与组合大致可以分为四个阶段:第一阶段是分析目标市场的旅游成本,确定旅游线路的性质和类型;第二阶段是根据旅游市场需求组织相关的旅游资源,确定旅游资源的基本空间格局;第三阶段是结合上述背景材料,分析相关的旅游设施,设计出若干可供选择的线路;第四阶段是选择最优的旅游线路,一般可以有几条旅游线路。

旅游线路的开发、设计有以下三种类型。

1. 团体旅游线路和散客旅游线路

按使用对象的不同性质,旅游线路可以分为团体旅游线路和散客旅游线路。团体旅游线路的设计主要是面向包价旅游的整体设计。散客旅游线路又可细分为拼合选择式线路和跳跃式线路。前者是指在整个旅行过程中,通过多个不同的分段组合线路,旅游者可以自行选择、拼接,在旅途中可以更改原来的线路;后者是指旅行社在整个行程中仅提供部分的服务,而其他部分则由旅游者自行安排。

2. 长线旅游线路、中程旅游线路、中短旅游线路和小尺度旅游线路

按跨越的空间尺度,旅游线路可以分为:跨区域的长线旅游线路,如长江三峡旅游线路,其贯穿了江苏、湖北、湖南、重庆、四川四省一市;省际的中程旅游线路和省区内的中短旅游线路;小尺度旅游线路主要是景区游览线路,它主要与旅游地的开发规划有关。

3. 周游型旅游线路和逗留型旅游线路

按旅游者的行为和意愿特性，旅游线路可分为周游型旅游线路和逗留型旅游线路。周游型旅游线路主要以观光为主，所涵盖的旅游景点数目也比较多。逗留型旅游线路涵盖的旅游景点数量相对较少，旅游者的主要活动不在于欣赏风景，而在于重复利用某些资源和设备。

此外，旅游线路既可以根据旅程天数的不同划分为一日游旅游线路与多日游旅游线路，也可以按对游客吸引范围的大小分为国际旅游线路、国家级旅游线路和区内旅游线路。

四、旅游产品的开发策略

要使旅游资源、设施的作用得到最大程度的发挥，就必须制定出一套科学完善的旅游产品开发策略，并对其进行科学的规划和设计。常用的旅游产品开发策略如下。

（一）旅游地开发策略

旅游地产品是一种整体性产品，旅游地的发展程度因地区而异，旅行社、酒店、旅游交通等个别旅游产品的发展水平也不尽相同。根据这一实际情况，旅游地的发展应采取如下对策。

1. 主导产品策略

旅游者到目的地旅游时，由于旅游者的需要不同，他们的消费水平也不同，因此，旅游目的地应尽可能提供种类繁多、种类齐全的产品，最大限度地满足旅游者的需要。但这并不代表景区不必具有自己的特点和主导的旅游产品。旅游主导产品是旅游资源和市场两方面驱动来发挥作用，在旅游业发展之初，可以帮助旅游者尽早认识和了解目的地；在中后期，可以利用主要产品来塑造景区特有的旅游形象。

2. 保护性开发策略

旅游产品开发中许多具有历史性意义以及罕见的自然和人文景观要求完整地进行保护性开发，有些景观因特殊的位置而不允许直接开发，它们就只能作为观赏物远远地欣赏。对这类旅游地的开发，其要求就是绝对保护或维持原貌。例如：自然保护区的核心区，对维护当地的生态系统平衡和进行典型性科学研究具有极其重要的意义，因此，即使是在自然保护区开展保护性特征很突出的生态旅游，也需要谨慎地开发，以免破坏自然界平衡。

3. 有序开发策略

旅游地的产品开发，既要考虑产品的时效性，也要考虑产品的可更新性，兼顾短期效益和长期效益，保证旅游地长期、稳定、持续发展。为此，旅游地在建设景区景点、修筑道路、购进旅游车辆时，都要有时间上的考虑，审时度势、不失时机地推出新的产品。

4. 高低结合策略

旅游产品的开发要考虑不同的受众群体，将高档产品与低档产品相结合，以满足不同层次消费者的需要。例如旅游目的地的酒店要设置不同的等级，四星、五星级的高档酒店可为高收入旅游者提供豪华、舒适的享受；而中低收入旅游者追求的是经济、实用，三星、二星甚至低档一些的酒店才是他们的首选。

(二)旅游线路开发策略

旅游线路开发以最有效地利用旅游资源、最大限度地满足旅游者需求、最有利于企业竞争为指导。遵循旅游产品开发的原则,可以制定出以下几种旅游线路产品开发策略。

1. 市场型组合策略

这种策略的关键在于对特定的旅游市场进行细分,为特定的旅游市场提供专业的旅游产品,如针对年轻人的新婚旅游、探险旅游、修学旅游等。该策略的优势是可以集中企业优势、一举取胜;缺点是目标市场单一、规模小。

2. 产品型组合策略

这种策略的关键在于为不同的目标市场提供相同的旅游产品,以满足特定需求。若一家旅游公司仅发展一种旅游产品,运用此项策略,能使旅游产品的内容不断丰富、完善,并能持续改善旅游产品的品质;但其不足之处是,旅游企业的产品种类太过单一,使得其运营风险加大。

3. 全面组合型策略

这一策略的关键在于使旅游企业能够将多条产品线延伸到多个不同的市场。这是许多大型旅行社惯用的策略。其优势在于能适应不同的市场需求,占有很大的市场份额,前提是旅游企业要有足够的资金能力,能够承受较高的运营费用。

第四节 旅游产品的生命周期

党的二十大报告提出,加快实施创新驱动发展战略。坚持面向世界科技前沿、面向经济主战场、面向国家重大需求、面向人民生命健康,加快实现高水平科技自立自强。以国家战略需求为导向,集中力量进行原创性引领性科技攻关,坚决打赢关键核心技术攻坚战。坚持创新战略有利于延长旅游产品的生命周期。

旅游产品生命周期的不同阶段会有不同的市场机会和市场风险,通过升级换代来延长旅游产品的生命周期,注重旅游产品的全方位创新,充分认识到创新是引领发展的第一动力,要顺应新的旅游消费需求,提高旅游产品的品质与质量,提升旅游产品的竞争力和消费者的体验。

一、旅游产品生命周期的含义

产品生命周期(product life cycle,PLC)亦称商品生命周期,是指产品从准备进入市场开始到被淘汰退出市场为止的全部过程,是由需求与技术的生产周期所决定的。产品生命周期理论最早由美国哈佛大学教授雷蒙德·弗农于1966年提出。弗农认为,产品生命是指市场上的营销生命,产品和人的生命一样,要经历导入、成长、成熟、衰退这样的周期(图 2-1)。就产品而言,也就是要经历一个开发、引进、成长、成熟、衰退的阶段。而这个周期在不同的国家、不同的企业、不同的产品发生的时间和过程是不一样的,其间存在一个较大的差距和时差。

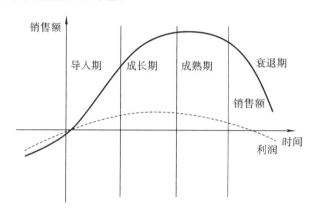

图 2-1 旅游产品的生命周期

旅游产品生命周期借用了有形产品生命周期的概念。所谓旅游产品生命周期,是指一个旅游产品从开发出来投放市场到最后被淘汰退出市场的整个过程,一条旅游路线、一个旅游活动项目、一个旅游景点、一个旅游地开发大多都遵循从无到有、由弱至强,然后衰退、消失的时间过程。旅游产品生命周期的各个阶段通常是以旅游产品的销售额和利润的变化状态来衡量。如果把旅游产品从进入市场到退出市场的整个历程按销售额和时间绘制成图,便能看出旅游产品生命周期的动态全貌。

二、旅游产品生命周期的四个阶段及特征

旅游产品和其他产品一样其生命周期也划分为导入期、成长期、成熟期和衰退期四个阶段,处于不同阶段的旅游产品在市场需求、竞争、成本和利润等方面有着明显不同的特点,也决定着供给者的不同营销策略。

(一) 导入期

1. 市场知晓度低

旅游产品的导入期是指旅游产品刚开发出来投放市场,销售缓慢增加的阶段。新产品的导入期表现为新的旅游景点、酒店和休闲设施建成,新的旅游线路开通,新的旅游项目和服务开始进入市场。由于旅游产品是刚刚进入市场的,并不为大众所熟知,所以对新的旅游产品市场的认知程度不高。

2. 销售量增长缓慢

在导入阶段,旅游新产品刚刚面世,还有待完善,消费有一定的风险,更谈不上了解和接受。旅游企业通过修建旅游设施、改善交通条件,加强宣传促销,一部分求新和好奇的旅游者开始出现,而更多旅游者往往持观望态度。因此,导入期的旅游新产品需求量很少,销售量增长缓慢且无规律。

3. 产品的销售费用较大

由于前期投入大,市场开发费用高,旅游产品的单位成本较高,因此,价格较高也是制约旅游新产品销售增长缓慢的重要原因。企业为了使游客了解和认识产品,需要做大量的广告和促销工作,产品的销售费用较高。

4. 市场还未出现竞争

在这个阶段内,旅游者的购买很多是尝试性的,重复购买尚未出现,旅行社等中间商也通常采取试销的态度。由于旅游新产品的销量小、利润低甚至亏损,前景莫测,竞争对手往往还持观望态度,市场还未出现竞争。

(二) 成长期

1. 知名度逐步提高

经过导入期的旅游者试探性消费,一旦旅游产品反响良好,旅游者购买数量稳定增加,就会进入旅游产品的成长期。在成长阶段,旅游产品克服了前期暴露的缺点,并逐步完善。旅游产品中的旅游景点、旅游地开发初具规模,旅游设施、旅游服务逐步配套,旅游产品基本定型并形成一定的特色。开发阶段的宣传促销开始收效,在旅游市场上知名度逐步提高,旅游者对产品更加熟悉,越来越多的旅游者购买体验,同时,还有部分重复购买的旅游者出现。

2. 利润迅速上升

旅游产品的开发投资逐步减少,尽管旅游产品促销总费用还在继续增加,但分摊到单个旅游者的促销费用迅速下降。旅游产品需求的大幅度增加和成本大幅度下降,导致该旅游产品的利润迅速上升,由导入期的亏损发展为出现净利润额。

3. 市场出现竞争

在成长期,旅游产品表现出良好的市场前景。在旅游产品利润和良好市场前景的吸引下,竞争对手开始把开发的类似旅游产品推向市场,市场上出现了竞争。

(三) 成熟期

1. 增长势头放缓

旅游产品到了成长期后期,旅游者数量和销售量的增长势头必然放慢,于是进入了旅游产品的成熟期。成熟期可以划分为增长成熟期、停止成熟期和下降成熟期三个阶段。在增长成熟期,旅游产品销售量继续增加,但增长幅度逐步减缓,甚至是趋于停止的平稳状态;在停止成熟期,销量尽管有所波动,但总的趋势是停滞不前;在下降成熟期,销量下降并成为一种明显的趋势,大多属于重复购买的市场。

2. 利润最大且开始下降

在成熟期,旅游产品的市场需求已达饱和状态,销售量达到最高点,产品单位成本降到最低。由于销量和成本共同作用的结果,旅游产品的利润也将达到最高点,并开始下降。

3. 市场竞争激烈

在旅游市场,竞争者开发了很多同类旅游产品,扩大了旅游者对旅游产品的选择范围,市场竞争十分激烈。更为严重的是,出现了更好的替代性旅游产品,前期旅游者已开始转移到新的替代性旅游产品的消费市场中去。

(四)衰退期

1. 销售量下降

旅游产品的衰退期一般是指产品的更新换代阶段。在这一阶段,旅游新产品已进入市场,正在逐渐代替老产品。旅游者或丧失了对老产品的兴趣,或由新产品的兴趣所取代。原来的产品中,除少数名牌产品外,市场销售量日益下降。

2. 价格战激烈

市场竞争的突出表现为价格竞争,价格被迫不断下跌,利润迅速减少,甚至出现亏损。由于衰退期旅游者数量急剧下降,旅游者数量有限不能容纳更多的旅游企业生存,因此,不少竞争实力弱的旅游企业因财务问题,或者因有更好的旅游产品而逐渐退出衰退期的市场。

根据以上旅游产品生命周期的规律性分析,可知旅游产品生命周期具有以下五点意义:一是任何旅游产品都有一个有限的生命,大部分旅游产品都经过一个类似"S"形的生命周期曲线;二是每个旅游产品生命周期的时间长短因旅游产品不同而异;三是旅游产品在不同生命周期,利润高低差异很大;四是旅游企业对处于不同生命周期的旅游产品,需采取不同的营销组合策略;五是针对市场需求及时进行旅游产品的更新换代。

应该指出的是,旅游产品生命周期是指旅游产品的一般发展规律,不能套用于每个旅游产品进行生命周期分析。不同的旅游产品其生命周期是不同的,其生命周期所经历的阶段也可能不同。一些独特的自然景观、历史文化景观,由于资源的特殊性和文化内涵,以及这些景观的不可复制性,其产品生命周期可能相当长;而有些人造景观由于可以进行大量复制,一旦竞争产品大量出现,其生命周期必然变短,如很多地方的缩微景观;有些旅游产品及服务项目由于种种原因未进入成长期就夭折了;也有些旅游产品已经进入了衰退期,但由于创新或某个契机又适合市场需求从而得到快速发展。

三、旅游产品生命周期的四个阶段的营销策略

产品生命周期的不同阶段,有着不同的市场机会和市场风险。只有高瞻远瞩,选择与产品生命周期相一致的营销目标和营销策略,才能确保企业的生存和发展。熟悉产品销售的成长规律,把握产品生命周期的基本特征,理性地确立营销目标和动态地制订营销策略,这是延长产品生命周期、实现产品价值及增值的基本途径。

(一)导入期

贴近消费者,缩短导入期。在广告宣传方面,应以产品的性能和特点介绍为主,以激发消费者的购买欲望;在产品销售方面,可选用有较好信誉的中间商代销或者采用试

用、上门推销、节日推销等方式,以提高品牌知晓率;在产品定价方面,可采取高价策略先声夺人,或采取低价渗透策略以提高市场占有率;在产品生产方面,应进一步优化设计,以提高产品质量、改善产品性能和降低生产成本;在目标市场的选择上,可采取无差异性的市场策略,以降低营销成本和吸引潜在消费者。

(二)成长期

延长成长期,提高市场占有率。在产品销售方面,应不断开辟新市场,寻找新用户,以扩大产品市场份额;在广告宣传方面,应从产品知觉广告转向产品偏好广告,以树立产品的市场形象;在产品定价方面,应采取降价策略,以吸引价格敏感的消费者;在产品的提供方面,努力提高产品质量,增加新的款式和规格,以满足潜在消费者的不同需求;在目标市场的选择方面,宜采用差异性和密集型的市场策略,以满足不同细分市场的需求,巩固产品的市场地位。

(三)成熟期

改进营销组合,维持市场份额。成熟阶段包括成长中的成熟、稳定中的成熟和衰退中的成熟三个阶段。营销人员应该系统地考虑市场、产品和营销的组合,以稳定增长中的市场份额。在此阶段,要重点做好以下三个方面的工作。一是市场改进。通过差异性市场策略和密集性市场策略,进入新的细分市场,争取竞争对手的顾客,转变吸收非用户,宣传产品新的和更广泛的用途。二是产品改进。包括增加产品新功能、增加产品新特色、提升产品档次等。三是营销组合改进。优化价格、分销、广告及服务组合,注重企业形象设计,增强服务项目,采用送赠品等促销方式取代单纯的广告宣传,通过降低销售价格等手段拓展市场空间。

(四)衰退期

淡出市场,推陈出新。合适的衰退战略取决于行业的相对吸引力和企业在该行业中的竞争力。企业应防止两类错误:一是匆忙"收兵",出现新旧产品脱节;二是难以割爱,错失良机。因此,企业经营者应该有预见地转、有计划地撤、有目的地攻、有选择地降低投资水平,放弃无前景的消费群,改变投资热点,及时榨取品牌价值,从容退出产品市场。

四、旅游产品的生命周期变异

(一)时尚旅游产品的生命周期

时尚旅游产品的生命周期只有两个阶段,一个是快速增长阶段,另一个是显著暴跌阶段。

(二)延伸旅游产品的生命周期

这类产品有一个延伸的成熟阶段,这一阶段也称为饱和阶段。在饱和阶段中,高度的重复购买,形成稳定的销售额。最后可能会在市场的全部购买中找到一个持久销售地位。有很多旅游产品都呈现出延伸产品的生命周期形态。

（三）影响旅游产品生命周期变异的因素

旅游产品的生命周期之所以会发生变异，是因为受到多方面因素的影响，这些因素归纳起来主要有外部因素和内部因素两大类。外部因素包括影响旅游产品在市场上发展状况的外部条件，具体包括政治、经济、社会、竞争及一些偶发因素。内部因素是指旅游业内部可控制因素，主要包括资源特点、设施与服务因素、管理因素等。

本章思考题

一、名词解释

旅游产品　旅游服务　旅游资源　旅游设施　旅游购物品　生命周期

二、简答题

1. 旅游产品的特征有哪些？
2. 旅游产品开发的内容是什么？结合旅游市场的发展趋势，谈谈如果开发新的旅游产品应当遵循哪些基本原则？
3. 旅游产品的开发策略有哪些？
4. 如何理解旅游产品的生命周期？试论述旅游产品所处的不同阶段的特征及采取的营销策略？

本章思政总结

坚持系统观念，是党的十九届五中全会提出的"十四五"时期经济社会发展必须遵循的原则之一。习近平总书记在十九届中央政治局第二十七次集体学习时强调，完整、准确、全面贯彻新发展理念，必须坚持系统观念，统筹国内国际两个大局，统筹"五位一体"总体布局和"四个全面"战略布局，加强前瞻性思考、全局性谋划、战略性布局、整体性推进。发展现代旅游业，开发旅游产品，必须要从旅游产品的构成进行多方面考察，运用系统观念从不同角度进行分析，以满足旅游者在旅游活动中的各种需求，进而推动旅游业的发展。

党的十八大以来，以习近平同志为核心的党中央高度重视红色资源利用、红色基因传承工作。习近平总书记强调，要讲好党的故事、革命的故事、根据地的故事、英雄和烈士的故事，加强革命传统教育、爱国主义教育、青少年思想道德教育，把红色基因传承好，确保红色江山永不变色。文艺是时代前进的号角，最能代表一个时代的风貌，最能引领一个时代的风气。在百年奋斗征程中，我们党始终高度重视文化文艺工作，形成了用优秀文艺作品鼓舞斗志、激励奋进的优良传统，推出大量记录历史伟业、展现奋斗历程的优秀文艺作品，激发了人们斗志、振奋了民族精神，鼓舞着我们不断从胜利走向胜利。文化和旅游系统将充分发挥文艺创作优势，深入挖掘红色资源，推出更好更多红色题材舞台艺术和美术作品,以优秀文艺作品讲好红色故事、传承红色基因,让更多党员干部和人民群众通过文艺作品净化心灵、启迪心智、接受教育。同时,乡村旅游产品开发应该依据当地特色优势文化与生态资源,打造全新的旅游创新发展模式,推动各地区乡村旅游可持续发展,同时,也借助乡村旅游对经济社会的推动作用,大力发展乡村经济,带动乡村全面振兴。

党的十八大以来,旅游行业坚持以习近平新时代中国特色社会主义思想为指引,践行"绿水青山就是金山银山"理念,根据市场需求和人民群众对美好生活的向往,在总结中不断完善、在创新中快速发展,旅游景区在高质量发展中彰显亮眼的时代特征。"两山"理念深入人心,各地坚持在开发中保护、在保护中发展原则,推动景区建设告别了盲目投资、无序开发的状况,一些以牺牲环境、破坏生态为代价的粗放式发展方式得到了纠正。

创新是引领发展的第一动力。抓创新就是抓发展,谋创新就是谋未来。旅游产品生命周期的不同阶段会有着不同的市场机会和市场风险,通过对旅游产品的全方位创新可以延长产品的生命周期,实现产品的价值增值,提升旅游产品的竞争力,以此更好地满足旅游者的期望,为旅游者创造全新体验。

第三章 旅游需求

学习目标
1. 掌握旅游需求的基本概念、产生条件、特点、影响因素。
2. 深刻理解旅游需求规律和旅游需求弹性。
3. 了解旅游需求的衡量指标、旅游需求的简单预测。

思政引导

党的二十大报告中指出,推进文化自信自强,铸就社会主义文化新辉煌,就要发展社会主义先进文化,弘扬革命文化,传承中华优秀传统文化,满足人民日益增长的精神文化需求。

思政内容

当今世界正经历百年未有之大变局,全球旅游业不确定性明显增加。国内发展环境也经历着深刻变化,旅游业发展不平衡不充分的问题仍然突出,为实现人民对美好生活的新期待,进入新发展阶段,旅游业面临如何充分释放旅游需求的新要求。

乡村旅游成为乡村振兴重要抓手和可行路径

乡村旅游是发生在乡村地区的旅游活动,是相对于城市旅游空间的概念,在乡村地区参与的观光、休闲、康养、避暑、娱乐等活动,以及产生的所有消费行为,都属于乡村旅游的范畴。

乡村旅游具有鲜明的空间差异感和生活体验性,有不同于城市的自然风光、各具特色的民俗风情、使用本地食材和传统烹调方法的农家菜肴、融入日常生活的民居宅院等。游客到访乡村,可以赏花、采摘、垂钓,参与农事、手工和非物质文化遗产活动,沉浸式体验乡村的美好生活。

随着乡村振兴工作向纵深推进,乡村旅游已成为促进乡村产业兴旺、生态宜居、乡风文明、生活富裕的重要抓手和可行路径。2023年4月,文化和旅游部分批公布了1399个全国乡村旅游重点村、198个全国乡村旅游重点镇(乡)。根据省级旅游行政主管部门的汇总统计,全国共有6万个行政村开展了乡村旅游经营活动。旅游业经济属性强、市场化程度高、产业影响力大。乡村旅游的快速发展,不仅促进了当地消费、就业和投资,还起到了文化交流、观念变迁等综合带动作用。2019年,全国109个乡村旅游监测点(村)接待游客2517万人次,旅游收入23.9亿元,村均收入2192.7万元,农民人均增收0.51万元。全国109个乡村旅游监测点村均旅游就业人数为349人,户均从业人员6.93人,其中受过初中以上教育的占92.4%。农民通过从事旅游行业,不仅开阔了眼界,综合素质也得到了提高。例如,在桂林阳朔被称为"月亮妈妈"的农民导游徐秀珍通过做导游学会用英语、法语、德语、日语等多门外语,能与外国游客进行简单交流。与之类似的例子还有很多。

此外,乡村基础设施逐渐完善,乡村旅游监测点加快了广播电视和互联网等文化基础设施的建设,并加大对图书馆、文化馆、非遗保护与传承等公共服务的投入。2019年,纳入重点监测的乡村旅游村有线电视入户率达86.2%,移动电话普及率达92.3%,乡村旅游经营场所免费Wi-Fi覆盖率达90.4%。为了更好地满足游客对接待环境的品质需求,地方政府、村集体和乡村旅游经营户加大了对人居环境的投入,不仅提高了乡村旅游接待水平,还加快了乡村的现代化进程,让绿水青山真正成了金山银山。例如,在乡村旅游发展的初始阶段,由于观念上的差异,村民对乡村旅游经营户把厕所建到客房感到不理解,之后通过村干部和返乡经营者的示范,看到那些具有现代卫浴功能的客房更受游客欢迎,出租率和满意度也明显上升,村民的观念也随之发生变化,改善乡村旅游接待环境的积极性和主动性被充分调动起来。2019年,全国乡村旅游监测点生活垃圾集中收集点的覆盖率达91.9%,接入生活污水处理设施的农户占比为63.1%,水冲厕所普及率达72.5%。

2023年中央一号文件提出要实施乡村休闲旅游精品工程,推动乡村旅游重点村一体化建设。当前和今后一个时期,我国乡村旅游高质量发展的重点任务主要有以下几方面:一是加强乡村旅游的市场培育、形象建构和宣传推广;二是完善乡村旅游接待设施,因地制宜,创新休闲、度假、康养、研学、冰雪、避暑旅游产品,提升乡村旅游的服务品质;三是吸引更优质的旅游要素,特别是资本、技术和专业人才向乡村集聚,提升乡村旅游现代化水平。

资料来源 《戴斌:乡村旅游成为乡村振兴重要抓手和可行路径》,《人民日报》。

思考: 乡村旅游通过何种方式影响人们的旅游需求,以及乡村旅游为何会成为乡村振兴的重要推手?

第一节　旅游需求概述

思政引导

中国特色社会主义进入新时代，我国社会主要矛盾已经转化为人民日益增长的美好生活需要和不平衡不充分的发展之间的矛盾。旅游对满足人民日益增长的美好需要有促进作用。

思政内容

围绕构建新发展格局，坚持扩大内需战略基点，推进需求侧管理，改善旅游消费体验，凸显旅游业在服务国家经济社会发展、满足人民文化需求、增强人民精神力量、促进社会文明程度提升等方面的作用。

一、旅游需求的概念

心理学所谈的需求，是指人们在一定条件下对某种事物渴求满足的欲望，是人类产生一切行为的原动力。市场经济条件下的旅游需求是全部旅游经济活动的出发点和归宿点，是决定旅游经济体系中市场结构与发展趋势、厂商导向与生产规模的主导力量。在经济学中，需求和需要不同。需求通常是指在一定时期内，消费者以一定价格购买商品和劳务的数量，即有效需求。它包含两个方面的含义：一方面，需求产生于消费者的欲望和偏好，是一种主观表现；另一方面，需求又必须受消费者收入和支付能力的约束，是一种客观存在。因此，需求是欲望与支付能力的统一。如果消费者仅有购买欲望而无支付能力，就不是需求，只是一种需要。旅游需求产生于旅游消费者的常住地即旅游客源地，而不是旅游活动的发生地即旅游目的地。当人们对外出旅行、观光、度假、休闲产生渴望时，则意味着人们即将产生旅游需求。

旅游需求可分为潜在需求和实际需求两类。潜在需求是指某些人或群体已具备旅游需求的各项必要因素（如时间、金钱、意愿等），只是缺乏行动的诱因，如有外力的推动（如广告、宣传、亲戚朋友推介、旅游从业人员推销等），就可能使其转变成实际需求。实际需求是指实际从事旅游活动的人所表现出的需求。实际需求受到旅游目的地的服务、政治、文化、设施、治安状况等的影响，这些因素对旅游需求产生的阻力越大，旅游需求者参与的意愿就越弱，反之，意愿就越强。

因此，从经济学角度来说，旅游需求是指在一个特定的时期内，有旅游欲望和足够闲暇时间的消费者,在各种可能的价格条件下,愿意并且能够购买的旅游产品的数量。简单地说,旅游需求就是人们对旅游产品的需求。由于人们的旅游需求受到时间、价格和支付能力的制约,所以人们的旅游需求是有限的。为了更好地区别旅游需要与旅游需求,我们可以从以下几方面来理解旅游需求的概念。

(一)旅游需求反映了旅游者的购买欲望

无论有没有购买能力,旅游需求首先必须是旅游者的一种主观愿望,首先反映为旅游者对旅游活动渴求满足的一种旅游需要,即对旅游产品的购买欲望或需要,这是激发旅游者的旅游动机及行为的内在动因。旅游需要只表现为人们对旅游产品的购买欲望,并不是实际购买的旅游产品数量,因此,这种购买欲望或旅游需要能否转变为旅游需求,则主要取决于旅游者的购买能力,取决于旅游经营者提供旅游产品的数量,以及其他各种影响旅游需求的因素和条件。

(二)旅游需求表现为旅游者的购买能力

旅游者的购买能力,一般指人们在其收入中用于旅游消费支出的能力,即旅游者的经济条件。旅游者的经济条件,通常是用个人可支配收入来衡量。在其他条件不变的情况下,个人可支配收入越多,对旅游产品的需求就越大。此外,一定的旅游产品价格也是影响旅游者购买能力的重要因素。因此,旅游者对旅游产品的购买能力,不仅表现为旅游者消费旅游产品的能力及水平,还是旅游者的购买欲望转化为有效旅游需求的重要前提条件。

(三)旅游需求表现为旅游市场中的一种有效需求

在旅游市场中,有效的旅游需求是指既有购买欲望,又有支付能力的需求,它反映了旅游市场的现实需求状况,因而是分析旅游市场变化和预测旅游需求趋势的重要依据,也是旅游经营者制订经营计划和营销策略的出发点。凡是只有旅游欲望而无支付能力,或者只有支付能力而无旅游欲望的需求均称为潜在需求。前一种潜在需求是不能引导的,只能随社会生产力发展和人们收入水平提高,才能逐渐转换为有效需求;而后一种潜在需求是可引导的,因而是旅游经营者开发的重点,即通过有效的市场营销策略,如广告、宣传、人员促销等,使其能够尽快转换为有效的旅游需求。

二、旅游需求的产生条件

旅游需求和旅游需要是不同的,旅游需要是人们对旅游活动或旅游产品渴求满足的主观愿望,这种主观愿望能否转变为旅游需求,通常还取决于许多客观因素和条件;而旅游需求是在一定的社会经济条件下产生的,旅游需求的产生是主观因素和客观条件相互结合的产物。从主观上看,旅游需求是由人们的生理和心理因素所决定的;从客观上讲,旅游需求是科学技术进步、生产力提高和社会经济发展的必然产物。因此,为了正确理解旅游需求的概念,必须掌握旅游需求产生的主客观条件和影响因素。

（一）旅游需求产生的主观条件

旅游需求产生的主观条件，是指人们在各种外在因素的综合作用下，从生理和心理上所反映出来的，对旅游活动的一种渴求或对旅游产品的一种购买欲望，即人们的旅游需要和动机，其具体可分为生理性因素和心理性因素两方面。

1. 旅游需求产生的生理性因素

人们的生理性需要不仅是先天的需要，也是维持人的生命活动必不可少的基本因素。在社会生产力水平不高的情况下，人们的生理性需要主要是追求对食物、住所、穿着、安全等方面的满足；但随着社会生产力发展，人们的生理性需要在质量和水平方面都有了提高，从而就产生了对高层次需要的满足。如对新鲜的空气、洁净的水、高质量的食品、良好的环境、舒适的住所及健康的身体等方面的追求，促使人们产生了休闲、度假、疗养、健身、康乐等旅游需要和动机，随着这种旅游需要和动机的不断强化，在一定条件下就产生了人们的旅游需求和旅游行为。因此，从生理性因素看，旅游需求的产生，实质上是人们追求物质生活质量提高的结果，是基于人体生理性需要而产生的原动力。

2. 旅游需求产生的心理性因素

人们的心理性需要是后天的需要，是人们在适应自然环境和社会条件，并与他人进行相互交流所反映的主观心理状态，如学习、工作、社交、友情、荣誉、尊敬、价值观及消费意识等。正是由于人们对自然环境、社会文化的感知、好奇和兴趣等，促使人们产生了求知、审美、交友、思乡、探秘、访古、朝拜、游览等旅游需要和动机。因此，从心理性因素看，旅游需求的产生实质上是人们对自然环境、社会文化的心理反应和适应过程。随着人类文明的进步和发展，旅游需求产生的心理性因素发挥着日益重要的作用，并激发人们的旅游需要和动机与日俱增，形成了一定的旅游偏好，从而推动旅游需求的产生和发展。

综上所述，旅游需求产生的主观条件是人们的生理性因素和心理性因素相互联系、相互作用，它影响着人们的旅游需求和动机，影响着人们对旅游产品的购买，影响着人们在旅游目的地旅游过程中的行为。

（二）旅游需求产生的客观条件

在现代旅游活动中，影响旅游需求产生的客观因素很多，其中影响旅游需求产生和变化的四个重要客观因素是人们可支配收入的提高、闲暇时间的增多、旅游可进入性的改善及旅游产品吸引力的提升。

1. 人们可支配收入的提高是产生现代旅游需求的前提条件

可支配收入，是指人们从事社会经济活动而得到的个人收入扣除所得税的余额，是人们可以任意决定其用途的收入。随着现代社会经济的发展，人们的收入增加，生活水平不断提高，消费意识和消费结构也发生很大的变化，旅游需求也日益增加。通常，在人们可支配收入一定的条件下，人们用于衣、食、住、行及其他方面的支出比例基本不变。但是，随着人们可支配收入的增加，人们用于衣、食、住、行等方面的支出就会相对减少，而用于其他方面的支出则相对增加。因此，人们可支配收入的提高不仅是产生现代旅游需求的前提,还对旅游的出行距离及内容等也具有决定性影响作用,同时可支配收入水平是决定个人旅游需求的最重要的物质基础。

2. 人们闲暇时间的增多是产生现代旅游需求的必要条件

旅游活动必须花费一定的时间,没有时间就不能形成旅游行为,因而闲暇时间是构成旅游活动的必要条件。所谓闲暇时间是指人们在日常工作、学习、生活及其他必须占用的时间之外,可以自由支配的时间。在社会生活中,闲暇的表现形式主要有:日常闲暇;公休日,如周末、节假日;其他闲暇,如奖励假期、非失业赋闲等。闲暇时间可以分为四种基本类型:每日工作之余的闲暇时间、每个周末的闲暇时间、法定假日的闲暇时间、带薪假期。没有闲暇时间就不能形成旅游行为,随着社会生产力发展和劳动生产率的提高,人们用于工作的时间相对减少,而闲暇时间则不断增多。特别是许多国家和企业实行"周五工作制"和"带薪休假制度",使人们的闲暇时间越来越多。有的国家和地区年休假日每年高达140天。于是,人们不仅产生短期休闲旅游需求以度过美好的周末,而且逐渐增加远程旅游及国际旅游,到世界各地游览、观光,到风景名胜区休闲度假。因此,闲暇时间的增加是产生现代旅游需求必不可少的条件。

3. 旅游可进入性的改善是旅游需求产生的基础条件

旅游的可进入性包括一定的交通通达性条件、可旅游区域范围的划定、签证便利性条件等。旅游活动是以空间移动为特征的活动,任何旅游活动都离不开一定的交通运输条件,特别是中远程旅游及国际旅游,更要求交通运输条件的方便和舒适。因此,交通运输条件在旅游需求的产生和旅游的发展中发挥着越来越重要的作用。交通运输的现代化对现代旅游需求的产生、发展有着直接且深远的影响,主要体现在两个方面:一方面,现代科技的进步为人类提供了大型民航飞机、空调客车、高速列车等现代化的交通运输工具,不仅极大地缩短了旅游中的旅程时间,而且使旅游过程更加舒适、方便和安全,也有效地刺激了旅游需求的产生;另一方面,由于旅程时间相对缩短,旅游者在途中的劳累及单调感大量减少,使旅游者有足够的时间和精力去享受旅游活动的乐趣,从而萌生重游的念头或制订新的旅游计划,促使新的旅游需求不断产生。

虽然旅游业在全球范围内日益兴起,但并不是任何国家和地区都是无条件开放旅游目的地的。尽管现代交通运输业飞速发展,但是,如果国家与国家之间互不开放旅游目的地,将会影响两国之间的旅游往来;反之,国家与国家之间相互开放旅游目的地,可以全面推进国际旅游的发展。所以,可旅游区域范围的划定成为影响和制约一个国家或者一个地区旅游业发展的因素,也是影响旅游需求的重要基础条件。

此外,在一定区域范围内,国家之间签证的方便、快捷,也会极大地拉动旅游需求,促进该地区旅游业的发展。

4. 旅游产品吸引力的提升是旅游需求产生的重要条件

旅游产品吸引力,是指旅游产品吸引旅游者的能力,是基于旅游资源品位、产品知名度、可进入性、接待条件等各种因素的综合性条件,也是激发人们的旅游需要和动机,产生旅游需求的重要前提条件。例如,一个旅游目的地产品若只有较少的风景名胜和历史古迹,有限的旅游接待设施和欠发达的可进入性条件,则该旅游目的地产品的知名度就较低,激发人们旅游需要和动机的能力就不强,产生旅游需求的吸引力也不高。因此,只有通过对旅游资源的开发,完善各种旅游基础设施和接待设施,提供各种高质量的配套旅游服务，才能提高旅游产品的知名度和吸引力，有效地激发人们的旅游需要和动机，并促成人们的旅游需求和消费行为。

三、旅游需求的特点

随着人们收入的增加、生活水平的提高和生活质量的改善，旅游需求已成为人们积极主动追求的一种消费需求。现代旅游需求作为人类需求的重要组成部分，既有人类需求的一般特征，又有不同于人类需求的特殊性。旅游需求不仅受个人出游条件的限制，还受到社会、技术、经济和政治等方面诸多因素的影响，因而表现出不同的特征。

（一）旅游需求的高层次性

美国心理学家马斯洛认为，由于人们的兴趣爱好及所处环境的差异，人们产生各种各样的需要。因此，他认为人们的需要有生理需要、安全需要、归属和爱的需要、尊重需要和自我实现需要五个层次。这五个层次的需要，总是由低级向高级逐渐得到满足的。随着低层次需要得到一定满足，人们就会追求更高层次的需要，而为了满足高层次归属和爱、尊重及自我实现的需要，就会激发人们的旅游需求，如探亲访友、考察学习、疗养度假、旅行观光、探奇览胜等。因此，旅游需求是人们的一种高层次需要，表现为人们追求更好的物质消费、精神消费和享受消费方面的满足。

（二）旅游需求的指向性

旅游需求的指向性包括旅游需求的时间指向性和旅游需求的地域指向性。

1. 旅游需求的时间指向性

旅游需求的时间指向性是指旅游需求在时间上具有较强的季节性。这种季节性来源于两个方面：一是旅游客源地方面，不同的国家或地区的社会习俗、假日集中时间不同，使旅游需求在时间分布上存在着较大差异；二是旅游目的地方面，不同季节存在自然气候条件上的差别，因而对旅游者的吸引力也表现出很大的不同。这两个方面因素的结合形成了旅游需求的时间指向性，表现为旅游目的地的旅游者流量呈现出旅游淡季、平季和旺季的差别。在旅游旺季，门庭若市，而在旅游淡季，则冷冷清清，造成旅游设施的大量闲置。

2. 旅游需求的地域指向性

旅游需求的地域指向性也包含两个方面，一是从旅游客源地来说，旅游需求的地域分布表现为旅游者流向的地域集中性，即多数旅游者流向风景名胜地区和文化特色显著的地区；二是从旅游目的地来说，旅游需求在地域上表现为旅游热点地区和旅游冷点地区并存，即多数到访旅游者往往集中在交通发达、旅游设施健全、旅游吸引物知名度高的地区。但是，这并不意味着冷点地区旅游吸引物的吸引力弱，这一方面有冷点地区的旅游信息传递不畅的原因，另一方面也有旅游者对冷点地区旅游吸引物的认知不足和不少旅游者从众心理的因素。

（三）旅游需求的整体性

旅游需求的整体性是指人们对旅游活动的需求具有多面性或系列性，即食、住、行、游、购、娱等多个方面的需要。虽然在现实中并非每个旅游者都有这些方面的需要，然而多数旅游者，特别是团体旅游者都需要旅游目的地为其提供这些方面的服务。至于自助游的散客，虽然他们采取了零星购买的方式，但其旅游活动的顺利进行也基于这些方面的购买。即使一日游旅游者也需要目的地为其提供交通服务、景点游览、餐食供应、导游服务，乃至购物服务。这说明旅游需求不是单一的需求，而具有系列性。

（四）旅游需求的敏感性

旅游需求的敏感性是指人们对出游环境发生变化所作出的敏感反应。人们出游固然是为了满足其求新、求知、求奇、求异的需要，但是如果出游环境发生了不利的情况，如旅游目的地国家的货币大幅升值，大大超出了旅游预算，旅游者可能会取消到该国的旅游行程。如果旅游目的地国家或地区发生了政治动乱，或与旅游者所在国的国家关系紧张，或旅游目的地国家或地区发生了流行性传染病或恐怖活动，危及其出游安全，旅游者也会放弃到该国或地区的出游计划。

（五）旅游需求的多样性

旅游需求的多样性是指人们在旅游地选择、旅游方式、旅游等级、旅游时间和旅游类型等方面存在的差异性。不同的旅游者的职业、年龄、性别、受教育程度、社会地位、消费习惯和旅游偏好等方面不尽相同，对旅游的需求也多种多样。即便是出于同一种旅游动机，个体旅游需求在旅游地选择、旅游方式、旅游等级、旅游时间、旅游类型等方面也都必然存在差异，从而导致了旅游需求的多样性。有的旅游者为了好奇、冒险而选择刺激、体验式旅游；有的旅游者为了放松、缓解工作压力而选择休闲、疗养、度假、观光型旅游；有的旅游者则因经商、洽谈业务而选择文化型、考察学习型旅游。随着社会的发展，旅游者对生态旅游、民俗风情旅游等表现出了极大的兴趣，旅游需求更加多样化。

（六）旅游需求的复杂性

旅游需求的复杂性体现在以下两个方面。一方面受人的心理活动的复杂性所影响，即人们购买和消费旅游产品的认知、态度、情绪、偏好及学习过程是复杂的，如有的旅游者喜欢高级酒店，而有的旅游者更喜欢民居式住宿；有的旅游者喜欢刺激、冒险的旅游活动，而有的旅游者更喜欢安全性高的旅游项目。另一方面受旅游环境的复杂性所影响，通常旅游者的旅游活动是不断变化的，随着旅游活动的进行和旅游环境的变化，必然对旅游者的心理和行为产生重要影响，从而导致旅游需求也处于动态的变化之中，并表现出复杂性的特点。

（七）旅游需求的主动性

旅游需求是在外部因素的刺激影响下，经过人的内在心理作用而产生的，是人类旅游行为发生的内在动力。旅游需求的产生虽然受旅游产品的吸引力作用，受经济、社会、政治、文化及环境等各种因素的影响，但最根本的还是由人的心理所决定。人们的价值观、生活方式、生活习惯、消费特点等都会直接决定和影响旅游需求的产生和发展，因此现代旅游需求是人们的一种主动性需求，特别是随着人们收入的增加、生活水平的提高和生活质量的改善,现代旅游需求已成为人们积极主动追求的一种重要的消费需求。

(八)旅游需求的高弹性

影响旅游需求的因素是繁杂多样的,每一个因素都处于动态变化之中。这些变动着的因素与旅游需求之间的关系如何,我们可以用需求弹性来衡量。如果某一变量的变动对需求量的影响不大,则称为需求弹性较小;反之,则称需求弹性较大。目前,由于受社会生产力的发展水平和社会多种因素制约,尽管旅游业发展很快,但是旅游需求毕竟还未成为所有人生活中的基本需求,对大多数旅游者来说,还主要表现为一种闲暇的消遣性旅游。同时,由于旅游产品具有较强的替代性,如果某一市场发生变化,那么旅游者可以选择另一市场作为旅游目的地。如果国际旅游市场发生变化,那么旅游者可以转向国内旅游市场。旅游者对各种因素变动的反应极其敏感,也决定了旅游需求具有高弹性的特点。

(九)旅游需求是一种有效性需求

有效的旅游需求,是指既有购买欲望又有购买能力的需求,它反映了旅游市场的实际旅游需求状况。一方面,旅游需求首先反映人们对旅游产品的购买欲望,但这种购买欲望能否转化为实际旅游需求,则主要取决于人们的收入水平和可支付能力大小,取决于旅游经营者可能提供的旅游产品数量和质量,以及各种可能影响旅游需求变化的因素和条件等。另一方面,旅游需求还反映了人们对旅游产品的购买能力,即人们在可支配收入中用于旅游消费支出的能力,是人们购买旅游产品所具备的经济条件,因此人们对旅游产品的购买能力,是把人们的购买欲望转化为有效旅游需求的重要条件。

在旅游市场中,凡是只有旅游欲望而无购买能力,或者只有购买能力而无购买欲望的旅游需求,统称为潜在旅游需求。前一种潜在旅游需求,只能随社会生产力发展和人们收入水平的提高,才能逐渐转化为有效的旅游需求;后一种潜在旅游需求,则是旅游经营者应着力开发的重点,即通过各种有效的市场营销策略,如广告、宣传、人员促销等,激发人们对旅游产品的购买欲望,才能够将潜在旅游需求转换为有效的旅游需求。

四、旅游需求的影响因素

旅游需求的产生和变化,除了受旅游者的主观因素和客观条件的直接作用外,还受到政治、经济、文化、法律、自然、社会等许多外在因素的影响。通常,影响旅游需求产生和变化的主要因素有人口、经济、社会文化、政治法律、资源和环境等。

(一)人口因素

人口是影响旅游需求的基本因素之一,因为旅游活动本身就是人的活动。因此,总人口数、人口素质、人口结构对旅游需求有着重要的影响。

1. 总人口数

这里所说的总人口数是指需要研究的问题范围内的总人数,可以是全世界的总人数,也可以是某一客源国或地区的总人数。目前,虽然没有数据表明人口总数与旅游人数之间有直接的相关关系,但是一个国家或地区产生的旅游者的绝对数量必然会受到该国或该地区人口总数的限制。一般来说,人口基数大的国家或地区在其出游率不高的情况下出游的人数依然可能较多,而且从发展的角度来看,总人口数多的国家或地区,其潜在的旅游需求也大。

2. 人口素质

通常,旅游者的文化素养及受教育程度直接影响旅游需求的变化。一方面,受过教育且文化素养较高的人,他们对了解世界各地文化、风俗的愿望更加强烈,从而刺激他们产生更多的旅游需求;另一方面,旅游产品是一种综合性的产品,要求旅游者必须具备一定的文化知识,只有这样,才能对各种旅游名胜、旅游方式等作出合理选择。

3. 人口结构

人口结构指的是人口的性别、年龄、职业等的构成情况。

(1)性别构成。一般男性旅游者人数比女性旅游者要多,但随着社会经济的发展及女性地位的不断提高,女性出游率不断上升。

(2)年龄构成。从人口年龄构成上看,不同年龄的人对旅游有不同的需求。年轻人精力充沛,渴望外出旅游,但往往受到经济收入不高的限制;中年人收入稳定、带薪假日多,出游率较高;老年人既有经济收入又少有工作的负担,但容易受到身体条件的限制。

(3)人口分布状况。一般来说,城市居民要求外出旅游的数量要比农村居民多得多,这是因为城市居民的收入一般要比农村居民高,具有产生旅游需求的经济基础,而且城市人口稠密、工作压力大,迫使城市居民外出旅游,以调节身心状态、缓解压力。此外,城市发达的交通条件、灵通的信息传播及其他相关条件也使城市居民出游率比农村高得多。

(4)职业构成。不同的职业意味着不同的收入、不同的受教育程度、不同的闲暇时间和不同的消费需求等。一般来说,企业家、商务人员、医生、律师等收入水平较高,产生旅游需求尤其是远距离旅游需求的可能性较大,对旅游设施的要求也较高;出差机会较多的企业管理人员,通常在公务旅行中兼顾旅游,其消费也较高;科技工作者、教师、研究人员进行学术交流的机会较多,会议旅游是他们常见的旅游方式;而一般的个体户、工人和农民由于收入较低,闲暇时间较少,外出旅游的频率不高,旅游消费水平也较低。

(二)经济因素

经济因素是影响旅游活动产生和发展的基本因素,没有经济的发展,就没有今天的旅游经济活动。经济条件是产生一切需求的基础,没有丰富的物质基础和良好的经济条件,旅游需求不可能产生。因此,国内生产总值、居民收入水平、旅游产品价格和货币汇率等都直接或间接地影响着旅游需求的规模和结构。

1. 国内生产总值

国内生产总值,是指一个国家(或地区)所有常住单位在一定时期内生产的最终产品和提供的劳务总量的货币表现,它反映了一个国家(或地区)在一定时期整个社会物质财富的增加状况,是衡量经济发展水平的重要指标。从旅游经济角度看,如果旅游客源国的国内生产总值高,旅游需求就会增加,旅游的规模就相应扩大;如果旅游接待国的国内生产总值高,旅游设施及接待条件就相应较好,从而吸引旅游者及刺激旅游需求的能力就强。因此,不论是旅游客源国还是旅游接待国,国内生产总值提高都会刺激旅游需求不断增加。

2. 居民收入水平

居民收入水平及可支配收入状况也影响着旅游需求的变化。一方面,旅游需求与居民收入水平呈正相关。居民收入越多,旅游需求就越多,因此居民收入水平是影响旅游需求的数量因素。另一方面,在总收入不变的前提下,人们可自由支配收入的多少不仅影响旅游需求的数量,而且影响旅游需求的结构,即随着旅游者用于旅游消费支出的增加,对某些旅游产品的需求会增加,而对另一些旅游产品的需求会减少。

3. 旅游产品价格和货币汇率

旅游需求与价格具有负相关关系。当旅游产品价格上升时,旅游需求量就下降;反之,则上升。另外,在国际旅游市场上,汇率变化对旅游需求的影响表现在:如果旅游接待国货币同旅游客源国货币之间的汇率下降,旅游接待国的货币贬值,旅游产品的实际价格就会下降,则前往该国旅游的需求就会增加;反之,如果旅游接待国货币同旅游客源国货币之间的汇率上升,旅游接待国的货币升值,旅游产品实际价格就会上涨,则前往该国旅游的需求就会减少,旅游者就会转向其他国家旅游(在那里支付相同的货币,可以买到更多的旅游产品)。可见,在其他条件不变的情况下,汇率变化不一定会引起国际旅游总量的变化,但会引起国际旅游需求总量在不同汇率国家之间的重新分配。

(三) 社会文化因素

旅游活动的本质,是追求对不同文化的了解、感受和体验。世界上不同国家和地区具有不同的文化背景,从而在价值观念、风俗习惯、语言文学、宗教信仰、美学和艺术等方面存在差异,这些差异对旅游需求的影响较为复杂。从旅游者的心理来看,他们大多渴望到特色鲜明、社会文化差异大的国家或地区旅游,以便更好地满足自己的好奇心和求知欲。但是,从旅游者的行为来看,多数旅游者的旅游行为首先还是发生在相邻的国家和地区,以近距离流动为主。究其原因,既与价格收入等经济因素有关,社会文化的差异也起到了至关重要的作用。文化的差异对旅游者虽然是一种吸引,但陌生的环境、陌生的语言和陌生的事物,也容易使旅游者产生不安全感,制约着他们将旅游愿望付诸行动。因此,在旅游接待中,要注意分析不同旅游者的文化背景和文化特征,研究旅游者的消费习惯和需求心理,尽量消除他们由陌生环境所引起的不信任感和抵触情绪,投其所好,避其所忌,促使旅游需求持续、稳定地增长。

(四) 政治法律因素

政局稳定、政策有利是促使旅游需求不断增加的重要因素。不稳定的政治环境,往往使旅游者要承担各种旅游风险,从而造成旅游者的心理压力而使旅游需求下降。因此,旅游目的地国家或地区的政局稳定,则对其旅游产品的需求就会增多;反之,如果旅游目的地国家或地区的政局不稳定,则对其旅游产品的需求就会减少。有时,在一个大的旅游区域内,某一国家或地区的政局不稳定,还会导致周围国家及整个旅游区域的旅游需求都普遍下降。此外,旅游客源国和旅游目的地国家之间的政治往来、外交关系,以及有关法律法规和执行情况,也会对旅游需求产生直接和间接的影响,尤其是各国对出入境旅游是鼓励还是限制,出入境手续的办理是否方便快捷等,都会对旅游需求有影响。

（五）资源和环境因素

资源和环境,是吸引旅游者的旅游对象,是一个国家或地区的自然风貌和社会发展的象征,体现着该国家或地区自然、社会、历史、文化及民族的特色,从而对其他国家或地区的人们产生着吸引力。因此,根据现代人类多样化需求而发掘形成的旅游资源,正成为影响世界经济社会发展的新型战略性资源。一方面,随着人们对资源认识和利用向深度及广度发展,各种各样的旅游资源正被认识和发掘,刺激人们旅游需求的产生;另一方面,各种自然旅游资源及人文旅游资源能否直接或间接地转化为经济优势,并带来经济收入,则是在旅游进入现代生活之后才有了肯定的答复,并随着旅游业的发展而释放出巨大的经济能量。可见,旅游资源与旅游需求相辅相成,旅游资源刺激旅游需求产生,旅游需求则促使旅游资源转换成经济优势,二者相互影响、相互作用和相互促进。

第二节 旅游需求规律与弹性

思政引导

党的二十大报告指出,万事万物是相互联系、相互依存的。只有用普遍联系的、全面系统的、发展变化的观点观察事物,才能把握事物发展规律。

思政内容

坚持旅游为民、旅游带动。以人民为中心,更好满足大众特色化、多层次旅游需求,发挥旅游业综合带动作用,释放"一业兴、百业旺"的乘数效应,创造更多就业创业机会,更好服务经济社会。

一、旅游需求基本规律

在旅游需求的各影响因素中,如果其他条件不变,那么人们对某旅游产品的需求会随着该旅游产品价格的变动呈反方向变化,即需求量随旅游产品价格的上升而减少,随旅游产品价格的下降而增加。这就是旅游需求的基本规律。

旅游需求的产生和变化受多种因素的影响,与一般产品消费不同,旅游消费具有与众不同的消费异地性特征,旅游消费的异地性特征使得旅游者的消费需求除了受旅游价格、可支配收入、其他产品价格等因素的影响,还要受闲暇时间的约束。因此,旅游需求规律主要表现为旅游需求量与旅游产品的价格、居民可支配收入和闲暇时间的相关性和变动关系。

(一)旅游需求量与旅游产品价格之间呈负相关关系

旅游需求量与旅游产品价格之间有着密切的关系。在其他因素既定的情况下,旅游产品价格越低,旅游产品的需求量就越大;旅游产品价格越高,旅游产品的需求量就越小。二者之间的关系,反映在坐标图上就形成旅游需求价格曲线(图3-1)。

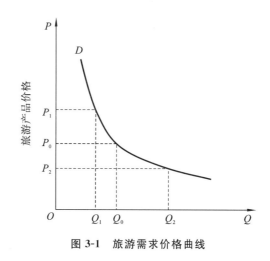

图 3-1　旅游需求价格曲线

图 3-1 中曲线 D 为旅游需求价格曲线,P_0、P_1、P_2 分别代表不同的旅游产品价格,Q_0、Q_1、Q_2 分别代表不同的旅游需求量。当某一旅游产品的价格为 P_0 时,人们对该旅游产品的需求为 Q_0;当产品的价格上升到 P_1 时,对该产品的需求量就会减少到 Q_1;当产品的价格下降到 P_2 时,对该产品的需求量则会增加到 Q_2。所以,旅游需求价格曲线 D 是一条自左上向右下倾斜的曲线,表示旅游需求量与旅游产品价格呈反向变化的关系。此关系用函数表示为:

$$Q = f(P)$$

式中:Q——一定时间内的旅游需求量;

　　　P——该时期内旅游产品的价格;

　　　f——两者之间的函数关系。

(二)旅游需求量与居民可支配收入之间呈正相关关系

旅游需求量与居民可支配收入也有着密切的关系。在其他因素既定的情况下,居民可支配收入越多,对旅游产品的需求量就越大;居民可支配收入越少,对旅游产品的需求量就越小。二者之间的关系,反映在坐标图上就形成旅游需求收入曲线(图3-2)。

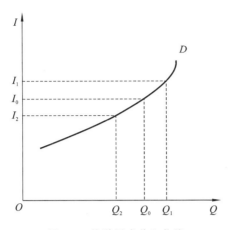

图 3-2　旅游需求收入曲线

在图 3-2 中，曲线 D 为旅游需求收入曲线，I_0、I_1、I_2 代表居民可支配收入，Q_0、Q_1、Q_2 代表不同的旅游需求量。当居民可支配收入为 I_0 时，旅游需求量为 Q_0；当居民可支配收入上升到 I_1 时，旅游需求量就会上升到 Q_1；当居民可支配收入下降到 I_2 时，旅游需求量就会下降到 Q_2。所以，旅游需求收入曲线 D 是一条自左下方向右上方倾斜的曲线，表示旅游需求量与居民可支配收入呈同方向变化的关系。此关系用函数表示为：

$$Q = f(I)$$

式中：I——一定时间内居民可支配收入；

　　　Q——该时期内的旅游需求量；

　　　f——两者之间的函数关系。

（三）旅游需求量与非旅游产品价格之间呈正相关关系

二者的关系：旅游产品和其他的非旅游产品之间的消费存在着替代关系，当人们手中的可自由支配收入一定的时候，如果选择了旅游，那么可以花在其他方面的支出就少了；如果选择了购买其他非旅游产品，那么可以花在旅游上的支出就少了。

当旅游需求和非旅游产品之间的消费替代关系成立时，那么这种关系就会受价格的影响。比如说，A 先生手中有可自由支配的人民币 10000 元，这时他可以选择旅游，也可以将这 10000 元钱用于其他娱乐活动。现在假设此人有两种选择：一种是泰国五日游，需要花费 10000 元；另一种是在当地进行其他类的娱乐活动，也需要花费 10000 元，他从旅游和娱乐中能够获得同样的满足感。如果旅游的价格从 10000 元下降到 8000 元，他就会降低对娱乐活动的需求而增加对旅游的需求，因此此时他花 8000 元就可以获得花费 10000 元去娱乐才能获得的效用；反之，如果娱乐的价格从 10000 元降到 8000 元，则会减少旅游需求而增加娱乐需求。

（四）旅游需求量与闲暇时间为同方向变化

闲暇时间是旅游需求产生的必要条件，因此，尽管它不属于经济的范围，但它同样与旅游需求关系密切。二者的关系：当闲暇时间增多时，人们对旅游产品的需求量会相应增加；当闲暇时间减少时，人们对旅游产品的需求量则相应减少。旅游需求量与闲暇时间基本上为同方向变化的关系。

以上讨论是在假设其他相关因素不变的前提下,分析旅游需求量与某一影响因素之间的对应变动关系。如果这些相关因素发生改变,需求曲线 D 在坐标图上的位置就要发生移动,但需求曲线 D 本身不会发生变化。也就是说,当其他相关因素发生变化时,旅游需求量与旅游产品价格、旅游需求与居民可支配收入或者旅游需求与闲暇时间之间的关系依然成立。以旅游需求量与旅游产品价格为例,这种移动变化如图 3-3 所示。

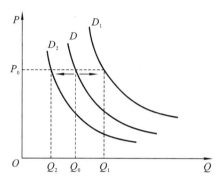

图 3-3　旅游需求曲线的变化

综上所述,旅游需求规律如下:在其他因素不变的情况下,旅游需求量与旅游产品价格之间呈负相关关系、与居民可支配收入之间呈正相关关系,与非旅游产品价格之间呈正相关关系,与闲暇时间为同方向变化。

二、旅游需求弹性

(一) 旅游需求弹性的一般概念

弹性原是物理学中的概念,意指某一物体对外界力量的反应力。在经济学中,弹性主要用来表明两个经济变量变化的相关关系。具体讲,当两个经济变量之间存在函数关系时,作为自变量的经济变量 X 的任何变化,都必然引起作为因变量的经济变量 Y 的变化。因此,所谓弹性,就是指作为因变量的经济变量 Y 的相对变化对于作为自变量的经济变量 X 的相对变化的反映程度。

1. 旅游需求弹性的概念

根据经济学的弹性概念,所谓旅游需求弹性,是指旅游需求对各种影响因素变化的敏感性,即旅游需求量随其影响因素的变化而相应变化的状况。由于旅游产品的价格、居民可支配收入是影响旅游需求的基本因素,因此旅游需求弹性一般可划分为旅游需求价格弹性、旅游需求收入弹性和旅游需求交叉弹性。旅游需求价格弹性反映旅游需求量对价格变动的敏感程度;旅游需求收入弹性反映旅游需求量对收入变动的敏感程度;旅游需求交叉弹性则反映某一旅游产品需求量对另一旅游产品价格的敏感程度。

2. 旅游需求点弹性和弧弹性

在经济学中,弹性一般可分为点弹性和弧弹性。点弹性是指当自变量变化幅度很小时(即在某一点上)引起的因变量的相对变化。

点弹性计算公式如下:

$$E = \frac{\Delta Y/Y}{\Delta X/X}$$

式中:E——点弹性;
Y——因变量;
X——自变量;
$\Delta Y/Y$——因变量增量;
$\Delta X/X$——自变量增量。

弧弹性是指自变量变化幅度较大时,为了掌握自变量在某一段范围内的变动对因变量变动的相应影响,取自变量在一段范围内的平均数对因变量平均数的相对变化量。

弧弹性计算公式如下:

$$E_a = \frac{\dfrac{Y_1 - Y_0}{(Y_1 + Y_0)/2}}{\dfrac{X_1 - X_0}{(X_1 + X_0)/2}}$$

式中:E_a——弧弹性;
X_0, X_1——变化前后的自变量;
Y_0, Y_1——变化前后的因变量。

点弹性与弧弹性的根本区别在于:点弹性是指因变量相对于自变量某一点上的变化程度,而弧弹性则是指因变量相对于自变量某一区间的变化程度。

(二) 旅游需求价格弹性

旅游需求价格弹性,是指旅游需求量对旅游产品价格的反应程度及变化关系。根据旅游需求规律,在其他条件不变的情况下,不论旅游产品的价格是上升还是下降,旅游需求量都会出现相应的减少或增加。为了测量旅游需求量随旅游产品价格的变化而相应变化的程度,就必须正确计算旅游需求价格弹性系数。

旅游需求价格弹性系数,主要是指旅游产品价格变化的百分数与旅游需求量变化的百分数的比值。

旅游需求价格的点弹性计算公式如下:

$$E_{dp} = \frac{\dfrac{Q_1 - Q_0}{Q_0}}{\dfrac{P_1 - P_0}{P_0}}$$

式中:E_{dp}——旅游需求价格弹性系数;
P_0, P_1——变化前后的旅游产品价格;
Q_0, Q_1——变化前后的旅游需求量。

旅游需求价格的弧弹性计算公式为

$$E_{dp} = \frac{\dfrac{Q_1 - Q_0}{(Q_1 + Q_0)/2}}{\dfrac{P_1 - P_0}{(P_1 + P_0)/2}}$$

式中:E_{dp}——旅游需求价格弹性系数;

P_0, P_1——变化前后的旅游产品价格；

Q_0, Q_1——变化前后的旅游需求量。

可以看出，由于旅游产品价格与旅游需求量呈反向关系，因而旅游需求价格弹性系数为负值。于是，根据旅游需求价格弹性系数 E_{dp} 的绝对值大小，通常可区分为以下三种情况。

当 $|E_{dp}|>1$ 时，表明旅游需求量变动的百分比大于旅游产品价格变动的百分比，这时称旅游需求富有弹性。如果旅游需求是富有弹性的，其需求曲线上的斜率就较大，在实际中则表明旅游产品价格提高，需求量将减少，减少的百分比大于价格提高的百分比，从而使旅游总收益减少；相反，如果价格下降，则需求量增加，增加的百分比大于价格下降的百分比，从而使旅游总收益增加。

当 $|E_{dp}|<1$ 时，表明旅游需求量变动的百分比小于旅游产品价格变动的百分比，这时称旅游需求弹性不足。如果旅游需求是弹性不足的，其需求曲线上的斜率就较小，在实际中则表明旅游产品价格提高，需求量将减少，减少的百分比小于价格提高的百分比，从而使旅游总收益增加；相反，如果价格下降，则需求量增加，增加的百分比小于价格下降的百分比，从而使旅游总收益减少。

当 $|E_{dp}|=1$ 时，表明旅游需求量变动的百分比与旅游产品价格变动的百分比相等，这时称旅游需求价格弹性为单位弹性。如果旅游产品的需求价格弹性属于单位弹性，则表明旅游需求价格的变化对旅游经营者的收益影响不大。

（三）旅游需求收入弹性

旅游需求不仅对旅游价格的变化具有敏感性，而且对居民可支配收入的变化也有灵敏反应。旅游需求收入弹性，就是指旅游需求量与居民可支配收入之间的反应及变动关系，而旅游需求收入弹性系数，则是指居民可支配收入变化的百分比与旅游需求量变化的百分比的比值。

旅游需求收入弹性计算公式如下：

$$E_{di} = \frac{\frac{Q_1 - Q_0}{Q_0}}{\frac{I_1 - I_0}{I_0}}$$

式中：E_{di}——旅游需求收入弹性系数；

Q_0, Q_1——变化前后的旅游需求量；

I_0, I_1——变化前后的居民可支配收入。

可以看出，由于旅游需求量随居民可支配收入的增减而相应增减，旅游需求收入弹性系数始终为正值，这一正值是表明当居民可支配收入上升 1% 时引起的需求量增加的百分比，或者当居民可支配收入下降 1% 时引起的需求量下降的百分比，通常也可以区分为以下三种情况。

当 $E_{di}>1$ 时，表示旅游需求量变动的百分比大于居民可支配收入变动的百分比，说明旅游需求对居民可支配收入变化的敏感性大，因此居民可支配收入发生一定的增减变化，会引起旅游需求量发生较大程度的增减变化。

当 $E_{di}<1$ 时，表示旅游需求量变动的百分比小于居民可支配收入变动的百分比，说明旅游需求对居民可支配收入变化的敏感性小，因而居民可支配收入发生一定的增

减变化,只能引起旅游需求量发生较小程度的增减变化。

当 $E_{di}=1$ 时,表示旅游需求量变动的百分比与居民可支配收入变动的百分比相等,这时称旅游需求收入弹性为单位弹性,即旅游需求量与居民可支配收入按相同比例变化。

从经济学的角度看,通常高级生活消费品的需求收入弹性都较大,因为随着社会生产力的发展及人们收入水平的提高,人们用于低级的生活必需品的支出比重将逐渐下降,而用于高级的生活消费品的支出比重将逐渐上升。旅游是满足人们高层次生活需求的活动,并逐渐成为人们必不可少的生活消费品,所以旅游需求收入弹性一般都比较大。根据有关国际组织的研究表明,旅游需求收入弹性系数一般为 1.3~2.5,有的国家甚至高达 3.0 以上。

第三节 旅游需求的衡量及预测

研究旅游需求衡量及预测的目的就是满足人民群众日益增长的文化需求。

衡量及预测旅游需求要实事求是、与时俱进。在国家经济发展的过程中,国民收入结构是不断变化的,因此在衡量及预测旅游需求时,要了解公众的收入结构,并分析其旅游需求的变化状况,促进旅游业的高质量发展。

一、现代旅游需求的衡量

旅游需求的变化状况及水平,可通过旅游需求指标来反映和衡量。现代旅游需求指标,是旅游经济指标体系中的有机组成部分,其主要通过一套经济指标来综合反映旅游需求的状况,并预测旅游需求的发展趋势,具体包括旅游者人数、旅游出游率和旅游重游率、旅游消费支出等指标。

1. 旅游者人数指标

旅游者人数指标是反映旅游需求总量的主要指标,通过该指标可以了解和掌握旅游需求的总规模及水平状况,还可以进一步分析旅游者的需求构成、需求内容、需求时间及需求趋势等。旅游者人数指标通常有两个,即旅游者出游人数指标和旅游者接待人数指标。

(1) 旅游者出游人数指标。

旅游者出游人数,是指旅游客源国(或地区)在一定时期内外出旅游的总人数,它直接反映了旅游客源市场上旅游需求的总规模和水平。通常,不同国家或地区的出游人数反映该地的市场需求规模和水平,而所有旅游客源国和地区出游人数的汇总数则反映整个旅游市场需求的总规模和水平。

旅游客源市场总需求计算公式如下:

$$D_I = \sum_{i=1}^{n} T_i$$

式中:D_I——旅游客源市场总需求;

T_i——i 国家(或地区)旅游者出游人数;

n——国家(或地区)数。

(2) 旅游者接待人数指标。

旅游者接待人数,是指旅游目的地国家(或地区)在一定时期内接待国内外旅游者的状况,它反映了旅游者在旅游目的地国家(或地区)的游客流量,从旅游接待市场上反映出旅游需求的规模和水平。通常,用于反映旅游者接待人数指标的是接待旅游者人次数和接待旅游者人天数,前者反映了接待旅游者的总规模,后者反映了接待旅游者的总水平(反映停留天数)。

旅游接待市场总需求计算公式如下:

$$D_J = \sum_{j=1}^{n} T_j$$

式中:D_J——旅游接待市场总需求;

T_j——j 国家(或地区)接待旅游者人数;

n——国家(或地区)数。

2. 旅游出游率和旅游重游率指标

旅游出游率和旅游重游率,是从相对数角度来反映旅游客源国在一定时期内出游的旅游者人数的规模和水平,但两者在计算上又有不同的侧重点。

(1) 旅游出游率指标。

旅游出游率,是指一定时期内某一国家(或地区)外出旅游人数与其总人口数的比率,它反映了该国家(或地区)在一定时期内产生旅游需求的能力。

旅游出游率计算公式如下:

$$R_T = \frac{P_T}{TP} \times 100\%$$

式中:R_T——旅游出游率;

P_T——外出旅游人数;

TP——总人口数。

(2) 旅游重游率指标。

旅游重游率,是指一定时期内某一国家(或地区)外出旅游人次数与外出旅游人数的比率,它反映了一个国家(或地区)人们外出旅游的频率及旅游需求的规模和能力。

旅游重游率计算公式如下:

$$R_{TC} = \frac{P_t}{P_T} \times 100\%$$

式中:R_{TC}——旅游重游率;

P_T——外出旅游人数;

P_t——外出旅游人次数。

3. 旅游消费支出指标

旅游消费支出,是指旅游者在旅游活动过程中所支出的全部费用,是从价值形态来反映旅游需求的综合性指标。通常,旅游者在旅游目的地国家(或地区)的旅游消费支出越多,则旅游目的地国家(或地区)的旅游收入就越多。反映旅游消费支出的指标主要有三个,即旅游消费总支出、人均旅游支出和旅游支出率。

(1) 旅游消费总支出指标。

旅游消费总支出,是指一定时期内旅游者在旅游目的地国家(或地区)旅游活动过程中所支出的货币总额。在计算时,一般不包括往返于旅游客源国和旅游接待国之间的交通费支出。

旅游消费总支出计算公式如下:

$$\text{TE} = \sum_{i=1}^{n} T_{Ei} \quad \text{或} \quad \text{TE} = T\overline{E}$$

式中:TE——旅游消费总支出;

T_{Ei}——旅游地 i 企业接待旅游者的收入;

T——旅游地接待旅游者总人数;

$\overline{E}$——旅游者人均消费支出。

(2) 人均旅游支出指标。

人均旅游支出,是指一定时期内在旅游目的地国家(或地区)的旅游活动中,平均每一个旅游者所支出的旅游消费额,它也是旅游消费总支出与旅游地接待旅游者总人数之比。

人均旅游支出计算公式如下:

$$\overline{E} = \frac{\text{TE}}{T}$$

式中:$\overline{E}$——旅游者人均消费支出;

TE——旅游消费总支出;

T——旅游地接待旅游者总人数。

(3) 旅游支出率指标。

旅游支出率,是指一定时期内一个国家(或地区)旅游支出总额同该国家(或地区)国民收入或国内生产总值的比率,它反映了一定时期内某一国家(或地区)对旅游需求的强度和消费水平。

旅游支出率计算公式如下:

$$R_{TZ} = \frac{\text{TE}_O}{\text{GDP}_O} \times 100\%$$

式中:R_{TZ}——旅游支出率;

TE_O——旅游客源地旅游支出总额;

GDP_O——旅游客源地国内生产总值。

二、现代旅游需求的调查

旅游需求调查,是通过对旅游客源国的综合性调查,了解和掌握旅游需求的产生及发展状况,为科学的旅游需求预测和分析提供依据。旅游需求调查是开拓旅游市场的前提,也是旅游业稳定、持续发展的关键。特别是在剧烈的旅游市场竞争中,没有大量准确的旅游需求信息,就没有科学的旅游需求预测,就不可能正确掌握旅游市场的变化趋势、作出科学的决策,并在旅游市场竞争中占据有利的地位。因此,必须重视对旅游需求的调查。

(一) 旅游需求调查的内容

旅游需求调查的内容很多:既有对旅游需求产生的客观条件及环境的调查,又有对旅游需求产生的主观愿望的调查;既有对旅游活动开始前的旅游需求趋势的调查,又有对旅游活动开始后的旅游需求满足情况的调查;既有第一手资料的基础性旅游调查,又有对已有资料的分析性调查;等等。其中最重要的是对旅游客源国的旅游需求调查。通常,对旅游客源国的旅游需求调查主要包括以下三个部分。

1. 旅游客源国概况调查

对旅游客源国概况的调查,主要是搜集旅游客源国的政治、经济、地理、文化、社会历史等方面的情况和资料,从总体上了解和掌握旅游客源国的基本状况,分析影响旅游需求产生的各种因素,研究可能产生的旅游需求规模和水平等。例如,对一国的收入水平、物价状况及税收制度等方面的调查研究,有利于掌握该国旅游需求的规模和旅游者的流向及流量。

2. 旅游者的综合性调查

对旅游者的综合性调查,主要是对旅游者的国别、性别、年龄、收入、旅游目的、旅游方式、娱乐爱好、购物倾向、消费水平等方面的调查,以便更好地了解和掌握旅游需求的特点及变化趋势,为旅游市场的开拓和旅游产品的开发提供科学的依据。

3. 旅游经营信息调查

对旅游经营信息的调查,主要是通过对国内外旅游业的发展状况、旅游企业的经营状况及旅游合作情况的调查,以了解和掌握国内外旅游者的旅游需求及满足状况,以便根据反馈的信息,及时调整经营策略、改进旅游产品、提高服务质量,更好地满足国内外旅游者的需求。

(二) 旅游需求调查的方法

旅游需求调查的方法很多,常用的有问卷调查、统计调查、专题调查、销售调查等方法,可根据具体情况灵活选用。旅游需求调查的信息来源主要有:国内外旅游业内部的旅游统计资料;各旅游客源国的社会经济统计资料;旅游部门和旅游企业与国外同行定期或不定期的情况交流;通过驻外大使馆或领事馆搜集的有关旅游资料;各种出国考察、参加国际旅游展销会获得的信息;对国内外旅游者的问卷调查;等等。根据从不同渠道获得的信息和资料,进行科学的归类和分析,就可以了解和掌握旅游需求的状况,并为旅游需求预测提供充分的客观依据。

三、现代旅游需求的预测

旅游需求预测,是在旅游需求调查的基础上,运用科学的分析方法和手段对旅游需求的变化特点及趋势作出判断和推测。正确的旅游需求预测,可为旅游市场开拓指明方向,为旅游产品开发提供科学依据,避免错误的旅游决策,促进旅游业的健康发展。

(一)旅游需求预测的内容

从预测的角度看,凡是影响旅游需求变化的因素都可纳入旅游需求预测的范围。但就旅游需求预测的时效性及可能性而言,通常主要对影响旅游需求的直接因素及重要相关因素进行分析和预测。

1. 旅游需求的变化趋势预测

对旅游需求的变化趋势预测,主要包括对旅游需求的发展规模、变化特点、出游方式、旅游目的、收入水平等方面进行分析和预测,以掌握旅游需求变化特点、总体水平和发展态势。

2. 旅游需求的构成变化预测

对旅游需求的构成变化预测,主要包括对旅游者的国别、性别、年龄构成的变化,旅游目的、旅游消费结构的变化,旅游方式及使用交通工具的变化等,以便为旅游供给数量和结构的调整提供科学依据。

3. 旅游需求的发展环境预测

对旅游需求的发展环境预测,包括对国际政治形势、经济格局的变化,各国社会经济发展状况的变化,各种自然环境和气候的变化,以及各种局部小环境变化对旅游需求影响的预测等,为科学地制定旅游发展的方针、政策及策略提供依据。

(二)旅游需求预测的方法

正确的旅游需求预测离不开科学的预测方法。通常,可运用于旅游需求预测的方法也很多,既有定性方法又有定量方法,既有短期预测方法又有长期预测方法,既有趋势预测方法又有结构预测方法,概括起来比较常用的旅游需求预测方法有以下三类。

1. 统计分析预测法

统计分析预测,主要是根据历史资料和相关数据,运用各种统计分析方法来分析和推断旅游需求发展变化趋势的方法。常用的统计分析预测法有趋势外推法、指数平滑法、相关分析法、弹性分析法、主观概率法等。这种方法以历史数据为依据,对未来发展趋势进行分析和预测,方法简单、易于掌握、科学性强。

2. 问卷调查预测法

问卷调查预测,是通过对旅游者进行问卷调查,然后对问卷调查资料进行归类、整理和分析,从而预测旅游需求发展趋势的方法。这种方法使用简单、资料丰富、利用率高,而且采取定性方法和定量方法相结合,可靠性强,是旅游需求预测中常用的方法。

3. 数学模拟分析法

数学模拟分析,是对各种旅游数据资料进行数学分析,建立模型,运用现代电子计算机手段进行模拟分析、计算求解来预测旅游需求发展趋势的方法。这种方法的预测结果准确性高,但建立模型和计算复杂,通常适合专业人员分析和使用。

本章思考题

一、名词解释

旅游需求　旅游需求规律　旅游需求弹性

二、简答题

1. 旅游需求的影响因素有哪些?
2. 怎样理解旅游需求弹性规律?
3. 比较不同旅游需求衡量指标的特点。

本章思政总结

当今世界正经历百年未有之大变局,全球旅游业不确定性明显增加。国内发展环境也经历着深刻变化,旅游业发展不平衡不充分的问题仍然突出,旅游需求尚未充分释放,学习旅游需求的目的就是要在研究旅游业发展的过程中时刻明确旅游业发展的目的和落脚点就是要满足公众的需求,毕竟脱离需求、无人消费的旅游产品是浪费资源且无意义的。同时研究旅游需求也要实事求是、与时俱进,在国家经济发展的过程中,国民的收入结构是不断变化的,因此在研究旅游需求时要寻找新的资料,了解公众的收入结构,并分析其旅游需求的变化状况,并以此不断改变旅游供给来提高旅游业发展的质量和效率。

《"十四五"旅游业发展规划》中明确提出要以推动旅游业高质量发展为主题,以深化旅游业供给侧结构性改革为主线,注重需求侧管理,以改革创新为根本动力,以满足人民日益增长的美好生活需要为根本目的;并且要求坚持旅游为民、旅游带动。注重需求侧管理就是要关注公众需求并不断调整旅游产品的内容以满足公众需求。而旅游为民就是要明确旅游需求的主体是公众,在提供旅游产品的过程中要努力满足公众需求。

旅游成为小康社会人民美好生活的刚性需求。人民群众通过旅游饱览祖国秀美山河、感受灿烂文化魅力,有力提升了获得感、幸福感、安全感。进入新发展阶段,旅游业面临高质量发展的新要求。全面建成小康社会后,人民群众旅游消费需求将从低层次向高品质和多样化转变,由注重观光向兼顾观光与休闲度假转变。旅游业要坚持标准化和个性化相统一,优化旅游产品结构、创新旅游产品体系,针对不同群体需求,推出更多定制化旅游产品、旅游线路,开发体验性、互动性强的旅游项目。

第四章
旅游供给

学习目标

1. 掌握旅游供给的概念、特点、影响因素。
2. 了解旅游供给蕴含的规律和旅游供给弹性。
3. 熟悉旅游供给体系的内容。

思政引导

进入新发展阶段,旅游业面临高质量发展的新要求。旅游业供给侧结构性改革任务依然较重,创新动能尚显不足,治理能力和水平需进一步提升,国际竞争力和影响力需进一步强化。

思政内容

要适应文旅融合新形势,以全域旅游为方向,以推动旅游高质量发展为主题,以深化旅游供给侧结构性改革为主线,以提供优质旅游产品和服务为中心环节,以满足人民日益增长的美好生活需要为根本目的,提供有效供给、优质供给,丰富弹性供给,促进旅游业高质量发展。

章前引例

"国字号"成旅游业供给侧结构性改革重要抓手

近期,文化和旅游部集中公布了一批国家级旅游品牌名单(第二批国家全域旅游示范区名单、新一批国家级旅游度假区公示名单、新一批国家5A级旅游景区名单等),标志着我国多层次旅游产品体系建设进一步完善。"国字号"旅游产品体系量质齐升、结构优化,更好契合了大众旅游日益多元化和满足了提质升级的需求。

1. 丰富供给,满足大众需求

A级旅游景区、国家级旅游度假区、国家全域旅游示范区等"国字号"旅游品牌,是我国旅游产品体系的重要支撑,是推动旅游业供给侧结构性改革的重要抓手。

随着第二批国家全域旅游示范区名单公布,国家全域旅游示范区已有168家。各示范区在文旅融合发展、旅游扶贫富民、城乡统筹、生态保护、景城共建共享、休闲度假、资源转型、边境开发开放等方面积累了丰富经验,为游客提供了高品质全域旅游服务。

2019年12月文化和旅游部出台了《国家级旅游度假区管理办法》,建立了有进有出的动态管理机制,开展复核检查,确保度假区品质。

根据文化和旅游部资源开发司编写的《2019—2020年中国旅游景区发展报告》,截至2019年底,全国共有A级旅游景区12402家,其中5A级景区280家。根据文化和旅游部发布的《2019年文化和旅游发展统计公报》,2019年,全国A级旅游景区接待总人数64.75亿人次,比上年增长7.5%,实现旅游收入5065.72亿元,增长7.6%。

2. 擦亮品牌,提高供给质量

在多层次旅游产品体系建设中,业界努力打造高质量旅游产品。尤其是"国字号"品牌,在大众心中树立了良好的形象。

在点、线、面多层次旅游产品体系日益完善的背景下,A级旅游景区如何突出自身优势?新晋5A级旅游景区贵州省遵义市赤水丹霞旅游区一直在探索。"必须进一步提高景区服务质量,严格管理和培训,改造升级基础设施,充分彰显5A级旅游景区标准。持续推出特色旅游体验,满足游客个性化需求。要立足长远,实现经济效益、社会效益、生态效益均衡。"赤水旅游发展股份有限公司相关负责人说。

对于如何在新发展格局中突出度假区优势、维护度假区品牌,新晋国家级旅游度假区上饶市三清山金沙旅游度假区相关负责人提出要以"绿色、健康"为理念,充分发挥气候优势、生态环境优势,丰富产品类型,实现特色化、精品化发展。同时,注重服务品质提升,优化接待服务,抓好"快旅慢游"体系建设和周边环境协调整治,推动智慧旅游全覆盖;净化旅游环境,加强旅游安全管理,建立高效旅游投诉处理机制,强化旅游市场执法巡查和监管力度;完善服务设施,加快完善旅游公路、公厕、停车场等配套设施。

3. 研判趋势,优化目的地打造

我国大众旅游发展势头良好,旅游日益成为大众生活不可缺少的一部分。面对不断变化的发展趋势,旅游目的地打造需要科学研判、精心打磨。

要将文化和旅游真正结合起来,历史馆藏、大美山水、风物资源,有亮点、有主题、有特色地进行整合;要考虑不同群体需求,以人为本,实现服务和产品差异化,团队旅游、定制旅游和自驾游兼顾,实现连环盈利模式;要加快目的地配套服务提升,关注公众的口碑与需求,摒弃形式大于内容、不合理的管理模式。

在疫情等综合因素影响下,游客消费决策出现新趋势,从价格敏感型转向安全敏感型、品质敏感型,不再一味地只看价格。从年龄层次看,"Z世代"不只对价格敏感,也对品质敏感。对在线旅行商来说,未来要在帮助游客挖掘绝对低价的产品同时,携手目的地实现品质升级,契合消费升级需求。

资料来源 整理自《中国旅游报》,有改动。

思考: 谈谈进行旅游供给侧结构性改革的必要性以及思考"国字号"等旅游品牌进行供给侧结构性改革带来的启示。

第一节 旅游供给概述

要贯彻落实新发展理念,坚持文化和旅游融合发展,加快推进旅游业供给侧结构性改革,繁荣发展大众旅游,创新推动全域旅游,着力推动旅游业高质量发展,积极推进旅游业进一步融入国家战略体系。

立足健全现代旅游业体系,加快旅游业供给侧结构性改革,加大优质旅游产品供给力度,激发各类旅游市场主体活力,推动"旅游+"和"+旅游",形成多产业融合发展新局面。

一、旅游供给的概念

供给和需求是经济学中相互对应、相互联系的一组重要经济概念,两者的矛盾变化过程构成了整个经济领域的基本内容。需求是相对于消费者而言,而供给则是相对于生产者而言。一般来说,经济学上的供给指生产者在一定条件下愿意并且能够提供某种产品的数量。就旅游经济学领域而言,旅游供给,是指在一定时期和一定价格水平下,旅游经营者愿意并且能够向旅游市场提供的旅游产品数量。正确认识和理解旅游供给的概念,必须把握好以下几点。

(一)旅游供给以旅游需求为前提条件

旅游供给的前提条件是人们的旅游需求,旅游供给必须以旅游需求为市场导向。旅游生产经营单位和部门,必须以旅游者的需求层次和需求内容为客观要求,建立起一整套适应旅游活动所需的旅游供给体系,保证向旅游者提供一定数量的能满足其需求、高质量的旅游产品。旅游供给不能脱离人们的旅游需求,因为人类的需求总是要以一定的物质作为基础的,旅游需求也不例外,这要求旅游供给也必须能满足旅游者的物质需求,而旅游供给所包含的旅游资源和设施就是满足旅游需求的物质基础。另外,旅游是一种综合的审美实践活动,旅游供给是一种社会生产活动,旅游供给要以旅游需求为依据和出发点,在提供旅游产品时,要对旅游需求的内容、层次和变化趋势进行周密的调查和科学的研判、预测,并据此制定有效的旅游供给计划,科学、有序地组织旅游产品的生产，以更好地满足旅游需求。

（二）旅游供给必须是一种有效供给

旅游供给必须是一种有效的供给，即必须同时具备旅游经营者愿意出售旅游产品并有可供出售的旅游产品这两个条件。在市场上，尽管旅游需求影响着旅游供给的内容和方向，但这仅是一个前提条件，并不意味着旅游者就可以真正得到想要的供给。要真正提供有效的供给，一方面取决于旅游经营者的生产成本与价格水平的比较，另一方面取决于生产者已掌握的生产手段和技术。如果旅游经营者已具备生产能力，但由于价格太低，生产者不愿意提供产品；反之，生产者由于价格合适而愿意提供产品，但由于生产手段和技术的限制，目前却不能生产该产品。因此，为了更好地满足市场需求，旅游供给必须是生产者的意愿与可能性相结合的供给，即有效供给。

（三）旅游供给由基本旅游供给与辅助旅游供给组成

基本旅游供给，是由旅游企业生产和提供的，并直接与旅游者发生联系的旅游产品或服务，由旅游资源、旅游设施、旅游服务和旅游购物等组合而成，也是旅游企业进行旅游产品生产和供给的主要内容。因此，基本旅游供给的数量、质量和水平，不仅决定了旅游市场上的旅游供给状况和能力，还决定了旅游产品或旅游目的地的吸引力和市场竞争力。

辅助旅游供给，是指为基本旅游供给提供配套服务的其他设施，也称旅游基础设施和辅助设施，通常包括交通运输、水电供应、供气供热、邮电通信、医疗系统和城市环境等各种公共产品和辅助服务。辅助旅游供给作为一种公共产品和辅助服务，其除了给旅游者提供直接和间接的服务，一般也为非旅游者提供相应的服务。

只有当基本旅游供给和辅助旅游供给相互配合，并在数量、结构等方面相适应时，才能向旅游者提供有效的旅游产品。基本旅游供给与辅助旅游供给的划分具有约定俗成的相对性。例如，旅游区内的交通常常划入基本旅游供给范围，而旅游区以外和到达旅游区必须经过的交通则划入辅助旅游供给范围。

二、旅游供给的特点

旅游产品是一种特殊的综合性产品，具有整体性、服务性和动态性等特点，旅游产品的特殊性决定了旅游供给也是一种特殊的供给，因而其除了具有一般物质产品和服务产品的供给特征，还具有不同于一般物质产品和服务产品供给的特殊性，这种特殊性是由旅游产品自身的特点所决定的，主要表现在以下几个方面。

（一）多样性

旅游产品的使用价值在于满足旅游者生理、心理和精神上的需求，而旅游者的旅游需求总是千差万别的，决定了旅游供给也必然具有多样化的特征，既要满足多数旅游者的旅游需求，又要满足个别旅游者的旅游需求。因此，旅游产品的供给较之物质产品和一般服务产品的供给，通常具有多样性的典型特征，不仅表现为旅游产品类型的多样性，还表现为旅游产品层次的多样性，其对于满足旅游者的多样性、个性化旅游需求是十分重要的。

(二) 综合性

综合性是贯穿于旅游经济各个运行环节的普遍特征,旅游产品、旅游需求、旅游消费、旅游供给都具有这一特征。旅游供给是经营者向旅游者提供的旅游产品,其内容包括旅游吸引物、旅游服务、旅游交通及旅游设施的供给,是一个由多种要素共同构成的综合体系。旅游供给是以满足旅游需求为条件和目的的,而旅游者在旅游过程中的食、住、行、游、购、娱等方面的需求依靠单一旅游企业的供给是无法满足的,旅游供给是由社会多个旅游企业与多种行业共同协作完成的。

(三) 产地消费性

物质产品的供给是通过流通环节,把产品从生产地运输到消费地提供给人们进行消费,因此物质产品的生产过程和消费过程通常是分离的。但在旅游供给中,由于旅游产品的不可移动性、生产与消费的同一性,使旅游产品的消费必须将旅游者吸引到旅游产品生产地才能实现,因此旅游供给具有鲜明的产地消费性特征。具体来讲,在对物质产品进行生产和供给时,一般主要考虑产品和原材料的交通运输问题,使产品和原材料的运出和运进保持相对平衡;而对旅游产品的生产和供给,由于其产地消费性的特征,决定了既要重点考虑旅游者的交通问题,还要考虑旅游景区景点、旅游目的地的环境容量,以及旅游目的地的综合接待能力等,因为它们直接影响和决定着旅游供给的数量和水平。

(四) 计量差别性

旅游产品的综合性特点表明,旅游供给是由多种旅游资源、旅游设施、旅游服务和相关服务等要素构成的。由于构成旅游供给的诸要素具有异质性的特点,因而对旅游供给的计量,既不能用各种旅游要素的累加来反映,也无法用综合旅游产品的数量来测度,只能用旅游者数量来表征,也就是用可能接待的旅游者人数来反映旅游供给数量及生产能力(容量)。因此,旅游供给的计量与一般物质产品不同,它不是用提供的旅游产品来计量,而是用旅游供给的服务对象,即接待旅游者人次作为旅游供给数量的基本计量单位。

(五) 可持续性

一般的物质产品生产出来并提供给消费者之后,就发生了转移,当该产品再次被需要时,生产者必须重新生产才能供给。而旅游供给中的一些组成部分,如名胜景区、酒店、餐饮店等旅游产品,即使被旅游者使用过,产品也不发生转移,还能在较长一段时间内持续供给,有的甚至可以永续利用。

(六) 非储存性

旅游供给的非储存性是由旅游产品生产与消费的同一性所决定的。一般物质产品可把产品储存作为调节供需矛盾的手段,但对旅游产品来讲,由于旅游产品生产、交换与消费的同一性,旅游产品不能储存,因而旅游产品储存对调节旅游供需矛盾已失去意义,实际操作中有意义的只是旅游供给能力的储备,而非旅游产品供给的储备。

(七) 低弹性

影响旅游供给的因素是多方面的,概括起来有自然条件、历史条件、社会经济发展状况以及科学技术的发展水平等。旅游资源大都是自然的和历史的结果;而某些旅游的设施要增加,不仅需要大量的资金投入和必要的科技手段,而且建设也需要一定的时间。旅游供给的增加具有相对滞后性,一个旅游目的地要想迅速扩大其旅游供给相对比较困难。由此可见,旅游供给表现出一种低弹性。

(八) 相对稳定性

旅游供给的相对稳定性主要表现在两个方面:一是不少旅游设施,尤其是基础建筑设施,如机场、车站、码头、公路、铁路等,其用途带有固定性,难以转换成其他用途;二是旅游设施的建设需要一定的周期,在旅游需求旺季时,难以靠新建旅游设施满足旅游者的需要。

三、旅游供给的影响因素

在旅游经济中,凡是使旅游供给增加或减少的因素都可视为旅游供给的影响因素。在一定时间内,旅游供给可以不发生变化,但并不能说明影响因素没起作用,而常常是影响旅游供给增加和减少的因素作用刚好抵消。影响因素表现的形式十分广泛,有系统内的,也有环境的;有直接的,也有间接的;有可控的,也有不可控的;有确定的,也有随机的;有单一的,也有综合的;有自然的,也有社会的;等等。而且,影响因素还可根据系统的层次逐一细分。要全面分析众多的影响因素是不可能的,在实际工作中,旅游供给的影响因素主要有以下几种。

(一) 旅游资源

旅游资源是旅游产品开发的基础,是影响旅游供给的基本因素。旅游资源是在特定的自然和社会条件下形成的,是旅游经营者不能任意改变的。所以,旅游经营者只能把旅游资源优势作为旅游供给和旅游经济增长的依托点,以市场为导向,通过对旅游资源的合理开发,向旅游市场提供具有特色的旅游产品,实现旅游资源优势向经济优势转换。因此,旅游资源不仅决定着旅游产品的开发方向和特色,还影响着旅游供给的数量和质量。

(二) 旅游活动环境容量

旅游资源的开发不是无限的,而是受到旅游活动的环境容量所限制。旅游活动的环境容量,简称为旅游环境容量或承载力,是指旅游景区景点、旅游设施、旅游目的地接待旅游者的最大数量。因此,旅游环境容量在很大程度上决定和影响着旅游供给的规模和数量。如果旅游者超过了旅游环境容量,不但会造成旅游资源的过度消耗,而且会造成自然环境的破坏和污染,甚至引起当地社区居民的不满,从而产生一系列社会问题。这样,既影响旅游产品对旅游者的吸引力,又会直接影响旅游供给的能力和保障。

(三)社会经济发展水平

旅游业不仅是一项综合性经济产业,也是一项依赖性很强的产业。旅游供给不仅需要开发有特色的旅游资源,还依赖于社会经济的发展所能提供的物质条件。如果国家和地区社会的经济发展水平高,就可为扩建原有基础设施和扩大旅游供给提供物质保障;反之,则会制约旅游产品供给。另外,社会经济的发展还会影响旅游供给者的心理预期,如果社会经济发展良好,就会增加供给;如果社会经济发展前景不好,就会减少供给。

(四)科学技术发展水平

科技是第一生产力,是推动社会经济发展的强大动力,也是影响旅游供给的重要因素之一。科学技术进步能够为旅游资源的有效开发提供科学的手段;为形成具有特色的旅游产品提供科学方法;为保护旅游资源,实现旅游资源的永续利用提供科学依据;为旅游者提供具有现代化水平的、完善的接待服务设施;为旅游经济发展提供科学的管理工具和手段,从而增加有效的旅游供给,加速旅游资金的周转,降低旅游产品成本,提高旅游经济效益。

(五)政府政策因素

旅游目的地国家或地区的政府,对发展旅游业的认识、观念以及所制定的各项有关旅游的政策和措施对旅游业的发展将起到支持或限制的作用。这些政策和措施包括税收政策、投资政策、信贷政策、价格政策等。一些国家在旅游税收、价格、投资等方面都实行了优惠政策,大大激发了供给者的积极性,对于扩大旅游供给的规模、数量、品种和质量的提升,都起到了极大的激励作用。比如,政府降低旅游产品供给部门和企业的税率等,就会刺激旅游供给的增加,政府的财政补贴和贷款利率等措施也能从宏观上调控旅游供给。

(六)旅游相关产品的价格

旅游供给,不仅直接受到旅游产品价格的影响,还会间接地受其他相关产品价格变化的影响。例如,对于国际旅游来讲,如果国际旅游消费的支出不变,当国际交通运输费上涨时,会引起旅游目的地的旅游产品价格相对降低,使旅游目的地的相对利润也随之减少,从而引起旅游供给量减少或供给水平下降;反之,当国际旅游交通运输费降低时,则会使旅游目的地的旅游产品价格相对提高,使旅游目的地的相对利润随之增加,进一步引起旅游供给量增加、供给水平上升。因此,无论旅游相关产品的价格是增加还是减少,都必然引起社会资源的重新配置,进而影响旅游供给数量或水平的变化。

(七)旅游生产要素的价格

旅游生产要素价格的高低,直接关系到旅游产品成本高低,尤其旅游产品是一个包含食、住、行、游、购、娱等多种要素在内的综合性产品,因此各种生产要素价格的变化必然影响旅游供给的变化。通常,在旅游产品价格不变的情况下,如果各种旅游生产要素价格提高了,必然使旅游产品的成本增加而利润相应减少,于是随着旅游生产要素投入的减少,就会引起旅游供给也随之减少;反之,如果各种旅游生产要素价格降低,则会使旅游产品成本减少而利润相应增加,于是随着旅游生产要素投入的增加,会相应刺激旅游供给也随之增加。因此,旅游生产要素的价格也直接对旅游供给产生重要的影响作用,并决定着旅游供给数量和水平的变化。

(八)外汇汇率变动因素

国际市场上的汇率变动,对旅游供给状况会产生一定的影响。分析这种影响可以从旅游目的地已有的产品生产能力和新增生产能力两个方面来考虑。从旅游目的地新增生产能力的角度看,汇率变动对旅游投资产生的影响表现为激励或限制旅游投资。假如旅游目的地国家的币值上涨,对依赖本国资源进行生产的旅游产品而言,其投资成本不会发生变化;但对部分或全部依赖进口资料进行生产的旅游产品而言,其生产成本必然上升,这样就会抑制本地开发商的投资积极性。如果旅游生产商利用已有的生产能力进行生产,本国汇率的提高就会增加开发商的收益,这样会激励开发商进一步挖掘生产潜力。研究旅游市场上的供给,应当充分考虑本国汇率的政策变化与汇率的变动趋势。

第二节 旅游供给规律与弹性

党的二十大报告指出,长期实践中得出的至关紧要的规律性认识,必须倍加珍惜、始终坚持。

把握供给规律,健全现代旅游业体系,提供旅游有效供给、优质供给,丰富弹性供给,使得大众旅游消费需求得到更好满足。

一、旅游供给基本规律

在市场经济条件下,虽然旅游供给受到多种因素的影响和制约,但决定旅游供给变化的主要因素是旅游产品价格、生产要素价格、旅游供给能力等,因此它们与旅游供给之间的不同变化就形成了旅游供给规律,具体表现为旅游供给量变化规律、旅游供给水平变化规律、旅游供给能力相对稳定规律等。

(一)旅游供给量变化规律

旅游供给量变化规律,是指旅游供给量具有与旅游价格同方向变化的客观规律性。根据旅游供给和旅游价格的相互联系,在其他因素既定的情况下,旅游价格上涨必然引起旅游供给量增加,旅游价格下跌必然引起旅游供给量减少,从而形成旅游供给量随着旅游价格变化而相应变化的客观规律性(图4-1)。

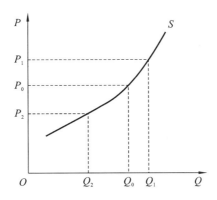

图 4-1 旅游供给价格曲线

图 4-1 中,纵坐标代表旅游产品价格,横坐标代表旅游产品数量,旅游产品价格的任一变动,都有一个与之相对应的旅游供给量,从而形成了旅游供给曲线 S。当旅游产品价格为 P_0 时,有相对应的旅游供给量 Q_0;当旅游产品价格从 P_0 上涨到 P_1 时,旅游供给量相应由 Q_0 上升到 Q_1;当旅游产品价格从 P_0 下跌到 P_2 时,旅游供给量也相应由 Q_0 下降到 Q_2。因此,旅游供给曲线 S 是一条自左下向右上倾斜的曲线,其反映了旅游供给量与旅游产品价格同方向变化的客观规律性。

旅游供给量与旅游产品价格同方向变化的规律性,是由旅游经营者追求利润最大化目标所决定的。因为,在旅游生产技术和各种生产要素价格既定的情况下,如果旅游产品价格上升,就意味着利润增加,于是旅游经营者就会投入更多的生产要素来生产和提供旅游产品,从而使旅游产品的供给量增加;反之,如果旅游价格下降,就意味着利润减少,于是旅游经营者就会减少生产要素投入,或者把生产要素转而投入其他产品的生产,从而使旅游产品数量减少。

(二)旅游供给水平变化规律

旅游供给的变化不仅受到旅游价格变动的影响,也受到其他各种因素的影响和作用。因此,在旅游价格既定条件下,由于其他各种因素变动而引起的旅游供给的变动,通常就称为旅游供给水平变动规律。在图4-2中,假定旅游生产技术水平不变,旅游价格 P_0 为既定条件下的产品价格。这样,当旅游价格 P_0 不变时,如果生产要素价格下降,必然引起旅游产品成本下降,并使旅游供给水平增加,从而引起旅游供给曲线由 S

右移到 S_1；反之，如果生产要素价格上升，必然引起旅游产品成本上升，并使旅游供给水平减少，从而引起旅游供给曲线由 S 左移到 S_2。于是，尽管旅游价格保持为 P_0 不变，但由于生产要素价格变化引起旅游供给水平的变化，从而使旅游供给量也相应发生变化，分别由 Q_0 上升到 Q_1 或下降到 Q_2。

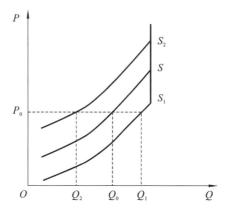

图 4-2　旅游供给曲线水平的变动

除生产要素价格变动外，其他包括旅游经营企业生产管理技术水平、预期产品价格等各种因素变动的作用和影响，也会引起旅游供给水平的相应变化，其变化的规律和特点因各种因素的不同作用而有差别，对此读者可做进一步的分析和讨论。

（三）旅游供给能力相对稳定规律

旅游供给能力，是指在一定条件下（包括时间和空间等），旅游企业能够提供旅游产品的最大数量。旅游产品是一种以服务为主的综合性产品，因此旅游供给能力是以接待旅游者数量多少来反映，而不像物质产品是以产品数量多少来反映。根据旅游产品的特征，旅游供给能力具体可分为两种，即旅游综合接待能力和旅游环境承载能力。

1. 旅游综合接待能力

旅游综合接待能力，是指旅游目的地国家或地区，通过对旅游资源开发、旅游设施建设而形成的能够接待旅游者的数量、规模和水平。旅游综合接待能力是一种现实的旅游供给能力，其综合体现了旅游目的地国家或地区在一定时期内，能够向旅游市场提供旅游产品（即接待旅游者）的实际条件和能力。

2. 旅游环境承载能力

旅游环境承载能力，也称为旅游容量，是指旅游目的地国家或地区在一定时间内，在不影响生态环境、社会文化环境和旅游者体验基础上，能够保持一定水准而接待旅游者的最大数量或规模。旅游环境承载能力，既是一种现实的旅游生产力，也是一种潜在的旅游生产力，它体现了旅游目的地国家和地区在旅游发展过程中提供旅游产品的最大可能性。

根据旅游供给能力的概念，结合旅游供给的特点及有关影响因素的作用，旅游供给量与旅游价格的同方向变化并非无限制的。事实上，由于旅游供给能力在一定时间和空间条件下是既定的，从而决定了旅游供给量的变动也是有限的。特别是由于旅游供给受到旅游环境承载能力的限制，决定了在一定时间和空间条件下，旅游供给量必然受到旅游供给能力的制约,一旦旅游供给量达到旅游供给能力时,即使旅游价格再高,旅游供给量也是既定不变的(图 4-3)。

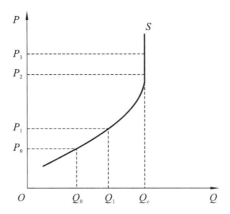

图 4-3　限定的旅游供给价格曲线

在图 4-3 中,当旅游产品数量小于 Q_c 时,旅游供给量将随着旅游价格变化而同方向变化,即当旅游价格由 P_0 上升到 P_1 时,旅游供给量就由 Q_0 上升到 Q_1。但是,当旅游供给量达到 Q_c 时,即达到最大旅游供给能力时,无论旅游价格如何变化,即使旅游价格从 P_2 提高到 P_3 时,旅游供给量仍不会发生变化。因此,旅游供给能力具有相对稳定的客观规律性。

二、旅游供给弹性

旅游供给弹性,是指旅游供给对各种影响因素变化作出的反应。由于旅游供给不仅受旅游产品价格的直接影响,还受到生产规模变化、生产成本和旅游环境容量等多种因素的影响,因而旅游供给弹性包括旅游供给价格弹性、旅游供给交叉弹性、旅游价格预期弹性等,下面着重分析旅游供给价格弹性和旅游价格预期弹性。

(一) 旅游供给价格弹性

旅游供给价格弹性,是指旅游供给量对旅游价格的反应及变化关系。根据旅游供给规律,在其他影响旅游供给的因素不变的情况下,旅游供给是随旅游产品价格而同方向变化。为了测定两者之间的变化程度,即旅游供给对价格的敏感性,就必须计算旅游供给价格弹性系数。所谓旅游供给价格弹性系数,是指旅游供给量变化的百分数与旅游产品价格变化的百分数之比。

旅游供给的点弹性计算公式如下:

$$E_{sp} = \frac{\dfrac{Q_1 - Q_0}{Q_0}}{\dfrac{P_1 - P_0}{P_0}}$$

式中:E_{sp}——旅游供给价格弹性系数;
　　P_0,P_1——变化前后的旅游产品价格;
　　Q_0,Q_1——变化前后的旅游产品数量。
旅游供给的弧弹性计算公式如下:

$$E_{sp} = \frac{\frac{Q_1 - Q_0}{(Q_1 + Q_0)/2}}{\frac{P_1 - P_0}{(P_1 + P_0)/2}}$$

由于旅游供给量与旅游产品价格同方向变化,因而其弹性系数为正值。根据旅游供给价格弹性系数 E_{sp} 值的大小,可以区分为以下几种情况。

1. 当 $E_{sp} > 1$ 时

当 $E_{sp} > 1$ 时,则表明旅游供给量变动百分比大于旅游产品价格变动百分比,即旅游供给是富有弹性的,如图 4-4 中弧线 AB 这一段上即表明这一特点。若旅游供给是富有弹性的,则说明旅游产品价格的微小变化将引起旅游供给量的大幅度变化。

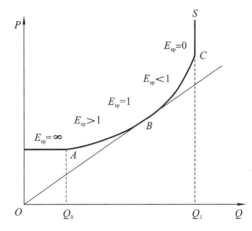

图 4-4 旅游供给价格弹性变化

2. 当 $E_{sp} = 1$ 时

当 $E_{sp} = 1$ 时,则表明旅游供给量变动百分比同旅游产品价格变动百分比是相等的,即旅游供给具有单位弹性,图 4-4 中 B 点的供给价格弹性系数就是单位弹性。

3. 当 $E_{sp} < 1$ 时

当 $E_{sp} < 1$ 时,则表明旅游供给量变动百分比小于旅游产品价格变动的百分比,因而旅游供给弹性不足,图 4-4 中弧线 BC 这一段上的旅游供给弹性就表现为不足,其实质上说明旅游产品价格的大幅度上涨或下跌,对旅游供给量变化的作用不强。

4. 当 $E_{sp} = 0$ 时

当 $E_{sp} = 0$ 时,则表明旅游供给完全缺乏价格弹性,因而在图 4-4 中的旅游供给曲线是一条垂直于横轴的直线,表明无论旅游产品价格怎样变动,旅游供给量基本保持不变。

5. 当 $E_{sp} = \infty$ 时

当 $E_{sp} = \infty$ 时,则表明旅游供给是完全富有弹性的,或称旅游供给具有无限价格弹性,因而在图 4-4 中的旅游供给曲线是一条平行于横轴的直线,表明在旅游产品价格既定条件下旅游供给量可任意变化。

(二)旅游价格预期弹性

旅游价格预期弹性,是指未来旅游价格的相对变动与当前旅游价格相对变动之比。

当前旅游价格相对变动,是指目前旅游市场上实际旅游价格相对于旅行社报价的变化;而未来旅游价格的相对变动,则是指未来旅游市场上旅游者预期实际价格相对于旅行社报价的变化。把未来旅游价格相对变化与现期旅游价格相对变化进行比较,即可计算旅游价格预期弹性系数。

旅游价格预期弹性的计算公式如下:

$$E_f = \frac{\Delta F/F}{\Delta P/P}$$

式中:E_f——旅游价格预期弹性系数;

　　ΔF——未来价格的相对变化;

　　ΔP——现期价格的相对变化;

　　F——未来价格;

　　P——现期价格。

旅游价格预期弹性系数,不论对于旅游者还是旅游经营者来讲,都是一个重要的决策影响系数。

1. 对于旅游者来讲,旅游价格预期弹性的作用相对较小

(1) 当$E_f>1$,则表明旅游者预期未来旅游价格的相对变动将大于现期旅游价格的相对变动。当现期旅游价格上升,旅游者预期未来旅游价格上升的幅度可能更大,于是就会增加现期旅游产品的购买;当现期旅游价格下降,旅游者预期未来旅游价格下降的幅度可能更大,从而就会减少现期旅游产品的购买。

(2) 当$E_f<1$,则表明旅游者预期未来旅游价格的相对变动将小于现行旅游价格的相对变动。当现期旅游价格上升,就会使旅游者持币待购从而引起现期旅游需求减少。但由于旅游需求同时还受闲暇时间因素的影响,因而旅游价格预期对于旅游需求的影响相对较小,即旅游价格预期弹性系数一般都较小。

2. 对于旅游经营者来讲,旅游价格预期弹性的作用相对较大

(1) 当$E_f>1$时,表明旅游经营者预期未来旅游价格的相对变动将大于现期旅游价格的相对变动。当现期旅游价格上升,旅游经营者为了将来获得更大的收益,就会减少现期旅游供给,并加大投入以期增加未来旅游供给量;当现期旅游价格下降,为了保持经营的稳定性,旅游经营者也会适当减少现期旅游供给。

(2) 当$E_f<1$时,表明旅游经营者预期未来旅游价格的相对变动将小于现行旅游价格的相对变动,即旅游市场价格稳定,于是旅游经营者就会加大旅游宣传促销,以增加现期旅游供给。

第三节　旅游供给的组成与衡量

整体与部分是辩证统一的;部分影响整体,关键部分对整体功能起决定作用;整

体居于主导地位,统率着部分。我们应树立全局观念,立足整体,统筹全局。

把握关键部分对整体功能的决定作用,丰富优质产品供给,要坚持精益求精,把提供优质产品放在首要位置,提高供给能力水平,着力打造更多体现文化内涵、人文精神的旅游精品。

一、旅游供给的组成

旅游供给总的来说可以分为实物和服务两大部分,但旅游产品是一边生产一边消费,产品离不开生产的物质基础,即服务离不开实物,实物也只有与服务结合起来才能形成供给。按照旅游产品的构成,旅游供给分为基本旅游供给和辅助旅游供给两个方面。概括起来,旅游供给的内容如表 4-1 所示。

表 4-1　旅游供给内容

主　类	亚　类	基本类型
基本旅游供给	旅游资源	自然旅游资源
		人文旅游资源
		社会旅游资源
	旅游设施	交通运输设施
		食宿接待设施
		游览娱乐设施
		旅游购物设施
	旅游服务	商业性旅游服务
		非商业性旅游服务
辅助旅游供给	基础设施	一般公用事业设施
		现代社会生活基本设施

(一) 旅游资源

旅游资源是旅游产品开发设计的基础和依托,是旅游目的地供给的重要组成部分。从旅游需求角度说,是指对游客具有吸引力的自然旅游资源、人文旅游资源和社会旅游资源;从旅游供给角度说,则是能对游客产生吸引力并可为旅游开发和利用的各种事物和现象。旅游资源可分为自然旅游资源、人文旅游资源和社会旅游资源三大类。

1. 自然旅游资源

自然旅游资源是在内外营力作用下,自然地理环境在长期演变过程中形成的景观和环境,由地质地貌、水文水体、气象气候、动植物等自然要素所构成,能吸引人们前往进行旅游活动,并且能够为旅游开发所利用。

2. 人文旅游资源

人文旅游资源是人类历史长河中遗留的精神与物质财富,是人类在各时代各民族演进过程中遗存和形成的具有旅游吸引力的社会文化事物和因素,如各种遗址遗迹、历史建筑物和文化艺术品等。

3. 社会旅游资源

社会旅游资源是指人所生活的社会环境及其所创造的对游客具有吸引力的社会氛围,是能反映和体现旅游目的地经济和社会发展面貌且具有旅游吸引力的事物和因素,如大型工程建设项目、科学实验场所、特色社区、特色市场和现代节庆等。

旅游资源具有多样性、美学观赏性、区域分异性、时效性、不可再生性等特点。由于旅游资源的上述特点,一般说来,多数旅游资源是固定在一定的地域和社会环境中,因而具有不可转移性的特点;除部分社会旅游资源外,大多数旅游资源的数量在相当长的时期内是稳定不变的,不会因游客需求的增加和市场的扩大而任意扩大。因此,对旅游目的地来说,做好保护工作尤为重要。

(二) 旅游设施

旅游设施是为满足游客食、住、行、游、购、娱等方面需要而建设的专门设施,包括交通运输设施、食宿接待设施、游览娱乐设施、旅游购物设施,是旅游目的地旅游供给的重要内容。

1. 交通运输设施

旅游交通运输设施是旅游供给的重要内容,它不仅影响旅游客源地的潜在游客旅游动机,影响游客到达旅游目的地的可进入程度,也规定了游客在旅游目的地范围内实现空间位移的通畅性,因此推进交通运输设施的现代化和不断提高其经营管理水平是提升旅游供给质量的必然选择。

2. 食宿接待设施

食宿接待设施是为游客在旅游目的地期间的餐饮、住宿等基本生活提供保障的有关设施,对维持游客体力、消除旅游过程中的疲劳和休闲享受起重要作用,并且以现代酒店为代表的食宿设施还是各种商务、会议和社交活动的重要场所,这在很大程度上决定着旅游目的地接待能力的强弱,代表着旅游目的地的形象,因此精心设计、建设旅游酒店,提高经营管理和服务水平是提升旅游目的地形象和旅游供给质量的重要一环。

3. 游览娱乐设施

游览娱乐设施是指供游客参观、游览或开展娱乐活动的场所,包括各种博物馆、艺术馆、展览馆、纪念馆、表演馆、藏书馆,以及歌舞厅、游乐园、体育俱乐部、运动场馆等,对于游客丰富知识、寻求乐趣、陶冶性情和增强体质有重要作用,并且一些规模大、知名度高的游览娱乐设施,如迪士尼乐园、故宫博物院等,还起到旅游吸引物的作用。

4. 旅游购物设施

旅游购物设施是指可供游客进行旅游购物的批发店、零售店、零售点,通常包括免税品商店、纪念品商店、工艺品商店、百货商店、超市等。购物是旅游活动的一项不可或缺的内容,但旅游购物属于游客的非基本消费,弹性大。游客的购物消费是旅游目的地收入的重要组成部分,旅游购物体验的好坏对旅游目的地有重要影响。因此,旅游目的地应加强组织旅游商品的生产和购物设施的建设与布局,使旅游商品富有美学观赏性、实用性、便携性、地方性、民族性,以激发和方便游客购买。

(三)旅游服务

旅游产品是由服务和实物构成的,服务是旅游产品的主要特征,从某种意义上说旅游产品是服务产品,因此旅游服务是旅游供给的重要内容。旅游服务按其是否直接面对游客,可分为直接服务和间接服务。直接服务包括旅游交通客运服务、食宿接待服务、游览娱乐服务、导游服务、旅游咨询和购物服务等。间接服务包括水、电、气、热供应,旅游商品制作,排污、排废,旅游管理、教育、职业培训机构的服务,还有网络、邮电、金融、保险、海关等服务。旅游服务按服务产品的产生过程,可分为服务观念、服务技术和服务态度。服务观念决定着服务态度,服务态度影响着服务水平,服务技术的好坏在很大程度上决定着服务质量的好坏。旅游服务按经营阶段,可分为售前服务、售中服务和售后服务三个部分,在当下的旅游服务中,要继续做好售前服务,竭力改进售中服务出现的种种乱象,做细、做精售后服务,提升售后服务质量。

(四)基础设施

基础设施是指主要使用者为当地居民,同时向游客提供,或游客的旅游活动也须依赖的有关设施,它包括一般公用事业设施和现代社会生活基本设施。前者主要是指供水系统、排污系统、供电系统、通信系统、道路系统等,以及与其有关的地面配套设施;后者主要是指银行、医院、治安管理机构等。基础设施是旅游目的地旅游业发展的重要物质基础,也是旅游业向纵深发展的后盾。

二、旅游供给的衡量

旅游供给的变化状况及水平,可通过旅游供给指标来反映和衡量。旅游供给指标是衡量旅游地旅游供给能力及其发展情况的尺度,是对一个地区旅游供给情况进行量化的依据。在旅游业实践中,供给指标和需求指标是考察旅游供给和旅游需求的适应状况、矛盾及发展变化情况的基础。一般可将旅游供给指标分为两大类:旅游地现实接待能力指标和旅游地旅游供给发展潜力指标。

(一)旅游地现实接待能力指标

1. 旅游设施总接待能力

旅游设施总接待能力是指一个旅游地基本旅游设施在同一时间内所能接待的游客人数。其主要量化指标包括目的地与客源地之间以及目的地内部交通工具及设施的承载量、旅游客房总量、餐座总量、目的地内主要游览点和娱乐场所的游客容量等。目的地的旅游设施接待能力受基本设施中供给能力最小的设施量的制约。

2. 单位时间旅游设施接待能力

单位时间旅游设施接待能力是指一定时期内目的地旅游设施所能接待的游客人次。这一指标与总接待能力指标存在一定的区别。在一定时期内,其量的大小既与目的地的设施总接待能力有关,又与游客在目的地的逗留时间、对各类设施使用情况及接待设施有关。该指标的测定较为困难,可根据以往的经验数据加以分析确定。

3. 旅游服务接待能力

旅游服务是旅游供给的重要内容,旅游服务接待能力与目的地旅游服务人员数量及其劳动效率有关,服务人员数量可以统计出来,劳动效率可以通过人均接待游客人次、人均创收、人均创利等指标进行衡量。

(二) 旅游地旅游供给发展潜力指标

1. 生态环境容量指标

生态环境容量,是指旅游目的地接待游客的最大容量,或者容纳旅游活动的数量极限。超过旅游目的地的生态环境容量,则旅游活动将对生态环境产生不利的影响。尤其是当游客进入任何一个旅游目的地后,都会产生食、住、行、游、购、娱等各种消费,这些消费必然直接或间接地产生一定的废水、废气和固体垃圾,从而对旅游目的地的环境造成一定的污染或破坏。因此,通过测算游客所产生的污染物、环境自净能力和人工治理污染的能力,就可以大体测算出旅游目的地的生态环境容量。

旅游目的地的生态环境容量计算公式如下:

$$C_e = \frac{\sum_{i=1}^{n} N_i S + \sum_{i=1}^{n} Q_i}{\sum_{i=1}^{n} P_i}$$

式中:C_e——旅游目的地的生态环境容量;

N_i——旅游目的地单位面积对 i 种污染物的日自净能力;

S——旅游目的地总面积;

Q_i——旅游目的地每天人工处理 i 种污染物的能力;

P_i——平均每个游客每天产生污染物的数量。

2. 旅游资源容量的测算

旅游资源容量,是指在保持旅游活动质量的前提下,旅游资源所能承受的最大游客人数或旅游活动量,也是旅游资源可持续利用的最大边界。对旅游资源容量的测算,一般是对旅游目的地已开发的旅游景区容量进行测算,其具体方法有面积法和线路法两种。

(1) 面积法。

面积法,是根据旅游景区的空间面积,或其可供游览的规模、游客周转率和人均游览空间标准进行测算。不同类型的旅游目的地游览空间标准是不同的,可根据世界旅游组织提供的标准进行旅游景区容量的计算。

面积法计算公式如下:

$$C_{r_1} = \frac{S_A}{S_B} \times R$$

式中:C_{r_1}——旅游景区日容量;

S_A——旅游景区游览规模(平方米);

S_B——旅游景区游览空间标准(平方米/人);

R——游客周转率(每天开放时间/每个游客停留时间)。

（2）线路法。

线路法,是根据旅游景区的游路长度、游客周转率和标准游览距离来进行测算,其比较适合以游览为主的观光型旅游景区。

线路法计算公式如下：

$$C_{r_1} = \frac{2L}{I} \times R$$

式中：C_{r_1}——旅游景区日容量；

L——旅游景区游览线路总长度(米)；

I——旅游景区游览线路间距标准(米/人)；

R——游客周转率(每天开放时间/每个游客停留时间)。

3. 经济社会容量测算

经济社会容量,是指一定时期内由旅游目的地经济社会发展程度所决定,能够接纳的游客人数和旅游活动量,超过这个限量就会引起旅游地居民对旅游活动的反感,并带来一系列经济社会问题,甚至出现旅游目的地居民和游客的对立和冲突等。经济社会容量测算中对旅游地经济社会容量的测算比较复杂,一般是通过测算住宿能力或食品供应能力来反映。

旅游地的社会经济容量计算公式如下：

$$C_h = \frac{\sum_{i=1}^{n} F_i}{\sum_{i=1}^{n} D_i}$$

式中：C_h——旅游目的地经济社会容量(日容量)；

F_i——第 i 类食物或住宿设施的日供应能力；

D_i——每个游客平均每天对 i 类食物或住宿设施的消费能力。

4. 游客心理容量测算

游客心理容量,是指保证游客旅行和游览舒适满意的极限游客接待量,超过这个极限则游客的舒适感和满意程度就会下降。对游客心理容量的测算,一般是根据旅游资源容量计算公式来测算。因为在计算旅游资源容量时所采用的游览空间或间距标准,通常是按照最低极限来测算;但为了保证游客的舒适和满意,应按照合理标准来测算,而这个合理标准通常可根据问卷测试或经验估计而获得,也可以直接采用表 4-2 中的国际标准或其他国家的参考标准。

表 4-2　旅游活动的基本空间标准

旅游活动及场所	世界旅游组织(WTO)标准		日本标准	
	基本空间标准 /(平方米/人)	单位空间合理标准 /(人/公顷)	基本空间标准	平均停留小时/小时
森林公园	667	15	300 平方米/人	2.5
郊区公园	143～667	15～70	40～50 平方米/人	40.0
乡村休闲地	50～125	80～200	15～30 平方米/人	2.0

续表

旅游活动及场所	世界旅游组织(WTO)标准		日本标准	
	基本空间标准/(平方米/人)	单位空间合理标准/(人/公顷)	基本空间标准	平均停留小时/小时
高密度野营地	16～33	300～600	250～500人/公顷	—
低密度野营地	50～167	60～200	50～100人/公顷	—
高尔夫球场	677～1000	10～15	0.2～0.3公顷/人	5.0
滑雪场	100	100	200平方米/人	6.0
滑水	677～2000	5～15(水面)	—	—
垂钓	333～2000	5～30(水面)	80平方米/人	5.3
徒步旅行	—	40	400平方米/人	3.5
赛场(参观)	25	40	25平方米/人	2.0
野外露营	33	300	25平方米/人	3.5

(资料来源：世界旅游组织标准整理自李贻鸿《观光事业：发展·容量·饱和》；日本标准整理自洛克计划研究所《观光·游憩计划论》。)

本章思考题

案例分析

一、名词解释

旅游供给　旅游供给规律　旅游供给弹性

二、简答题

1. 旅游供给的组成内容是什么？影响旅游供给因素有哪些？
2. 旅游供给有哪些基本规律？如何理解？
3. 简述旅游供给的衡量方法。

本章思政总结

"十三五"时期，在以习近平同志为核心的党中央坚强领导下，全国文化和旅游行业坚持稳中求进工作总基调，贯彻落实新发展理念，坚持文化和旅游融合发展，加快推进旅游业供给侧结构性改革，繁荣发展大众旅游，创新推动全域旅游，着力推动旅游业高质量发展，积极推进旅游业进一步融入国家战略体系。

"十四五"时期，我国全面进入大众旅游时代，旅游业发展处于重要战略机遇期，但机遇和挑战都有新的发展变化。进入新发展阶段，旅游业面临高质量发展的新要求。旅游业供给侧结构性改革任务依然较重，创新动能尚显不足，治理能力和水平需进一步提升，国际竞争力和影响力需进一步强化。要适应文旅融合新形势，以满足人民日益增长的美好生活需要为根本目的，提供有效供给、优质供给，丰富弹性供给，建设一批富有文化底蕴的世界级旅游景区和度假区。

旅游业要提供优质产品供给。坚持精益求精，把提供优质产品放在首要位置，提高供给能力水平，着力打造更多体现文化内涵、人文精神的旅游精品，提升中国旅游品牌形象。坚持标准化和个性化相统一，优化旅游产品结构、创新旅游产品体系，针对不同群体需求，推出更多定制化旅游产品、旅游线路，开发体验性、互动性强的旅游项目。

第五章
旅游供求平衡

学习目标

1. 掌握旅游供求本质及表现形式。
2. 深刻理解旅游供给与需求的动态均衡。
3. 了解旅游供求规律及调控方式。

思政引导

旅游供给与旅游需求是市场竞争的一个基本矛盾体,这个矛盾体既对立又统一,旅游需求和旅游供给彼此相互适应才能使得市场有序运、正常运转。

思政内容

在坚持以旅游供给侧结构性改革为主线的过程中,要高度重视旅游需求侧管理,坚持扩大内需这个战略基点,始终把实施扩大内需战略同深化供给侧结构性改革有机结合起来,促进旅游需求与旅游供给良性循环。

章前引例

神舟国旅北京环球度假区直通车

"神舟国旅北京环球度假区直通车"项目为游客提供了安全、周到、细致、便利的服务。车身采用经典电影IP装饰,外观绚丽且充满设计动感,引得多名游客拍照打卡;车内宽敞舒适,更有专属人员提供乐园游览攻略等服务,让游客在出发时就获得满满的仪式感、沉浸感。开园之初,共设有多条行车路线,覆盖北京市内及近郊各主要商业中心及交通枢纽;站点包含王府井、前门、东四十条、燕莎、公主坟、昌平、密云、门头沟及房山等地。2022年,根据市场需求增加了民族饭店、北京饭店、诺金酒店、工大建国饭店等新的站点,也为企业客户进行线路定制服务,满足各方出行需求。

值得一提的是,搭乘"神舟国旅北京环球度假区直通车",即可享受提前入园礼遇。并在北京环球度假区内享有专属落客车位，紧邻北京环球度假区入口安检区。为想提早入园的游客争取时间，有更多机会体验热门项目；更方便游玩一整天后疲惫的游客立即返回车上"解放双腿"。游客可通过神舟国旅客服电话及各大门市报名咨询，也可通过"乐享神舟"微信小程序便捷下单，预订座位。

随着北京环球度假区盛大开园，依托"神舟国旅北京环球度假区直通车"的便利条件，神舟国旅陆续推出以北京环球度假区为主体、以城市副中心及通州丰富的文旅资源为依托的系列旅游线路，积极联动通州和城市副中心丰富的文旅产业资源，进一步推动城市副中心内外的文旅资源活化利用，促进文旅产业融合高质量发展，有效承接北京环球度假区的溢出效应，为广大游客打造更多丰富多彩的文旅产品。

资料来源　整理自中国旅游协会微信公众号，有改动。

思考：运用供给与需求的理论，谈谈北京环球度假区是如何转型成功的？

第一节　旅游供求关系概述

旅游供给与旅游需求的关系体现了马克思主义的矛盾观观点。

要想促进旅游业又好又快发展，从旅游供给和旅游需求的关系看，要坚持深化供给侧结构性改革这条主线。提高供给体系对国内需求的满足能力，以创新驱动、高质量供给引领和创造新需求。

一、旅游供求关系的内容

旅游供给与旅游需求是旅游经济活动的两个主要环节，分别代表着旅游市场上的买卖双方。旅游供给与旅游需求既互相依存，又互相对立；既要相互适应，又必然相互矛盾，两者之间的对立统一关系构成了旅游经济活动的基本内容，表现在以下几个方面。

第一，旅游供给与旅游需求各自以对方的存在作为自身存在与实现的前提条件。供给的规模和数量取决于需求，而需求的满足又依赖于供给，供给与需求都要求双方彼此适应。

第二,旅游供求双方利益的不同,决定了旅游供给与旅游需求必然是矛盾的。旅游供给者总是力图以较高的价格把旅游产品出售给旅游购买者,而旅游购买者总是希望以较低的价格购得旅游产品。买卖双方由于自身利益的需要,导致旅游需求并不总能得到与之相适应的旅游供给,旅游供给也并不总能得到有支付能力的旅游需求,于是供给与需求就产生了矛盾。

第三,供求矛盾在旅游发展的不同阶段,双方的主导地位不一样。一般来说,旅游供给源自旅游需求,因需求而产生、存在;但旅游业发展到一定程度后,旅游供给反过来又能刺激产生新的旅游需求,使旅游需求的数量和层次得到不断扩大和提升。

二、旅游供求关系的本质

旅游需求与旅游供给是一对矛盾统一体。旅游供求关系的本质就是供给与需求能否相互适应、相互协调的矛盾,即表现为旅游供求之间的矛盾运动过程。一般来说,供给与需求大体相适应,矛盾不突出,称为供求平衡;反之,供给与需求矛盾突出,便称为供求不平衡,或谓之供求失衡。旅游市场上的供求平衡是有条件的、暂时的,而供求不平衡是绝对的、无条件的。因此,旅游市场上的供求总是由不平衡转化为平衡,在供求双方的矛盾运动中,旧的平衡被打破,转化为新的不平衡。旅游市场上的这种供求矛盾总是表现为螺旋上升式的不断运动过程。为此,我们把旅游供求之间这种"不平衡—平衡—不平衡"的循环往复变化过程,称为旅游供求矛盾的运动形式或旅游供求矛盾的运动规律。

三、旅游供求矛盾的主要表现

旅游供给与旅游需求的矛盾运动错综复杂,但总体上看,矛盾主要表现在数量、质量、时间、空间和结构五个方面。

(一)旅游供求数量方面的矛盾

旅游供求数量方面的矛盾,主要表现为供给能力与实际接待旅游者人数之间的矛盾。旅游目的地国家或地区根据自己的社会经济条件,适应国内外旅游需求的发展和变化,通过开发建设而形成的旅游供给能力,在一定时间内具有相对的稳定性。但是,旅游需求会随着人们收入水平的提高,以及消费水平与消费结构的变化而不断变化;此外,受社会政治形势、经济状况和生态环境的制约,气候季节交替的影响,旅游需求也会相应地发生改变,因此旅游需求量具有不稳定性和随机性的特点。于是,在一定的时期内就会出现旅游供给与旅游需求总量之间的不平衡,从而形成供不应求或供过于求的矛盾状况。

(二)旅游供求质量方面的矛盾

旅游供求质量方面的矛盾,是由于旅游供给是以旅游需求为前提的,所以旅游供给的发展一般总是滞后于旅游需求的发展。在一定的生产力发展水平上,与旅游资源相关联的各种旅游设施、设备形成之后,它们的水平也就相应确定了,而人们对旅游的需求内容、水平却是不断变化的,因此旅游供给总是滞后于旅游需求的发展变化。同时,旅游供给有自己的生命周期,尤其是随着旅游设施的磨损和老化,即使不断地进行局部更新，也难以阻止旅游设施在整体上的老化。因此，旅游供给必然存在质量下降而落后于旅游需求的客观情况。反之，旅游供给若不以旅游需求为前提，超前旅游需求水平而发展，不仅会使旅游供给近期内达不到预期的效益目标，而且远期也会因旅游设施陈旧老化而导致质量和效益降低。以上这些都表现为旅游供给与需求在质量方面的矛盾。

（三）旅游供给时间方面的矛盾

时间因素有时直接影响旅游供给能力的发挥，有时则通过抑制旅游需求而造成旅游供给与需求的冲突。例如，春意盎然、秋高气爽的季节可能引发人们大量出游，到各风景区游玩和观光；而隆冬季节，雪山风光、冰灯冰雕、滑雪冬泳则成为人们旅游需求的项目；至于炎热夏季，避暑胜地又供不应求了；节假日又会使旅游区比其他时间迎来更多的游客。总之，构成旅游产品的旅游设施和旅游服务，一旦相互配套而形成一定的供给能力，就具有常年同一性。因此，旅游供给的常年同一性与服务的季节性就形成了旅游供给与旅游需求在时间方面的矛盾冲突。

（四）旅游供给空间方面的矛盾

旅游供给在空间方面的冲突表现为旅游产品在位置上的固定性和容量的有限性与旅游需求变动性的矛盾。特别是那些在国内、国际上久负盛名的旅游景区、景点，在旅游旺季，往往游客如云、摩肩接踵、络绎不绝，大大超过环境承载力；而有的风景区则因客运能力不配套，进得去、出不来，旅游者望而却步，游客寥寥无几。因此，积极开发各种自然景观，建设更多的高品位的景区、景点，是缓解旅游供给与需求空间方面矛盾的重要途径和手段。

（五）旅游供求结构方面的矛盾

经济社会发展和人们可支配收入增加等，不但使人们的旅游需求日益增长，而且使人们的旅游消费多样化发展。尤其在旅游活动中，不同旅游者的兴趣爱好各异，以及生活习惯、支付能力、消费水准等方面千差万别，因此就形成了旅游需求结构的多样性、变化性等特点。而一个国家或地区的旅游供给，不管如何周密规划和开发，总不可能面面俱到、一应俱全，尤其是旅游供给具有一定的滞后性，导致旅游供给结构具有一定的相对固定性。因此，旅游供给的相对固定性和滞后性与旅游需求的多样性和变化性之间的反差，就形成了旅游供给与旅游需求在结构方面的矛盾，使旅游供给难以及时适应旅游需求的多样性和变化性的要求。

第二节　旅游供给与需求的均衡

旅游供给与旅游需求体现了马克思主义哲学的对立统一规律。

旅游供给与旅游需求本质上是对立统一的。调整旅游供求关系既要与时俱进，同时又要尊重客观规律，坚持具体问题具体分析，实现其动态平衡。

由于现代旅游供给和旅游需求具有五个方面的矛盾冲突（第一节已介绍），因而要实现现代旅游供给与需求的均衡，就必须把两者结合起来考察，以探寻现代旅游供给与需求均衡的客观规律性。在市场经济条件下，旅游供求矛盾主要依靠价值规律进行调节，通过价格机制等市场机制的作用，促进供求趋于均衡。

一、旅游需求与供给的静态均衡

在影响旅游供给与旅游需求的多种因素中，旅游产品价格是关键因素。根据旅游供给规律与旅游需求规律，在其他因素不变的情况下，旅游产品价格越高，则旅游需求量就越少，而旅游供给量就越多；反之，旅游产品价格越低，则旅游需求量越多，而旅游供给量越少。因此，旅游产品价格决定着旅游供给和旅游需求的均衡产量，即在一定旅游产品价格下旅游供给等于旅游需求的产品数量；而旅游供给和旅游需求两种矛盾力量共同作用的结果，又形成旅游市场上的均衡价格，即旅游供给等于旅游需求时的旅游产品价格，从而最终形成旅游供给与需求的静态均衡。

以横坐标 Q 表示旅游供求数量，以纵坐标 P 表示旅游产品价格，把旅游需求价格曲线 D 和旅游供给价格曲线 S 在同一坐标图中给出，如图4-1所示，旅游需求价格曲线 D 与旅游供给价格曲线 S 相交于 E 点。在 E 点，由于旅游供给量与旅游需求量相等，形成了旅游的供求均衡，这时相对应的价格 P_0 称为均衡价格，相对应的旅游产品数量 Q_0 称为均衡产量。

如果旅游产品价格高于 P_0 并上升为 P_1，这时旅游需求量减少到 Q_1，而旅游供给量增加到 Q_2，旅游市场供大于求，即 Q_2-Q_1；如果旅游产品价格由 P_0 降到 P_2，则旅游需求量增加至 Q_3，而旅游供给量减少至 Q_4，这时旅游市场供不应求，即 $Q_4-Q_3=-(Q_3-Q_4)$，如图5-1所示。

二、旅游需求与供给的动态均衡

由于影响旅游供求的因素很多，其中任何一项因素的变化都会导致旅游供给量或需求量发生变化，从而造成旅游供求矛盾。我们把旅游供求由于受到价格以外其他因素的影响而实现新的均衡称为动态均衡。这些因素的影响有以下几种基本结果。

（一）旅游供给与需求的短期动态均衡

现代旅游供给与需求的均衡首先是短期动态均衡。虽然旅游供给一旦形成之后，使用周期较长，并具有相对稳定性，但在一定的旅游供给能力内仍然会随旅游产品价格

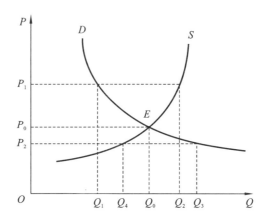

图 5-1　旅游供给与旅游需求的静态均衡

的变化而变化。因此对于旅游供给和旅游需求之间的短期动态均衡,可采用供给曲线与需求曲线的变动来研究。为简单起见,我们假定供给曲线与需求曲线在移动时形态不变,旅游供给和旅游需求的短期动态均衡有以下几种情况。

1. 旅游需求变动引起的短期动态均衡

旅游需求变动引起的短期动态均衡,是指在旅游供给水平相对稳定不变的前提下,由于经济发展和居民消费水平的提高,人们的生活结构发生了变化,工作日减少而休息日增加,从而引起旅游需求水平的变化,在图 5-2 中表现为旅游需求曲线由 D_0 右移到 D_1。于是,在旅游供给曲线 S 不变的情况下,旅游供求的均衡点由 E_0 右移到 E_1,使得均衡价格也相应由 P_0 上升到 P_1,带动旅游供给量相应从 Q_0 增加到 Q_1,实现了旅游供给和旅游价格同时增加情况下的旅游供求的短期均衡。反之,如果旅游需求水平下降,则会导致旅游需求曲线左移,从而引起旅游价格下降和旅游供给减少情况下的旅游供求的短期均衡。

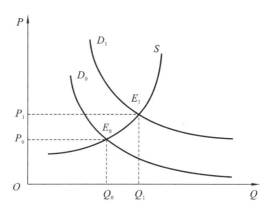

图 5-2　旅游需求变动引起的短期动态均衡

2. 旅游供给变动引起的短期动态均衡

旅游供给变动引起的短期动态均衡,是指在旅游需求水平相对不变的前提下,随着社会生产力水平的提高、经济结构的调整,促进了以旅游业为重点的第三产业迅速发展,或者推动了地区旅游业的发展等,都会相应促进旅游供给水平的提高,在图 5-3 中表现为旅游供给曲线相应从 S_0 右移到 S_2。于是,在旅游需求水平既定的情况下,旅游供求的均衡点由 E_0 右移到 E_2,引起均衡价格由 P_0 下降到 P_2,并带动旅游需求量由 Q_0 增加到 Q_2,实现了在旅游价格下降和旅游需求增加情况下的旅游供求的短期均衡。反之,当旅游供给水平下降时,则会导致旅游供给曲线左移,相应引起在旅游价格提高和旅游需求下降情况下的短期均衡。

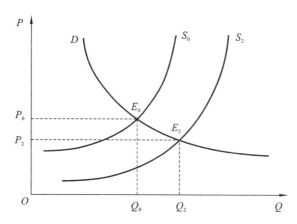

图 5-3 旅游供给变动引起的短期动态均衡

3. 旅游供给和需求同时变动引起的短期动态均衡

旅游供给水平和旅游需求水平同时变动的情况比较复杂,因为它们既可按同方向变动,也可按不同方向变动;既可按同比例变动,也可按不同比例变动。如果旅游需求水平增加而旅游供给水平同比例减少,则会引起图 5-4 中旅游供给曲线左移,而旅游需求曲线同时向右移动,使旅游供求均衡点由 E_0 上升到 E_3,并在均衡产量 Q_0 不变的条件下,导致均衡价格由 P_0 上升到 P_3。反之,当旅游供给水平增加而旅游需求水平同比例减少,则会引起旅游供给曲线右移,而旅游需求曲线同时向左移动,使旅游供求均衡点下移,并在均衡产量不变的条件下,导致均衡价格下降。而当旅游供给和旅游需求同方向同比例或者同方向不同比例甚至不同方向和不同比例变化时,将引起旅游供求出现各种不同情况下的短期均衡,我们可进一步深入研究。

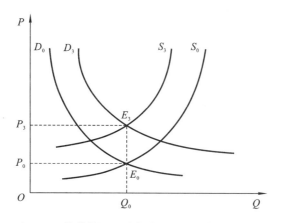

图 5-4 旅游供需同时变动引起的短期动态均衡

（二）旅游供给与需求的长期动态均衡

由于在现实的旅游经济活动中，旅游需求价格弹性和旅游供给价格弹性往往不一致，从而引起旅游供求具有不同的长期动态均衡变化。因此，在分析旅游供求动态均衡时，不仅要分析短期动态均衡，还要分析长期动态均衡，这样才能全面掌握旅游经济的发展态势。

1. 旅游供求从非均衡状态向动态均衡状态发展

当旅游供给价格弹性小于旅游需求价格弹性时，表示旅游经营者对旅游价格的反应小于旅游者，于是在市场机制的作用下会使旅游供求从非均衡状态向动态均衡状态发展。如图 5-5(a)所示，假定第一年旅游市场上的旅游需求量为 Q_1，则由旅游需求曲线可得旅游产品价格为 P_1，由于旅游价格高于均衡价格将使第二年的旅游供给量为 Q_2，而要使第二年 Q_2 全部销售出去，由旅游需求曲线可知销售价格应为 P_2，这样会使第三年的旅游供给量变为 Q_3 并使旅游价格变为 P_3，依次连续不断地变化下去，最终使旅游价格趋于均衡价格的动态均衡，如图 5-5(b)所示。

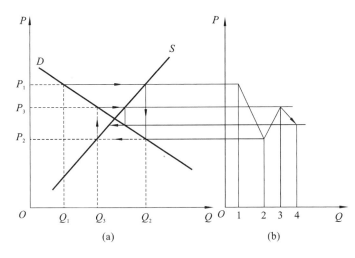

图 5-5　旅游供求长期稳定性动态均衡

2. 旅游供求从非均衡状态向更加非均衡状态发展

当旅游供给价格弹性大于旅游需求价格弹性时，表示旅游经营者对旅游价格的反应大于旅游者，于是在市场机制的作用下会使旅游供求从非均衡状态向更加非均衡状态发展，形成动态的非均衡状态。如图 5-6(a)所示，假定第一年旅游市场上的旅游需求为 Q_1，由旅游需求曲线可得旅游价格为 P_1，由于旅游价格高于均衡价格而使第二年的旅游供给量为 Q_2，而要使第二年的全部旅游产品销售出去，则旅游价格必然下降为 P_2，于是第三年的旅游供给量变化为 Q_3，又会使旅游价格上升到 P_3，依次连续不断地变化下去，将使旅游价格远远偏离均衡价格，而出现旅游供求长期非稳定性的动态均衡，如图 5-6(b)所示。

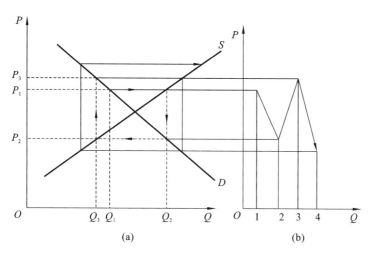

图 5-6 旅游供求长期非稳定性动态均衡

第三节 旅游供求规律与调控

旅游供求规律体现了马克思主义哲学中的辩证唯物主义。

规律就是事物运动过程中固有的本质的、必然的、稳定的联系。规律是客观的,是不以人的意志为转移的,它既不能被创造,也不能被消灭。规律是普遍的。但人在规律面前又不是无能为力的,人可以充分发挥主观能动性来认识和利用规律。我们要发挥主观能动性,正确把握旅游供给规律,加强旅游需求侧管理与旅游供给侧结构性改革,通过有效制度安排,让需求引领供给、供给创造需求,促进二者良性循环。

一、旅游供求规律

综合前两节的分析,可以明确在市场经济条件下,旅游供给和旅游需求不但具有各自的客观规律性,而且旅游供给和旅游需求相互之间的作用,也在旅游市场上形成了旅游供求规律性。因此,掌握好这些规律性,就能够为调控旅游市场的供求平衡提供科学的依据。根据以上对旅游需求规律、旅游供给规律的分析,以及对旅游供求矛盾运动和短期均衡、长期平衡的分析和研究,可以得出市场经济条件下旅游供求规律。

（1）旅游需求和旅游供给共同决定旅游产品的价格并形成均衡价格,均衡价格就是旅游需求等于旅游供给时的旅游价格,而与均衡价格相对应的旅游需求量和旅游供给量称为均衡产量。

（2）旅游价格影响和决定着旅游需求和旅游供给,当旅游价格上涨时,旅游供给量增加而旅游需求量减少,于是旅游市场上出现供过于求;当旅游价格下跌时,旅游供给量减少而旅游需求量增加,于是旅游市场上出现供不应求。

（3）旅游产品的均衡价格和均衡产量与旅游需求水平呈同方向变动,即旅游需求量增加,则均衡价格提高而均衡产量增加;旅游需求量减少,则均衡价格降低而均衡产量减少。

（4）旅游产品的均衡价格与旅游供给水平呈反方向变动,而均衡产量与旅游供给呈同方向变动,即旅游供给量增加则均衡价格降低而均衡产量增加,旅游供给量减少则均衡价格提高而均衡产量减少。

（5）旅游需求水平和旅游供给水平同时增加或同时减少,会引起均衡产量同方向变动,而这时均衡价格不变;若旅游需求和旅游供给同方向变动而不同比例增加或减少,则均衡产量和均衡价格会有各种不同的变化,并实现新的旅游供求的短期均衡。

（6）旅游供求的长期平衡受到旅游价格弹性的影响,当旅游供给价格弹性小于旅游需求价格弹性时,旅游供求将形成长期稳定性动态平衡;当旅游供给价格弹性大于旅游需求价格弹性时,旅游供求将形成长期非稳定性动态平衡。

二、旅游供求平衡的调控

一般来说,旅游供求均衡主要是量的相等,旅游供求平衡则具有更广泛的含义,它除了量的均衡外,还要求供需双方在质的方面要相互适应,表现在旅游供求构成、供求季节和地区不平衡的协调等方面。旅游供求平衡意味着社会的人力、物力和资金的节约,以及旅游供给对精神文明建设产生的社会效益。旅游供求对供给方的人力、物力和资金的节约是直接的、显而易见的,而它的社会效益,则通过供需双方在市场上一定价格条件下的交换来实现,表现为供给方对需求方的满足和引导。因此,旅游供求平衡不仅仅是宏观控制的问题,而且供给方每一个具体的单位或部门,都应该在更高的系统层次,从旅游供给发展的长远目标来处理旅游的供求平衡。如果旅游供求平衡只从局部的经济效益出发,则可能会损害社会其他行业的经济效益,影响旅游供给社会效益的实现,并危及旅游供给方的远期利益。

与一般产品的供求平衡相比,旅游供求具有平衡的相对性和不平衡的绝对性,以及供需交换的随机性等特性。但是,基于旅游供给与需求矛盾的特殊性,旅游供求平衡还具有复杂性的特点。因此,旅游供求平衡是一个相当复杂的问题,需要在一个更大的系统空间中来认识、分析和解决。这给旅游供求平衡的调控增加了难度。所谓调控,总是相对一定的目标而言的,人们事先赋予指定系统一个目标,然后运作系统,当发现系统状态偏离目标时,采用一定的手段,使系统状态指向目标,这一过程就是调控。旅游供求平衡调控的目标包括量的均衡与质的适应两部分。从实践来看,旅游供求长期平衡的调控方式很多,主要的有旅游供求平衡规划调控和旅游供求平衡过程调控两种基本方式。

（一）旅游供求平衡的规划调控

旅游供求平衡的规划调控，是一种通过调节旅游供给能力和水平来实现旅游供求平衡的调控方式，是一种前馈控制。它对旅游供给的发展给出目标限定和范围，其内容包括旅游需求预测、旅游资源开发、供给规模确定、旅游区建设、旅游接待设施供给、相关旅游基础设施发展计划、人员培训和行业规范管理等方面。在制定旅游供给规划的时候，要遵循社会主义市场经济规律及国家的方针政策，从社会主义现代化建设的总目标出发，使旅游供给的发展规模和发展速度既适应社会主义经济发展的需要，又符合国家或本地区的经济实力。

（二）旅游供求平衡的过程调控

旅游供求平衡的过程调控，是根据旅游市场上旅游供求变化来调控旅游供求平衡的调控方式，包括宏观调控和微观调控两个方面。在宏观层次上，政府可以根据旅游经济发展目标和旅游供求短期均衡的现实状况，通过旅游政策对旅游供求变化进行引导或限制，促成旅游供求的短期均衡和长期平衡。在微观层次上，主要通过市场机制对旅游供求均衡进行调控，即遵循旅游供求规律来调节旅游供给的数量。当旅游市场上出现供过于求的情况时，旅游产品的价值就难以实现，价格不得不下降，生产旅游产品的资金就可能发生转移，从而使旅游供给减少；而当市场上出现供不应求的情况时，旅游产品走俏，价格上扬，资金就可能由其他行业流入旅游业中，从而使旅游供给扩大。旅游过程调控需要根据旅游需求发展的趋势，适时扩大旅游供给，增加旅游供给能力的储备，提高旅游供给随旅游需求增加而动态平衡的主动性。

案例分析

本章思考题

一、名词解释

旅游供求平衡的规划调控　　旅游供求平衡的过程调控

二、简答题

1. 旅游供给与需求的矛盾到底是什么？
2. 为什么说旅游供给与需求既相互矛盾又互相依存？
3. 比较旅游需求规律、旅游供给规律以及旅游供求规律的异同点。

本章思政总结

要想促进旅游业又好又快发展，从旅游供给和旅游需求的关系来看，要坚持深化供给侧结构性改革这条主线。当前和今后一个时期，我国经济运行面临的主要矛盾仍然在供给侧，供给结构不能适应需求结构变化，产品和服务的品种、质量难以满足多层次、多样化市场需求。因此必须坚持深化供给侧结构性改革，提高供给体系对国内需求的满足能力，以创新驱动、高质量供给引领和创造新需求。在坚持以供给侧结构性改革为主线的过程中，要高度重视需求侧管理,坚持扩大内需这个战略基点,始终把实施扩大内需战略同深化供给侧结构性改革有机结合起来。

  供求本质上是对立统一的,首先需求决定供给意味着旅游供给必须根据需求状况进行,有什么样的需求就要有什么样的供给,旅游供给最终要落实到游客上面。其次旅游供给反作用于需求,在旅游供给的过程中要发挥主观能动性,积极创新以满足公众对创新型产品的需求,实现以创新的供给带动新的需求。在处理旅游供求矛盾的过程中要充分理解矛盾的普遍性和特殊性,既要了解在宏观市场上旅游供求状况,又要具体分析景区的微观状况,以实现景区的供求关系既符合旅游业大的环境,又适应本景区的特殊状况。并且在处理旅游供求关系的过程中要坚持两点论和重点论的统一,在重点研究旅游需求的同时要兼顾旅游供给的优化调整,在根据需求状况调整供给的同时积极创新,以新的供给带动新的需求。总之,调整旅游供求关系既要与时俱进,又要尊重客观规律,坚持具体问题具体分析,以实现其动态平衡。

第六章
旅游市场

学习目标

1. 掌握旅游市场的特点、作用以及旅游市场细分。
2. 了解旅游市场竞争的必然性。
3. 熟悉旅游市场开拓的策略。

思政引导

党的二十大报告指出要构建高水平社会主义市场经济体制。充分发挥市场在资源配置中的决定性作用,深化要素市场化改革,建设高标准市场体系。

思政内容

建立现代旅游治理体系,要坚持依法治旅,加强旅游信用体系建设,依法落实旅游市场监管责任,健全旅游市场综合监管机制,提升旅游市场监管执法水平,促进满足人民文化需求和增强人民精神力量相统一。

章前引例

2021年中国旅游市场分析报告

2021年是"十四五"规划开局之年。旅游业逐步恢复,旅游企业生产经营向好,旅游业投资保持恢复势头。在当时疫情控制向好的大背景下,复苏仍是行业的主题,2021年,文化和旅游深度融合进程加快;国内旅游市场有序恢复,假日旅游有力带动全年旅游消费;局部地区旅游热度不断攀升,其中西北旅游成为区域旅游经济中的一大亮点;我国人均出游花费不断增长,城镇居民旅游消费增速较快。

一、国内旅游市场数据分析

1. 国内旅游人次

2021年是国家"十四五"规划开局之年,同时也是旅游业受疫情影响的第二年。

国内进一步巩固疫情防控和经济复苏成果,伴随疫苗普及,虽然存在局部地区疫情反弹压力,整体呈现有效控制态势,旅游市场稳步复苏。2020年受突发疫情影响,旅游业经济呈断崖式下降,2021年相比上年旅游业有所恢复,但是还未恢复到疫情之前。从国内游客人次来看,2020年,国内旅游人数28.79亿人次,比上年同期减少30.22亿人次,同比下降52.1%;2021年,国内旅游总人次32.46亿人次,比上年同期增加3.67亿人次,同比增长12.8%,恢复到2019年的54.0%。

2. 国内旅游收入

2020年,国内旅游收入2.23万亿元,比上年同期减少3.5万亿元,同比下降61.1%;2021年,国内旅游收入2.92万亿元,比上年同期增加0.69万亿元,同比增长31.0%,恢复到2019年的51.0%。

其中,2021年城镇居民旅游消费2.36万亿元,较上年增加0.56万亿元,同比增长31.6%,占旅游总收入的81.2%;农村居民旅游消费0.55万亿元,较上年增加0.12万亿元,同比增长28.4%,占旅游总收入的18.8%。随着乡村振兴战略全面推进,农村居民的出游率和旅游消费在稳步提升,是国内旅游发展的重要潜在市场。

3. 人均旅游消费

2020年,国内人均每次出游花费774.14元,比上年同期下降18.8%;2021年,国内人均每次旅游消费899.28元,比上年同期增加125.14元,同比增长16.2%。

其中,城镇居民人均每次旅游消费1009.57元,较上年增加139.32元,同比增长16.0%;农村居民人均每次旅游消费613.56元,较上年增加83.09元,同比增长15.7%。

二、国内旅游市场的发展趋势

2022年疫情依然是左右旅游业复苏的关键因素,2022年的旅游业开局并不乐观,但是旅游消费和休闲度假等弹性需求会进一步释放。中国旅游研究院出游意愿专项调查数据显示,2022年第一季度居民旅游意愿为85.32%,同比增长3.15%。这意味着旅游需求的基本面还在,并稳步恢复至疫前水平。受流动性管控政策影响,近程与本地游需求进一步增长。从搜索量、预订量、关注度等先行指标来看,高品质的微旅行、宅度假和文化消费需求将得到进一步释放,高频低价仍是主流需求。近程、散客、休闲、体验成为主体,研学、自驾、旅游专列、宿营等产品需求旺盛。

世界旅游组织表示,预计2024年全球旅游业才能完全恢复至疫情以前的水平。

长期来看疫情倒逼行业内部洗牌,减少供给,疫情基本受控后需求恢复作用下行业景气度有望加速上升。复苏向上的进程不会停止,创新发展的势头不会减弱。

资料来源 整理自腾讯网。

思考:我国旅游市场目前有何特点?结合我国旅游发展现状,谈谈你的理解。

第一节　旅游市场概述

党的二十大报告指出,依托我国超大规模市场优势,以国内大循环吸引全球资源要素,增强国内国际两个市场两种资源联动效应,提升贸易投资合作质量和水平。

发挥旅游市场优势,推进旅游与科技、教育、交通、体育、工业、农业、林草、卫生健康、中医药等领域相加相融、协同发展,延伸产业链、创造新价值、催生新业态,形成多产业融合发展新局面。

一、市场的概念

市场是商品交换的场所和领域,是商品交换关系的总和。市场是市场经济的经济循环系统、比例调节系统和利益协调系统,因而是市场经济运行的载体或现实表现。在这种场合,各种经济行为都表现为市场行为,并通过市场过程转换为各种经济目的和利益结果。

市场作为商品经济的直接产物是历史的、发展的。市场的发展,不仅表现在市场主体的增加、市场客体数量和种类的增加、市场规模的扩大和市场场所的增多,而且表现在不同职能市场的出现。它们存在着相互依存的内在联系,形成一个有机系统或体系。所谓市场体系,就是各种市场在相互关联、相互制约的共生关系中生成的动态有机整体,是市场结构、市场功能和市场机制的统一体。

二、旅游市场的概念

市场属于商品经济的范畴,哪里有商品生产和商品交换,哪里就有市场。早期的旅游活动并不是以商品形式出现的,而是一种社会现象。随着生产力的发展和社会分工的深化,商品经济迅速发展,旅游活动逐渐变成商品并进入市场交换。旅游市场是社会经济高度发展的产物,作为旅游产品交换的场所,旅游市场不仅是旅游经济运行的基础,也是反映旅游供给与旅游需求的相互关系和矛盾运动、实现旅游供求平衡的重要机制和场所。从经济学角度讲,旅游市场就是旅游产品的供求双方交换关系的总和,即在旅游产品交换过程中所产生的各种经济现象和联系。随着旅游产品生产和交换的不断发展,旅游市场也随之扩大,并对旅游经济发挥着重要的作用。因此,必须从狭义和广义角度来正确认识和理解旅游市场的概念。

(一)广义旅游市场概念

广义的旅游市场,是指在旅游产品交换过程中所反映出来的旅游者与旅游经营者之间各种经济行为和经济关系的总和,理解和掌握广义的旅游市场的概念,必须注意以下几点。

1. 旅游市场主体

市场的形成必须有市场主体,旅游市场主体通常是指旅游者和旅游经营者,此外由于旅游活动的综合性,决定了旅游市场上还有其他的市场主体,如为旅游者提供部分服务或间接服务的企业或机构,为旅游企业提供旅游生产要素的供应商等。因此,从广义旅游市场角度看,旅游市场主体不仅仅是旅游者,还包括旅游经营者及提供旅游间接服务、生产要素的相关市场主体。

在市场经济条件下,旅游者是旅游市场的需求主体,而旅游经营者则是旅游市场的供给主体,因此离开了任意一方都不能实现旅游产品的交易,也就不能形成现实中的旅游市场。由于不同的旅游市场主体具有各自不同的旅游交换目的,因此它们之间相互依存、互为条件,并通过旅游市场的纽带而紧密地联系在一起。

2. 旅游交换客体

任何市场的形成都必须有市场交换的客体,即提供市场交换的对象,其可能是物质产品,也可能是服务产品,还可能是技术、信息等无形产品。旅游市场的交换客体,通常是指为旅游市场交换而提供的旅游产品或服务。从广义旅游市场角度看,还包括其他间接为旅游者提供的物质产品和服务,以及为保证旅游产品生产和供给的各种旅游生产要素,如资金、劳动力、信息、技术和管理等。

旅游者和旅游经营者在旅游产品交换过程中,不仅完成了旅游产品的交易,同时也实现了旅游产品的价值和使用价值,从而使社会再生产能够正常顺利地进行。因此,如果没有旅游产品作为旅游市场交换客体或对象,旅游市场就不可能形成,旅游活动也不能有效开展,旅游者的旅游需求就无法得到满足,旅游经营者的经济收益也就没有保证。

3. 旅游交换条件

旅游交换条件,是指有助于旅游产品交换的各种手段和媒介,如货币、信息媒体、消费场所等,都是旅游产品交换和旅游市场存在的重要条件。随着现代科学技术进步和市场经济发展,如信用卡、互联网、手机及中介机构等,也逐渐成为旅游产品交换的重要手段和媒介。特别是在现代旅游市场中,旅游价格和汇率变化、旅游信息充足程度、旅游中介机构的商誉,以及进行旅游产品交易的手段和设施的现代化程度等,都直接对旅游产品交换产生着重要的影响作用。

旅游者和旅游经营者通过旅游市场的交换活动而连接起来,于是旅游市场上的各种交换行为和现象,反映着交换双方之间的经济行为和经济关系。随着现代旅游经济的发展,现代旅游市场规模的不断扩大,旅游者和旅游经营者之间交换行为和交换关系也日益密切和复杂,从而共同构成了广义的旅游市场概念。

（二）狭义旅游市场概念

狭义的旅游市场是指在一定时间、一定地点和一定条件下对旅游产品具有支付能力的现实和潜在的旅游消费者群体，也就是一般所说的旅游需求市场或旅游客源市场。狭义旅游市场主要由旅游者、旅游购买力、旅游购买欲望和旅游购买权利所构成。理解和掌握狭义旅游市场的概念，必须注意以下几点。

1. 旅游者

旅游者是构成旅游市场的主体之一，旅游者的数量决定了旅游市场规模的大小。通常，如果一个国家或地区总人口多，则可能产生的旅游者就多，旅游市场规模就大，其对旅游产品的需求基数也大；反之，如果一个国家或地区总人口少，则可能产生的旅游者就少，旅游市场规模就小，对旅游产品的需求基数就小。因此，一个国家或地区的总人口数量决定了旅游者的数量，而旅游者数量的多少又反映了旅游市场规模的大小。

2. 旅游购买力

旅游市场规模的大小不仅取决于一个国家或地区的人口总数量和旅游者数量，还取决于人们的旅游购买力。旅游购买力，是指人们在其可支配收入中用于购买旅游产品的能力，是把旅游购买欲望转化为现实旅游需求的经济条件和基础。通常，旅游购买力是由人们的收入水平和支付能力所决定的，随着人们收入水平和支付能力的提高，用于购买旅游产品的支出也会相对提高。因此，如果没有较高的收入水平和足够多的支付能力，旅游者就不可能形成现实旅游需求，这样的旅游市场也只是一种潜在市场。

3. 旅游购买欲望

旅游购买欲望是反映旅游者购买旅游产品的主观愿望或需要，是把潜在旅游者变成现实旅游者的重要条件。如果人们没有旅游消费欲望，即使有较高的旅游支付能力，也不可能形成现实的旅游市场，旅游者也不会主动地购买各种旅游产品。因此，只有当旅游者既有旅游支付能力，又有旅游购买欲望时，才可能形成现实的旅游市场。

4. 旅游购买权利

旅游购买权利是指旅游者可以购买某种旅游产品的权利。就国际旅游市场而言，由于国际关系的复杂性，或旅游目的国或旅游客源国单方面的政策限制，如不发放旅游签证或限制出境等，即使人们有旅游消费欲望，有旅游支付能力，但由于旅游购买权利受阻也无法形成国际旅游市场。

旅游市场的四个要素是紧密联系、不可或缺的。其中，人口（旅游者）要素是前提，没有旅游者就没有旅游市场。人口多且居民可随意支配收入又多的国家和地区才是真正具有潜力的旅游市场。有了人口和可支配收入，还必须使旅游产品满足旅游者的消费需求，引发其消费欲望，在具备旅游消费权利的情况下，潜在旅游市场才会演变成为现实旅游市场。

三、旅游市场的特点

旅游市场作为旅游产品交易的场所，既具有一般市场的特点，也具有旅游市场的独特性，其特点主要体现在以下几个方面。

（一）旅游市场的多样性

旅游市场的主体是旅游者和旅游经营者，而旅游者的需求和旅游经营者所提供的产品是多种多样的，从而形成的现代旅游市场也是多样性的，这种多样性主要表现在以下三个方面。

1. 旅游产品类型的多样性

旅游产品类型的多样性，是指不同国家、不同地区的自然风光和人文景观的不同，必然形成不同类型的旅游产品，从而使旅游者从中获得的经历与感受也不同。旅游产品的多样性是由旅游资源和旅游需求的多样性所决定的。

2. 旅游购买形式的多样性

旅游购买形式的多样性，是指团体包价旅游、散客包价旅游、散客自助旅游，以及包价旅游与自助旅游相结合的各种旅游购买方式。这种多样性的旅游购买形式，是随着旅游需求的多样性和旅游产品的多元化而形成的，其随着现代旅游发展而呈现出丰富多样的发展趋势。

3. 旅游交换关系的多样性

旅游交换关系的多样性，是指旅游者和旅游经营者之间购销旅游产品的状况，即双方交换的旅游产品可以是单项旅游产品，也可以通过旅行社购买组合（线路）旅游产品，还可以购买综合性旅游产品（旅游地产品）等。

总之，现代旅游市场的多样性不仅反映了旅游市场发展变化的特点，而且在很大程度上决定和影响着旅游经营的成败和旅游经济的发展。

（二）旅游市场的异地性

旅游市场即旅游客源，通常远离旅游产品的生产地（旅游目的地），旅游产品的消费者主要是异地居民。这和其他行业的产品消费大不一样，其他产品可以是当地生产、当地销售、当地消费，即使要在异地开辟市场，也主要是通过产品的移动来实现的。旅游活动的特点决定了旅游市场与旅游生产地、消费地在空间上是分离的，旅游活动是通过旅游者由客源地向目的地的移动，而不是通过旅游产品的移动实现的。也就是说，旅游者的旅游消费行为是异地发生的，国际旅游活动的开展及发展更能体现旅游市场的这一特点。

（三）旅游市场的季节性

由于旅游目的地国家或地区自然条件、气候条件的差异和旅游者闲暇时间分布的不均衡，造成旅游市场具有突出的季节性特点。一方面独特的气候条件提高了旅游目的地的旅游吸引力，如海南三亚的冬季旅游市场吸引了北方客源。另一方面自然气候条件也会限制旅游吸引力的提升，如在寒冷的冬季，山岳景观的客源大幅缩减。

当然，旅游市场的季节性还表现在受旅游者闲暇时间分布不均衡的影响，旅游者闲暇时间多则旅游市场繁荣，旅游者闲暇时间少则旅游市场会萎缩，如我国的国庆长假各地旅游景区人满为患。

(四) 旅游市场的波动性

旅游市场的波动性,既有来自人们的主观因素影响,也有各种客观条件的作用和影响。从主观因素看,由于影响人们旅游需求的因素是多种多样的,如人们的收入水平、闲暇时间、旅游态度、旅游动机、行为倾向等因素,都可能引起人们的旅游需求和消费变化,进而引起旅游市场的波动。从客观条件看,地理区位、交通条件、季节变化、经济形势、物价变动、节假日分布、社会治安、重大事件等,都可能对旅游需求、旅游供给产生一定的作用和影响,进而引起旅游市场的波动。

(五) 旅游市场的全球性

自第二次世界大战以来,随着生产力的提高、交通条件的改善和社会经济的发展,国际旅游市场经历了一个由国内向国外的发展过程,旅游活动由一个国家扩展到多个国家,区域性旅游市场发展成为世界旅游市场,促进了全球性旅游市场的形成和发展。现代旅游市场的全球性主要体现在以下方面。

1. 旅游活动的全球性

随着世界各国经济社会的发展,旅游成为人们生活的重要组成部分。尤其是在现代交通高度发达、国家之间交往日益密切以及经济全球化发展的影响下,人们可以较少的时间、较少的支出而获得更多旅游需求的满足;而且,旅游者的足迹遍布世界各地,极大地拓宽和丰富了人们的旅游活动。

2. 旅游范围的全球性

在现代旅游经济发展中,旅游者的活动范围遍布世界各地,不仅人类居住的五大洲成为旅游者的目的地,就连无人居住的南极和北极也留下了旅游者的足迹。

3. 旅游发展的全球性

随着现代旅游成为国民经济和服务贸易的重要组成部分,世界各国和各地区都积极发展旅游业,并积极向其他国家和地区的消费者提供和销售旅游产品,从而促进了世界各国和各地区旅游业的发展,进一步促进了旅游市场的全球化。

(六) 旅游市场的竞争性

竞争作为市场的伴随产物,只要存在着商品交换活动就必然存在着市场竞争,旅游市场也不例外。在旅游市场上,竞争既表现为旅游者对旅游产品、旅游经营者选择的竞争,更体现了旅游经营者为争夺旅游者、提高市场占有率的竞争。因此,竞争性也是现代旅游市场的典型特征之一,是促进旅游市场全球化发展的重要手段。

经济全球化和区域一体化发展,促进了旅游活动和旅游范围的全球化发展,使现代旅游市场从国内旅游市场、区域旅游市场迅速扩展到全球旅游市场。因此,旅游市场竞争不仅表现为对国内旅游市场、区域旅游市场的开拓,也表现为对国际旅游市场的抢占;不仅表现为对国内外现实旅游者的争夺,也表现为对国内外潜在旅游者的开发;不仅表现为旅游营销方式上的竞争,也表现为综合旅游竞争实力的较量,从而使旅游市场竞争更加激烈,竞争的范围更加广泛,竞争的手段更加多样,进一步促进了世界各国各地区的旅游经济和服务贸易的发展。

四、旅游市场的作用

旅游市场是随着旅游经济活动产生而逐渐形成的,同时旅游市场的发展与繁荣,又促进旅游经济活动的发展。因此,旅游市场的作用主要体现在以下几个方面。

(一) 交换作用

旅游市场是联结旅游产品生产者和需求者的纽带。旅游市场沟通了旅游产品的供给者和需求者,承担了旅游产品交换和价值实现的任务,旅游供给者和需求者通过旅游市场销售和选择旅游产品。旅游市场通过旅游供求机制将旅游供给和旅游需求衔接起来,解决了供求之间的矛盾,从而更好地满足旅游者的需求,更充分地利用旅游供给接待能力,提供物美价廉的旅游产品,促进旅游经济的健康发展。

(二) 调节作用

旅游市场是调节旅游活动、促进旅游供求平衡的重要杠杆。在旅游市场上,当旅游供给和旅游需求出现矛盾或不协调时,就会引起旅游市场竞争加剧和旅游价格波动,影响旅游活动和旅游经济的顺利进行。于是,就需要通过供求机制和价格机制的作用,调节旅游产品生产、销售和消费,从而使旅游供求重新趋于平衡。同时,通过旅游市场还可促进旅游企业及时地调节旅游产品的供给结构,提高旅游服务质量,提供旅游者易于接受、乐于接受的旅游产品和服务,从而提高旅游企业的经济效益,促进旅游经济协调发展。

(三) 信息交流作用

在市场经济条件下,旅游者的经济活动是通过市场动态变化表现出来的。旅游市场通过自身传递信息,为旅游目的地国家或地区制定旅游业发展规划和经济决策提供依据。作为旅游企业,一方面将旅游产品信息传递给市场;另一方面根据市场反馈的旅游需求信息和市场供求状况,调整旅游产品价格,组织生产适销对路的旅游产品。市场信息为旅游企业提供了经营决策的依据。旅游者一方面将需求信息传送到市场,为旅游产品生产经营者开发旅游产品提供依据;另一方面也从旅游市场上获取经济信息,指导、调整和变更旅游需求。总之,旅游市场通过信息传导,成为旅游经济活动的"晴雨表",综合地反映着旅游经济的发展状况。

(四) 质量评价作用

在旅游经济运行中,旅游者因支付一定的旅游费用,成为旅游产品和服务的权利享有者,旅游经营者则因获得一定的旅游收入,成为旅游产品和服务的义务承担者,这种权利与义务、服务与被服务的关系必然要通过旅游市场来反映和实现。因此,旅游产品价格的高低、旅游服务质量的好坏,都必然反映到旅游市场上,从而使旅游市场成了检验、评价旅游产品和服务质量的"标尺"。通常,旅游者在决定是否对旅游产品进行购买之前,必然通过旅游市场对旅游价格、食宿条件、交通状况和方式、景区景点等旅游产品和服务质量作出选择;在进行旅游活动之后,也会通过旅游市场反馈其对旅游产品和服务质量的评价等。

（五）旅游资源配置作用

在市场经济条件下，将社会经济资源（人、财、物等要素）进行有效配置，以充分利用资源来生产出更多、更好的产品，是市场的重要功能之一。市场机制以价格水平的变化，灵敏、高效地向市场中的各个主体提供信息，作为决策的依据，同时也为政府提供旅游业宏观调控的基本参数。各市场主体出于对自身利益的考虑，将不断地重组和改变资源的配置状况，政府及各级旅游部门也将根据市场价格的变动，来调整各项宏观政策，从而影响生产要素在社会各部门和旅游企业的投放比例，并由此灵活地引导资源在旅游业各部门行业之间的自由流动，使社会的资源配置不断地趋于优化，实现旅游资源配置的效率优化。

五、旅游市场机制

（一）旅游市场机制的概念

"机制"一词，最早是机械学、生物学中使用的概念。一般地说，机制是指事物内部各个组成部分之间相互联结、配合、渗透、制约的方式，在一定的条件下，自动作用、自动调节的功能和过程。所谓旅游市场机制，就是指旅游市场中的交换各方在交换活动中形成的相互影响、相互制约的内在联系方式与作用原理，也就是通过市场来调节旅游产品的供给与需求的矛盾，并运用价格、竞争等市场因素来完成旅游经济活动的配置功能和动力功能。为了更准确和全面地理解旅游市场机制，应注意把握以下两点。

1. 旅游市场机制是旅游市场三大基本要素互相组合、互相制约的一个循环运动过程

马克思曾经深刻地论述过，构成市场的物质内容是供求，即商品供给与商品需求。旅游市场机制离不开供求这个基本要素，但旅游供求关系不可能孤立地存在，其运动趋势和双方的变化直接受旅游市场价格及市场竞争状况的制约。因此，构成旅游市场机制运动的三大基本要素是价格、供求和竞争。旅游市场价格作为商品价值的转化形态和实现形式处于一种运动状态之中，它与价值不是机械的等量。相反，在供求、竞争等直接要素的制约下，旅游产品的市场价格总是围绕着价值上下波动，并在时间、程度、方向上与价值有一定背离。由于市场价格的变动，直接影响生产者、经营者、消费者的利益，市场活动参与者不断调整自己的市场行为，买者与卖者之间、买者之间、卖者之间根据市场价格状况的变化，为了自身的经济利益展开了多种形式的竞争，而竞争又会引起供求的变化。这样，就形成了"价格—竞争—供求"三个要素互相组合、互相制约、互为条件的一种循环过程，即价值规律通过市场竞争而强行得到贯彻，并继而调节供求关系，供求关系的变动又反过来引起市场价格的变动。

2. 旅游市场机制运转循环的原动力是市场活动参与者的经济利益

市场机制，从根本上说，是由社会物质关系决定的。正如马克思所说，在商品供求关系上再现了买者和卖者之间的关系、生产者和消费者的关系。在旅游市场运行中，微观主体的市场行为之所以在价格、供求、竞争的制约下发生变化，其根源来自这种机制

组合的原动力——市场经济中人的利益。参与市场经济活动的生产者、经营者、消费者正是在市场经济的一系列客观规律作用所体现的原则或功能的制约和经济利益的诱导下，通过供求、价格、竞争的变化，自动采取不同的经济行为，或者进行自我扩张，增加生产或经营规模；或者进行自我收缩，即减少生产或经营规模；有的还会自行中断其市场经济行为。总之，旅游市场机制的强制性促使市场活动的参与者及时地调整自己的经济行为，自动实现微观活动的自我平衡。

（二）旅游市场机制的表现形式

在市场经济条件下，旅游市场的功能作用都是通过旅游市场机制来实现的。具体地讲，就是各旅游市场主体在旅游市场上进行经济活动而形成的供求、价格、竞争、风险等因素有机结合、相互影响、相互制约的运动过程，其具体表现为供求机制、价格机制、竞争机制、风险机制的共同作用过程。旅游市场机制的表现形式如下。

1. 旅游市场的供求机制

供求机制是市场机制的主体，其他相关要素的变动都围绕着供求关系而展开。在旅游市场中，供求连接着旅游产品的供求双方，其变动对旅游产品的价格起决定作用，影响着旅游市场主体之间的竞争，决定着各主体的市场行为。旅游市场供给是指一定时期内，在某个价格水平下，旅游经营主体对某种旅游商品愿意并且能够提供的数量。旅游市场需求是指人们为满足旅游活动的欲望，在一定时间和价格条件下购买的旅游产品的数量。旅游市场的供给和需求，形成了旅游交易的主要动力，推动了旅游市场的运行。在旅游市场上，供求机制的作用还与价格、竞争等机制的作用紧密相连。从前面的分析可以看出，供给和需求都受到价格、竞争等因素的影响，而这些因素又相互作用，致使两者的关系处在不停变化之中。由此可见，供求机制与旅游市场各要素的作用是相互的，一方面供求影响旅游商品各要素，另一方面旅游市场各要素也会反过来影响供求。正是供求与旅游市场各要素相互联系、相互作用的不断运动，才使供求机制得以作为矛盾双方的平衡机制，最终调节整个旅游市场的运行。

2. 旅游市场的价格机制

旅游价格是旅游产品价值的货币表现，它既是旅游者与旅游经营者之间进行旅游产品交换的媒介，又是衡量旅游经营者生产和经营旅游产品的劳动耗费量的尺度。因此，旅游价格机制是旅游经济有效运行的重要机制，是旅游供求机制发挥作用的前提。在市场经济条件下，旅游价格机制对旅游经济运行的作用是多方面的。对旅游者而言，旅游价格机制是调节旅游需求方向和需求规模的信号，即通过旅游价格的涨落，反映旅游供求的变化，从而影响旅游者的购买欲望，并调节旅游者的需求方向、需求规模和需求结构。对旅游经营者而言，旅游价格机制是旅游市场竞争和旅游供给调节的重要工具，即旅游经营者通过价格的灵活变动占领市场，调节旅游产品生产和供给的数量与结构。对政府宏观管理而言，旅游价格机制一方面为国家制定旅游政策、为旅游经济的运行提供必需的信息，另一方面也自发地调节着旅游总供给和总需求的平衡。

3. 旅游市场的竞争机制

竞争是市场经济运行的普遍规律，也是商品经济的产物，哪里有商品生产和商品交换，哪里就有竞争。旅游竞争机制就是指旅游市场中，各旅游经营者之间为了各自的利益而相互争夺客源,从而影响旅游供求及资源配置方向的运动过程。旅游竞争机制作为市场机制的基本要素之一,其核心内容是争夺旅游者。因为争夺到的旅游者越多,表明旅游产品的销售量越大,从而为旅游目的地国家、地区或旅游企业带来的收入就越高,经济效益就会越好。同时,争夺旅游中间商,既是对从事旅游产品销售、具有法人资格的旅行社或旅游经纪人的争夺,也是旅游竞争机制的重要内容。因为各种各样的旅行社和旅游经纪人,是旅游产品的重要分销渠道,争夺到的中间商越多,得到的支持越大,旅游产品的销量就越高。争夺旅游者和中间商的目标集中表现为提高旅游市场占有率,因为旅游市场占有率的高低变化对旅游供求和旅游价格具有决定性影响。因此,在市场经济条件下,旅游市场的竞争机制是客观存在的,是同市场的旅游供求机制和价格机制紧密结合并共同发生作用的。

竞争机制是旅游市场运行机制体系中的基础机制和动力机制,供求机制、价格机制等作用的贯彻离不开竞争机制的推动作用。市场竞争贯彻价值规律、供求规律的要求,竞争机制的作用形成了对市场主体的外在压力。竞争作为一种强制力量维持着价值规律,推动了资源的合理流动、旅游业进步和经济效率的不断提高。当然,要使竞争机制能够有效实施,还需要具备一定的条件,即为竞争创造良好的环境,使旅游产品能够作为自由的商品流通,旅游市场不存在进入的障碍和壁垒,让经济信号在自由竞争的形式下形成。

4. 旅游市场的风险机制

在市场经济条件下,任何一个经济主体在市场经济活动中都会面临着盈利、亏损和破产的多种可能性,都必须承担相应的风险。因此,旅游市场的风险机制就是指旅游经济活动与盈利、亏损和破产之间的相互联系及作用的运动形式。风险机制作为旅游市场运行机制的重要组成部分,是一种无形的市场强制力量,促使每个旅游经营者承认市场竞争的权威,从而自觉地对市场信号作出灵敏的反应,形成适应旅游市场竞争的自我平衡能力。同时,旅游风险机制也利用市场利益动力和破产压力的双重作用,促使每个旅游经营者的行为合理化,并按照旅游需求提供适销对路、价廉物美的旅游产品。

总之,旅游市场机制实际上就是旅游市场诸要素功能的自动耦合过程。市场价格变动是市场机制的信息系统,供求双方是市场机制的作用对象,经济主体利益差别是市场机制的动力系统,市场竞争则构成市场机制的效应系统。在各种市场要素中,价格是核心。价格高低直接影响着商品生产者的经济利益,引起市场竞争,而市场竞争会重新改变市场上的供求关系。市场与需求在动态价格的影响下不断互相适应的平衡趋势,是由瞬时供求不平衡来体现的。市场机制就是通过价格、供求、竞争等市场要素的相互作用,自动地调节旅游企业的生产经营活动,以实现旅游市场上的供给与需求的平衡,从而满足社会的需要。

(三) 旅游市场机制的特征

1. 旅游市场机制的自动性

由于旅游市场机制的客观性,因此在条件具备时,旅游市场机制会自然发挥作用。而当条件不具备时,则不发挥作用,即旅游市场机制具有自动性。首先,这种自行调节性源于微观主体的自调节能力。旅游企业生产者根据价格自动调节旅游产品生产量,消费者则根据价格自动调节购买旅游产品的数量并选择不同的旅游产品组合。其次，旅游市场主体的自调节能力使市场客体也具有自调节特点。旅游产品价格具有与供求相结合自动发挥调节作用的功能，当旅游供给小于旅游需求时，旅游价格就会上升；反之，当旅游供给大于旅游需求时，旅游价格就下降。通过旅游价格的变动促使旅游供求之间趋于平衡。最后，自调节不是市场经济的充分调节。由于市场经济以利益目标的传导为特殊机理，自调节以个体利益为基本目标，而且多数情况下，微观不能与宏观有效衔接，自调节效果也会受到影响，有时调节成本也是相当大的，因此这种自行调节性并不能保证市场的良性循环，必须辅以其他调节方式。

2. 旅游市场机制的互动性

旅游市场机制的作用既受一定的环境条件影响，又与旅游市场机制的各种内在因素相联系，因而任何一种因素的变化都会引起其他方面的互动反应。首先，旅游市场机制的运行是靠各市场要素间的相互联动、传导和制约实现的。例如，旅游产品供不应求引发的旅游产品价格上涨，会在一定时期内形成超额利润，会吸引其他投资者进入旅游市场。而当新增旅游投资增加到一定程度时，就会缓解供不应求甚至导致供过于求，于是价格又会下降，从而引发需求的增加。再比如，在日常竞争过程中，某企业出台的经营策略常会引起其他竞争者相应采取调整竞争手段等措施。这种相关性是市场机制运行作用的前提，一旦这些联系被人为地割断，市场机制便无法正常起作用。其次，这种相关性是处于动态之中的，正是由于市场要素的动态相关才使得社会资源在动态中实现配置的优化。

3. 旅游市场机制的时滞局限性

市场机制自我调节的特点是不充分的，它受到旅游市场外部环境和内部条件的制约。旅游市场机制的作用过程，有时是迂回的，有时是滞后的。特别在旅游市场体系不完善、信号系统不健全时，旅游市场机制的作用是滞后的。由于旅游市场价格随着旅游供求状况的变化而出现波动，且具有短期性和滞后性的特点，因此，市场机制的调节作用往往会造成旅游企业经济行为的短期性和市场反应的滞后性。由于旅游市场机制作用具有一定的自发性，且在旅游市场体系不完善、价格信号不健全时，旅游市场机制的作用会具有局限性，存在盲目性的弊端，旅游经济不能协调发展，因而会发生经济波动、资源浪费的问题。

正如旅游产品具有生命周期一样，旅游市场机制从产生到发展也有一个不断进化和成长的过程，在这一过程中旅游市场机制的内涵、功能都日益丰富和加强，最终成为微观与宏观经济的纽带和资源配置的基本方式。

第二节 旅游市场类型与细分

贯彻党中央、国务院决策部署，及时全面落实减税降费政策，充分利用好各项扶持政策,切实为旅游市场主体纾困解难,积极探索支持市场主体发展的新思路、新举措。

要增强各类旅游市场主体活力,充分发挥各类市场主体投资旅游和创业创新的积极性,推动市场在旅游资源配置中起决定性作用和更好发挥政府作用。旅游企业要主动适应市场需求变化,及时调整生产经营策略,积极探索新发展模式,创新有效匹配市场需求的产品和服务。

一、旅游市场类型

在全球旅游市场上,任何一个旅游供给者都没有足够的实力独占整个旅游市场,并满足所有旅游者的需要,因而必须对旅游市场进行分类,以确定各个国家、各个地区或各个企业的目标市场,并针对目标市场而采取合适的旅游市场开发策略。所谓旅游市场分类,就是依据地域、国家范围、消费水平、旅游目的、组织形式等因素把旅游市场划分为不同的类型。

(一) 按地域划分的旅游市场类型

按地域划分旅游市场,是以现有及潜在的客源发生地和旅游目的地为出发点,根据旅游者来源地或旅游目的地而划分旅游市场类型。世界旅游组织根据世界各地地理、经济、文化、交通以及旅游者流向、流量等旅游发展情况和旅游者集中程度,将世界旅游市场划分为非洲、美洲、东亚及太平洋地区、欧洲、中东和南亚六大地域类型,如表6-1所示。

表6-1 1950—2020年世界六大旅游市场接待国际旅游者比重

年份	范围						
	全世界	非洲	美洲	东亚及太平洋地区	欧洲	中东	南亚
1950	100	2.1	29.6	0.8	66.4	0.9	0.2
1960	100	1.1	24.1	1.0	72.5	1.0	0.3
1970	100	1.5	23.0	3.0	70.5	1.4	0.6
1980	100	2.5	21.3	7.3	66.0	2.1	0.8
1990	100	3.3	20.5	11.5	62.4	1.6	0.7
1995	100	3.3	19.7	14.8	59.4	2.0	0.8
2000	100	3.8	18.6	16.0	57.8	2.9	0.9
2020	100	5.0	18.0	27.0	45.0	4.0	1.0

(资料来源:世界旅游组织。)

(二) 按国家范围划分的旅游市场类型

按国家范围划分旅游市场,一般是以一个国家或地区的出入境旅游者、国内旅游者为标准,而划分为入境旅游市场、出境旅游市场和国内旅游市场,其中入境旅游市场和出境旅游市场又统称为国际旅游市场。通常,入境旅游市场、出境旅游市场和国内旅游市场,对于一个国家或地区的经济社会发展具有不同的意义。

1. 入境旅游市场

入境旅游市场,是指一个国家或地区接待国际入境旅游者到本国旅游而形成的旅游市场。由于入境旅游的旅游者一般是其他国家或地区的居民,并使用在其他国家获得的收入或货币来支付旅游花费,因此积极开拓国际旅游市场,大力发展入境旅游,通常会促进旅游目的地国家或地区的经济收入和外汇收入增加,从而促进其经济发展和增强其国际支付能力。

2. 出境旅游市场

出境旅游市场,是指一个国家或地区的居民到境外任何国家或地区旅游而形成的旅游市场。由于出境旅游的旅游者主要是本国或本地区的居民,并使用在本国获得的收入到境外支付旅游花费,因此发展出境旅游,通常会使一个国家或地区的经济收入及外汇流出,从而对其经济发展产生一定的影响。

在国际旅游市场上,由于进入旅游目的地国家或地区旅游,往往要涉及出国护照、旅游签证、货币兑换、语言、不同文化等问题,从而使包括入境旅游和出境旅游的国际旅游与国内旅游相比要复杂得多。

3. 国内旅游市场

国内旅游市场,主要指本国居民在国内各地进行旅游而形成的旅游市场。国内旅游市场的旅游者主体就是本国居民,主要使用本国货币支付各种旅游花费,并自由地进行旅游活动而不受国界的限制,因而大力发展国内旅游,不仅可以满足本国居民物质文化生活和精神生活的需要,而且可以带动旅游相关的产品和服务消费,促进国内商品流通,加快货币回笼,增加社会就业等,从而促进经济发展和社会进步。因此,不论是发达国家还是发展中国家,都应结合各自实际大力发展国内旅游。

(三) 按消费水平划分的旅游市场类型

在现实经济中,由于人们的收入水平、年龄、职业以及社会地位、经济地位、旅游偏好等不同,对旅游产品的需求不同,并决定了旅游消费能力和水平也不同。因此,根据旅游者的消费水平、旅游偏好等,一般可将旅游市场划分为大众旅游市场、豪华旅游市场、专项旅游市场等类型。

1. 大众旅游市场

大众旅游市场,是指以中低收入阶层为主体的旅游客源市场,包括城乡居民、公务员、教师、公司职员、工人、农民、学生、退休人员等。由于这类旅游消费主体收入水平一般都不高,决定了旅游消费能力和水平也相对较低,因此他们既注重旅游活动的内容和质量,又注重旅游价格的高低。尽管大众旅游市场的消费能力相对较低,但由于其市场面广、数量规模大、潜力巨大,因此是任何旅游目的地都不可忽视的旅游市场。

2. 豪华旅游市场

豪华旅游市场,是指以高收入人群为主体的旅游客源市场,由于这类旅游消费主体有丰厚的收入,一般并不关注旅游价格的高低,而希望旅游活动能反映出他们的社会地位,能更多地满足他们的旅游需求,如商务旅游、会议旅游、高尔夫旅游等。豪华旅游市场高额的旅游消费,对旅游目的地国家或地区产生极大的吸引力,促使许多国家或地区加大了对豪华旅游产品的开发和市场开拓,以吸引更多的豪华旅游者。

3. 专项旅游市场

专项旅游市场,是指对某些旅游活动具有特殊兴趣和偏好的旅游客源市场,尤其是随着人们生活水平改善和提高,促进了旅游需求的多样化发展,如有的旅游者喜欢新奇刺激的时尚旅游、探险旅游、宇航旅游等;有的喜欢康体健身的户外运动、体育旅游、温泉度假等;有的喜欢养生康复的生态旅游、养生休闲旅游、医疗旅游、美容旅游等,从而形成了不同的专项旅游市场。因此,旅游目的地国家或地区,要针对不同的专项旅游市场需求,结合自己的旅游资源和开发条件,积极开发多样化的专项旅游产品,有效地满足人们的多样化旅游需求,这样才能更好地促进旅游目的地的旅游经济发展。

(四) 按旅游目的划分

旅游形式多样化和旅游内容的日趋丰富是现代旅游经济发展的特色。根据旅游目的的不同,可以把旅游市场划分为各种不同的类型。在 20 世纪 50 年代以前的传统旅游市场中,一般将旅游市场划分为观光旅游市场、文化旅游市场、商务旅游市场、会议旅游市场、度假旅游市场、宗教旅游市场等。

自 20 世纪 50 年代以来,除了上述传统旅游市场外,又出现了一些新兴的旅游市场,如满足旅游者健康需求的康体旅游市场、疗养保健旅游市场等,满足旅游者业务发展需求的修学旅游市场、学艺旅游市场等,满足旅游者享受需求的豪华旅游市场、美食旅游市场等,满足旅游者寻求心理刺激需求的探险旅游市场、秘境旅游市场、惊险游艺旅游市场等。

(五) 按组织形式划分旅游市场

在现代旅游活动中,团队旅游和散客旅游是两种最基本的旅游组织形式,因此根据旅游的组织形式,可将旅游市场划分为团队旅游市场、散客旅游市场和自助旅游市场。

1. 团队旅游市场

团队旅游市场,是以参加团队旅游的人群为主体的旅游客源市场。团队旅游的优点:一是参加旅游人数较多,旅游活动日程已经提前安排好,使旅游者放心地随团旅游;二是包价旅游的内容灵活多样,可以根据旅游者的偏爱而自由选择;三是旅行社往往以优惠的旅游价格分别购买各单项旅游产品,然后组成旅游线路产品出售给旅游者,因而团队旅游的价格一般较便宜。正是由于团队旅游具有上述优点,吸引了大量的人群参加团队旅游,从而成为现代旅游市场的主体部分。

2. 散客旅游市场

散客旅游市场,是指以个人、家庭或少数人自行结伴旅游而形成的旅游客源市场。作为散客的旅游者通常可以按照自己的意向自由安排活动内容,也可以委托旅行社购买单项旅游产品或旅游路线中的部分项目,因而比较灵活方便。尽管散客旅游的价格要比团队旅游昂贵得多,但随着旅游的个性化发展,越来越多的人选择了散客旅游方式,使散客旅游市场相对于团队旅游市场有较快的发展。

3. 自助旅游市场

自助旅游市场,是指由自主出行的旅游者(包括自驾车旅游者)所形成的旅游客源市场。自助旅游,是旅游者通过直接向航空公司、车船公司、旅游酒店、旅游景区景点预订或购买单项旅游产品,按照个人需求及偏好所进行的旅游活动。随着经济全球化发展、现代信息技术和国际互联网的迅速普及,以及交通条件的不断改善,为自助、自驾旅游提供了极为方便有利的条件,不仅使自助、自驾旅游越来越成为人们青睐的新兴旅游产品,而且使自助旅游市场展现出良好的发展态势和潜力。

(六)按旅游距离划分的旅游市场类型

任何旅游活动都体现着从旅游客源地到旅游目的地的空间移动,因此按旅游客源地到旅游目的地的距离远近,一般还可以将旅游目的地划分为近程旅游市场、中程旅游市场和远程旅游市场。

1. 近程旅游市场

近程旅游市场,通常是指以旅游目的地为核心,距离在公路里程 3 小时(航空里程 1 小时)以内,能够满足人们一日游为主的旅游客源市场。近程旅游市场,一般包括城郊旅游市场、周边地区旅游市场,以及相邻国家或地区之间的边境旅游市场等,其旅游市场的主体一般都是以周末休闲旅游为主的旅游者。

2. 中程旅游市场

中程旅游市场,一般是指以旅游目的地为核心,距离在公路里程 2 天(航空里程 2 小时)以内,能够满足人们在 2~4 天内往返的旅游客源市场。中程旅游市场,一般是以满足人们短期观光游览、休闲度假、商务会议、公务出差等旅游活动为主的旅游市场。

3. 远程旅游市场

远程旅游市场,一般是指以旅游目的地为核心,距离相对较远的旅游客源地市场,如公路里程 2 天(航空里程 2 小时)以上的国内旅游客源市场,以及距离更远的国际旅游客源市场等。远程旅游市场,一般是以满足人们在较长一段时间内游览观光、休闲度假等旅游活动为主的旅游市场,包括海滨度假、户外运动、多国游览等国际国内旅游市场。

当然,按旅游距离划分旅游市场是相对的,在实践中往往还要综合考虑旅游通达条件、使用交通方式及旅游的便捷性等因素,来对旅游市场进行具体的划分。

二、旅游市场细分

(一)旅游市场细分的概念

市场细分是指企业根据消费者群体之间需求的差异性,把一个整体市场划分为若干个分市场,从中选择自己的目标市场的活动。细分市场就是按照企业规定的基础标准将整体市场划分成的若干个分市场,其中每个分市场的消费者具有相同或相似的需求,细分后的市场之间具有不同的特点。市场细分的目的是从整个市场中分辨出本企业应该面对的一类或者几类消费者。

旅游市场细分是指根据旅游者的购买行为和购买习惯等方面的差异性,将整个旅游市场划分为若干个有不同特征的旅游者群体的过程,每个旅游者群体就是一个细分市场。任何一个旅游产品的供给者,都不可能面对整个旅游市场,不可能满足所有旅游者的所有需要。因此,有必要将旅游市场按旅游者不同的特点细分为不同类别的市场。同一细分市场中的个人或团体具有某种或某些共同的旅游消费特点,他们的旅游需求之间差别很细微,而不同的旅游细分市场之间,旅游者的需求则存在着比较明显的区别。

(二) 旅游市场细分的意义

通过旅游市场细分,可以分析每种细分市场对某旅游产品具有比较相似的需求和偏好,为选择目标市场提供科学依据,同时对制定正确的旅游市场营销策略、营销组合均具有十分重要的意义。

1. 旅游市场细分有利于确定目标市场

旅游企业为了分析、发掘新的旅游市场机会,开发新的、富有吸引力的目标市场,必须通过旅游市场细分,有效地了解各个消费群的旅游需求满足和市场竞争状况。对消费需求满足水平低的市场,通常存在着极好的市场机会,企业可以结合目前实力,比较市场竞争状况,抓住需求潜力大、竞争少,并且可以利用本企业优势迅速占领的细分市场作为本企业的目标市场,并以此为出发点,设计出适宜的营销战略以迅速取得市场优势地位,提高市场占有率。

2. 旅游市场细分有利于提高市场竞争力

旅游市场细分能增强旅游企业的适应能力和应变能力,把企业的人、财、物集中在几个细分市场上,有的放矢地开展针对性经营,增强旅游企业的市场竞争能力,避免在整体市场上分散使用力量。还易于掌握每一个细分市场上各个竞争者的优势与劣势,有利于企业确立自己的目标市场,发挥比较优势、增强竞争能力,促进旅游企业的经济效益和社会效益的不断提高。

3. 旅游市场细分有助于制定有针对性的旅游市场营销策略

旅游市场细分有助于企业有针对性地制定旅游市场营销策略,更好地满足不断变化的目标市场的需求。让更多的旅游企业能够针对各自的目标市场,尽可能满足旅游者的需求从而使旅游者能在市场上购买到自己称心如意的旅游产品;及时掌握消费需求的特点和变化,正确地规划和调整产品结构、产品价格、销售渠道和促销活动,使产品保持适销对路,并迅速送达目标市场,扩大销售。

(三) 旅游市场细分的原则

1. 可衡量性

可衡量性指通过市场细分后的各细分市场均需具有明显的差异性,对每一细分市场的规模、购买力等均可以作出明确的估计,从质和量两个方面为制定营销决策提供可靠的依据,否则,所划分出来的细分市场便没有实际意义。

2. 可盈利性

可盈利性指细分市场的容量能够保证企业从中获得足够的经济效益。它一方面要求细分市场具有一定的规模和稳定性，有足够的潜在购买者，并且还要有充足的货币支付能力，使企业能补偿成本，并获得利润。另一方面还要求该细分市场应具有一定的潜力，企业不仅在短期内可以盈利，而且通过努力可以扩大市场，保证长久效益。

3. 可进入性

可进入性指细分出的市场要能使旅游产品有条件进入并占有一定的市场份额。市场细分的目的是找出可进入并能够占领市场的机会。如市场的调查结果表明该市场竞争十分激烈，或虽然竞争不太激烈但本企业不具备占领该细分市场的能力和条件，则这种细分是无效的。

4. 稳定性

严格的市场细分是一项复杂而又细致的工作，因此要求细分后的市场应具有相对稳定性。如目标市场变化太快、太大，会使制定的营销组合很快失败，造成营销资源重新调整的损失，并形成企业市场营销活动的前后脱节和被动的局面。

（四）旅游市场细分的标准

旅游需求的差异性决定了旅游市场细分的依据是多重的，没有一个绝对化的方法或固定不变的模式来进行市场细分。各国、各地区、各企业可采取不同的方法、标准或变数进行市场细分。通常，按照市场营销学的一般原理，可从以下四个方面对旅游市场进行细分。

1. 按地理区域

按地理区域对旅游市场进行细分，指营销人员按照消费者所在的地理位置来细分市场。地理细分因素包括地区、国家、城市、乡村、气候、人口密度、空间距离等。按照地域范围可以把国际旅游市场划分为欧洲、美洲、东亚及太平洋、非洲、中东和南亚等六大地域市场。按照接待国与客源国空间距离远近可划分为近程旅游市场和远程旅游市场，近程旅游市场泛指旅游接待国所在洲内或地区内的国际客源市场，远程旅游市场泛指旅游接待国所在洲或地区以外的国际客源市场。按照城乡地域差别可细分为城市旅游市场和乡村旅游市场等。总之，从地域角度细分旅游市场是一种传统的细分方法，对于企业制定宏观与微观营销策略有十分重要的作用。

2. 按旅游者的社会经济状况

影响人们进行旅游活动的社会经济因素比较多，包括年龄、家庭结构、生命周期、性别、种族、宗教、收入、国籍、职业、社会阶层、受教育程度、文化与血缘关系等，它们对旅游业来说是十分重要的细分依据。按照年龄及家庭结构可把旅游市场划分为青少年旅游市场、成年人旅游市场、中年人旅游市场和老年人旅游市场等；按照社会阶层可以把旅游市场划分为会议旅游市场、商务旅游市场、科技旅游市场和一般旅游市场等；按照旅游者的职业与收入可以把旅游市场划分为豪华旅游市场、标准旅游市场、经济旅游市场等。通常，按照旅游者的社会经济状况进行旅游市场细分的内容是比较常见的，可以结合实际情况而灵活选用不同的标准和细分参数。

3. 按消费者购买行为

按消费者的购买行为细分旅游市场，包括购买目的与时机、追求的利益、购买状况、使用频率、对品牌的信赖程度,以及对价格、服务和广告敏感程度等。由于购买行为体现了消费者对旅游营销活动的反应及态度等,因此按消费者购买行为细分市场被看作旅游市场细分的最佳依据。如按照旅游者购买目的与时机,可以划分观光旅游市场、度假旅游市场、娱乐旅游市场、探亲访友旅游市场、会议奖励旅游市场、商务旅游市场、康体旅游市场和生态旅游市场等;按照旅游者追求的利益细分市场,把旅游者细分为地位追求者、享乐主义者、时髦人物、理性者、保守者和不随俗者等各种类型;按照旅游者购买旅游产品数量的多少和消费水平的高低,可以将旅游市场细分为较大、中等和较小市场等。

4. 按旅游者心理因素

按旅游者心理因素细分旅游市场,主要从旅游者的生活方式和旅游者的个性特征进行细分。所谓生活方式是指一个人或集体对于消费、工作和娱乐活动的特定习惯倾向性方式,其与旅游者的社会经济地位、文化程度有十分密切的关系,因此旅游经营者应该全面了解旅游者购买本企业产品的心理动机,以便从旅游者的需求入手,更好地占领市场。同时,旅游者的性格特征是多种多样的,旅游企业可以通过旅游者的性格特征来细分旅游市场,确定旅游企业的目标市场,如一个新、奇、特的旅游目的地对于那些自信、爱好旅游、喜欢新奇和冒险、追求独特体验的旅游者有着极大的吸引力。

(五) 旅游市场细分的步骤

根据美国营销专家肯·麦克阿瑟的观点,市场细分一般由以下七个相互关联的步骤组成。

1. 选定市场范围,确定经营方向

旅游经营者在确定了总体经营方向和经营目标之后,就必须确定其经营的市场范围,这项工作是企业市场细分的基础。市场范围是以旅游者需求为着眼点确定的,因此通过调查工作分析市场需求动态是必要的。同时,旅游经营者应充分结合自己的经营目标和资源,从广泛的市场需求中选择自己有能力服务的市场范围,不宜过窄或过宽。

2. 了解客源市场,确定潜在市场需求

在确定适当的市场范围后,根据市场细分的标准和方法,了解市场范围内所有现实和潜在顾客的需求,并尽可能详细归类,以便针对旅游者需求的差异性,决定采用何种市场细分变量,为市场细分提供依据。

3. 分析可能存在的细分市场

通过分析不同旅游者的需求,同时找出旅游者需求类型的地区分布、人口特征、购买行为等方面的情况,作出分析和判断,构成可能存在的细分市场。

4. 确定主要的市场细分标准

旅游经营者应分析哪些需求因素是重要的,通过对自身实际情况和细分市场的特征进行比较,寻找主要的细分因素,筛选出最能发挥自身优势和特点的细分市场。

5. 为可能存在的细分市场命名

旅游经营者可以根据各个细分市场的主要特征,用形象化的语言或其他方式,为各个可能存在的细分市场确定名称。

6. 评价初步细分的结果,进一步了解各细分市场的消费需求和购买行为

通过深入分析各细分市场的需求,了解旅游市场上消费者的购买心理、购买行为

等,对各细分市场进行必要的分解或合并,这项工作将帮助旅游经营者寻找并发现最终的目标市场。

7. 分析各细分市场的规模和潜力

在前面六个步骤完成后,各细分市场的类型已基本确定,此时旅游经营者应估算各细分市场的潜在销售量、竞争状况、盈利能力、发展趋势等,并找出市场的主攻方向,进而确定目标市场。

市场细分的以上步骤有利于企业在市场细分中正确选择营销目标市场,但无须完全拘泥于某一种模式,可以根据实际情况进行简化、合并或扩展。

第三节 旅游市场竞争

党的二十大报告指出,要提升企业核心竞争力,加强反垄断和不正当竞争。

要加快推进旅游现代化建设,建立完善休闲度假体系,营造更具活力的发展环境,提供可持续的发展动力,形成更具国际竞争力的发展优势,提升旅游核心竞争力。

一、旅游市场竞争的概念

所谓旅游市场竞争,是指旅游市场主体之间为争取有利的经济条件和市场条件、以获取最大的利益为目的而进行的较量和斗争。任何竞争都是围绕一定的利益而展开的。旅游企业在旅游市场中竞争,是为了自我生存和发展,为了获得最大的利润。各旅游企业为了自身的经济利益,以争夺旅游客源为中心而展开了激烈的竞争。

二、旅游市场竞争的必然性

在现代市场经济中,只要存在市场,就必然存在竞争。旅游市场竞争是旅游经济运行得以实现和向前发展的内在机制和根本动力,是旅游经济存在和发展的外部强制性因素,因此旅游市场竞争的存在具有客观必然性。

(一) 竞争是旅游市场上价值规律的客观要求和必然结果

价值规律是商品生产的基本经济规律,它要求商品的价值由生产该商品所耗费的社会必要劳动时间决定，商品以价值为基础实行等价交换。在价值规律的作用下，各企业为争取实现自己生产的商品价值的有利条件，必然会积极采用新技术，改善经营管理，提高工作效率和产品质量，降低成本，从而争取更有利的竞争地位，促进商品价值尽快地顺利实现。价值规律的存在是不以人的主观愿望为转移的客观必然性。

（二）竞争是旅游企业生存与发展的动力

市场体系为商品生产者创造了公平竞争的环境。竞争机制是一种促进企业奋进的压力机制，是一种优胜劣汰的择优机制。为了在市场上生存与发展，旅游企业只有主动参与市场竞争，通过采用新技术、吸取先进的管理经验、改善经营管理、提高产品质量、降低成本等竞争手段，才能使本企业产品的个别劳动时间小于社会必要劳动时间，从而获得有力的市场竞争地位，并为自己的生存与发展获得机会。从整个社会来说，市场竞争机制作用的结果将不断导致少数经济效益差的商品生产者被淘汰，从而促进整个社会生产力的不断提高。随着经济生活的日益国际化，来自外部的竞争变得越来越激烈，竞争的范围空前地扩大，竞争对手也在进一步增多。特别是第二次世界大战后，科学技术的进步，科学技术转化为实际生产力的周期大为缩短，从而也加快了竞争的进程。

（三）旅游市场的特殊性必然导致旅游企业间的激烈竞争

由于旅游产品的无形性和不可储存性，企业更加注重对旅游客源的争夺。对于旅游企业来说，如果一天没有游客，这一天就无法生产，就没有效益。从旅游市场总体来看，现代旅游市场表现为供给大于需求的买方市场，旅游者在市场上占有主导地位。旅游市场需求变化性大、可替代性高等特点，使得企业在把握市场的动态以及更好地适应需求方面，面临巨大的挑战。谁能争得更多的旅游者，谁就能占领市场上更大的份额。因此，每一个企业都不惜一切代价去抓住稍纵即逝的市场机会。

（四）各国旅游发展必然加剧国际旅游市场的竞争

在国际旅游市场上，世界大多数国家或地区，都在为尽可能地吸引国外游客而展开竞争。国际旅游市场的竞争主要表现在两个方面：一是国内各旅游企业之间在国际市场上为招徕客源而开展竞争。各国内旅游企业在旅游产品、目标市场、服务质量、价格水平等各方面具有更多的相似或共同点，它们之间是现实的、直接的竞争对手。二是与我国旅游企业拥有同一目标市场的其他国家或地区的旅游企业展开竞争。这些国家或地区的旅游企业虽然提供的旅游产品与我国不同，但可能选择的是同一个国际市场，为吸引更多客源，彼此间必然开展激烈竞争。

（五）现代科学技术的普及与应用加剧了旅游市场的竞争

现代社会已经进入科学技术日新月异的时代，尤其是以电子计算机为代表的高新技术的迅速普及和应用，进一步加剧了旅游市场的竞争。如电子计算机预订系统的普及，首先运用于航空客运预订系统，再到酒店销售预订系统，最终广泛应用于旅行社的游客预订和组团，使所有旅游企业都无一例外地经历着"适者生存"法则的考验。又如现代国际互联网的发展，更使现代旅游市场成为统一的全球旅游市场，简便快捷的网上促销、网上订房、网上组团、网上购物,使任何旅游企业要想经营成功,都必须充分运用现代高新技术,才能在全球旅游市场竞争中占有一席之地。

总之,在市场经济条件下,竞争是不可避免的。而旅游市场的竞争,有利于不断提高旅游服务质量,有利于促进提供优质旅游产品的开发,有利于改善旅游企业的经营管理和提高经济效益,有利于促进旅游企业的优胜劣汰,从而促进旅游业持续健康地发展。

三、旅游市场竞争的类型

竞争是市场运行的基本要素之一,这是由市场经济中各个主体的利益矛盾所决定的。这种复杂的竞争关系,可分为不同的类型。

(一) 根据参与竞争的主体在市场中的角色来划分

竞争以其主体的不同可分为商品生产者之间的竞争、商品购买者之间的竞争、商品生产者和商品购买者之间的竞争。商品生产者之间的竞争是指同类商品的供给者之间的卖者竞争。这种竞争客观上具有降价效应,同时又能刺激供给者改进技术,提高劳动生产率。卖者竞争在买方市场中尤为激烈。

买者竞争是指同类商品需求者之间的竞争。这种竞争具有抬价效应,同时还刺激投资增加,增加供给。买者竞争在卖方市场中比较突出。卖者和买者之间的竞争也就是供给者和需求者之间的竞争,竞争的焦点表现为价格的高低。这种竞争的直接后果是形成市场价格,而市场价格进而又来调节供求。以上是根据参与竞争的主体在市场中的不同角色来划分的。所有这些市场当事人之间的竞争,都是与供求关系和价格变动联系在一起的。

(二) 根据市场主体的竞争手段来分

根据市场主体的竞争手段,旅游市场竞争可分为价格竞争和非价格竞争。价格是决定游客购买的重要因素。旅游产品的价格能否被游客接受,会直接影响旅游产品的销售量及其市场占有率。作为市场主体的企业用比竞争对手更便宜的价格销售产品,以便在市场销售中占据更大的份额,这就是价格竞争。尽管在单位产品的销售上企业因价格竞争利润会有所降低,但低价销售的结果往往会造成销售量的增长,总的利润反而会升高,这就是通常所说的"薄利多销"的好处。例如,云南省规定自2013年起,每年春节、劳动节、国庆期间,全省实行政府指导价管理的景点门票价格一律降低20%。降价后,反而取得了"两个30%"的效果:一是旅游总人数增加了30%,二是旅游总收入增加了30%,促进了旅游消费。因为,游客除了门票支出,还有食、住、行、游、购、娱的支出。但是,低价策略并不总是可行的,要考虑需求价格弹性以及现有技术水平下的投入产出关系。目前,随着在线旅行社的发展,一些旅游企业靠风险投资资本砸钱低价聚集人气、扩大规模,确实能让游客短期获得"实惠"。但是这种竞争只是通过简单的价格竞争扩大市场占有率,不仅对创新商业模式无益,还会扰乱旅游市场秩序。因为很大一部分低价团都是低于旅行社成本的,这种低价团往往先靠低价争抢游客,再通过购物回扣等赚回利润,低价团几乎都是购物团,存在一定风险。其实,价格竞争一般要受到产品成本的限制,竞争的强度是相对有限的,但价格竞争仍然是最基本的竞争手段。非价格竞争包括产品的品种、质量、商标、信誉及有关服务项目、上市时间等方面的竞争。在竞争发展的不同阶段中,竞争的主要策略是不同的。市场竞争的初级阶段主要体现为价格竞争,容易形成企业间相互削价的恶性循环。要走出这种困境,必须要从质量上入手,对消费者进行有针对性的信息沟通,诱导购买兴趣,引导市场需求,从而占领市场竞争的优势地位。与价格竞争相比,非价格竞争具有更大的不确定性,竞争更加激烈,竞争方式的变换也比较迅速。非价格竞争是主要的竞争手段。随着国民经济的发展,人民生活水平的提高,消费需求更加多样化、多层次化和新颖化,非价格竞争也就更加重要。

四、旅游市场竞争的影响因素

研究旅游市场竞争,首先要分析影响旅游市场竞争态势和竞争特性的主要因素,包括旅游者和旅游企业的数量、旅游产品的同质性、旅游信息的完全性、旅游市场进出的条件等。

(一) 旅游者和旅游企业的数量

旅游者和旅游企业的数量是影响旅游市场竞争的首要因素。对大多数旅游市场来讲,影响旅游市场竞争的关键是市场上旅游企业的数量。如果旅游市场中处于平等地位的旅游企业越多,则旅游市场的竞争程度就越激烈;如果旅游市场中一个或少数几个旅游企业处于支配地位时,旅游市场竞争程度就会减弱。

(二) 旅游产品的同质性

旅游产品的同质性指的是不同旅游企业销售的旅游产品在质量上是相同的,以至于旅游者无法辨别不同旅游企业所提供旅游产品的差别。但是,在现实中,大多数旅游企业提供的旅游产品都是有差别的。即使是同一个旅游企业提供的旅游产品,也会因为时间、季节、服务人员等各种自然的、心理的因素的影响而存在一定的差异性。因此在旅游市场竞争中,要促使旅游企业保持本企业所提供的旅游产品与其他旅游企业所生产的旅游产品存在一定的差异性,以提高旅游企业的市场竞争力。

(三) 旅游信息的完全性

在市场竞争中,获得充分完全的信息是一个相当严格的条件,它要求旅游者和旅游经营者能够充分了解旅游市场中有关旅游产品交易的全部信息。如果信息不完全或不畅通,旅游者就不可能充分了解旅游产品的情况并作出准确有效的购买决策,而旅游企业也不可能正确掌握旅游市场需求状况并及时提供旅游产品。因此,旅游信息的完全和畅通程度,直接决定着旅游市场竞争的程度,影响着旅游竞争机制作用的正常发挥。

(四) 旅游市场进出的条件

如果旅游企业进入或退出旅游市场十分容易,则旅游市场的竞争程度就会增强;反之,如果旅游企业进入或退出旅游市场受到阻碍和制约,则旅游市场的竞争程度就会减弱。因此,旅游市场进出的自由程度,直接影响和决定着旅游市场的竞争程度。如果旅游企业在进入某一旅游市场时受到阻碍,则意味着该旅游市场存在着进入障碍,或者该旅游市场进入壁垒较高。而进入壁垒较高的旅游市场,通常具有较高的市场垄断性。

五、旅游市场竞争的结构

旅游市场竞争结构,是指旅游市场竞争的程度,根据参与竞争的旅游企业的数量多少、旅游产品之间的差异程度、旅游信息的完全程度和旅游市场进入条件的难易性等因素,可将旅游市场划分为四种竞争结构,即完全竞争旅游市场、完全垄断旅游市场、垄断竞争旅游市场和寡头垄断旅游市场。

(一)完全竞争旅游市场

完全竞争旅游市场又称为纯粹竞争旅游市场,它是指不受任何阻碍和干扰的市场竞争状况,是一种由众多旅游者和旅游经营者所组成的旅游市场。完全竞争旅游市场必须具备以下条件:一是旅游市场上存在许多彼此竞争的旅游者和旅游经营者,他们是各自独立的,每个旅游者和旅游经营者所买卖的旅游产品数量在整个市场上占有的份额都很小,以至于任何个人或企业都不能支配和主宰整个市场的交换;二是各旅游经营者生产经营的旅游产品是完全同质的、无差别的,因而每个旅游者不会对任何一个旅游经营者产生偏好,从而排除了旅游经营者的任何垄断因素;三是所有生产要素资源能够在各行业间完全自由流动,旅游经营者可以自由地进入和离开完全竞争的旅游市场;四是市场上每个旅游者和旅游经营者对不同的市场都具有充分的认识和了解,市场信息是畅通的;五是旅游经营者和旅游者在进入和离开完全竞争的旅游市场时,不受其他任何非经济因素的影响。只有具备以上条件,才能称为完全竞争的旅游市场,但是,由于现实中不存在同时具备以上五个条件的市场,因而完全竞争旅游市场实际上只是一种理论假设,主要供旅游经济理论分析使用。

(二)完全垄断旅游市场

完全垄断旅游市场,是一种完全由一家旅游经营者控制旅游产品供给的旅游市场。完全垄断旅游市场的条件为:一是该旅游经营者提供的旅游产品没有替代品,具有唯一性的特征;二是完全垄断旅游市场上旅游产品的价格和产量均是由旅游经营者控制;三是完全垄断旅游市场具有市场壁垒,使其他任何旅游经营者无法进入。特别是以某些独特的或唯一的旅游资源开发成的旅游产品,往往会形成垄断旅游产品,从而又形成完全垄断旅游市场。如中国北京的长城、云南的石林、陕西的兵马俑,国外埃及的金字塔、法国的凯旋门等,都具有世界上独一无二的特色,属少见的完全垄断旅游产品。

(三)垄断竞争旅游市场

垄断竞争旅游市场是不完全竞争市场,是一种介于完全竞争和完全垄断之间,既有垄断又有竞争的旅游市场类型。它既包含竞争性因素,也包含垄断性因素。垄断竞争旅游市场的竞争性主要表现在:一是同类旅游产品市场上拥有较多的旅游经营者,但对价格、数量的影响有限,每一个旅游经营者的产量在旅游市场总额中只占较小的比例,任一单独的旅游经营者都无法操纵市场,旅游经营者之间彼此竞争激烈;二是在市场经济条件下,旅游经营者进入或退出旅游市场一般比较容易,无太多的市场壁垒;三是不同的旅游经营者生产和经营的同类旅游产品存在着一定的差异性,即同类旅游产品在质量、服务、包装、商标、销售方式等方面均具有特色,从而使处于优势的旅游产品在价格竞争和市场份额的占有上优于其他旅游经营者。垄断竞争旅游市场的垄断性主要表现在:一是每个国家或地区的旅游资源不可能是完全相同的,从而导致每一种旅游产品都有其个性,于是旅游产品间的差异性在一定程度上就形成了旅游产品的垄断性;二是政府对旅游产品开发的某些方针政策的限制,也会形成旅游产品的垄断;三是由于各种非经济因素的制约,旅游者不能完全自由选择旅游产品而进入任何旅游目的地,从而使某些旅游产品具有一定的垄断性。

(四)寡头垄断旅游市场

寡头垄断旅游市场,是指为数不多的旅游经营者控制了行业绝大部分旅游供给,对价格、产量有很大影响,并且每个旅游经营者在行业中都占有相当大的份额,以致其中任何一家的产量或价格变动都会影响整个旅游产品的价格和其他旅游经营者的销售量,同时新的旅游经营者要进入该市场是不容易的。因此,这是介于完全垄断旅游市场和完全竞争旅游市场之间,并偏于完全垄断旅游市场的一种市场类型。在现实市场经济中,寡头垄断旅游市场在某些方面比完全垄断旅游市场更典型,如对于有些特殊的或稀少的旅游资源,往往容易形成寡头垄断的旅游供给市场。

六、旅游市场竞争的内容

旅游市场的竞争有买方市场竞争和卖方市场竞争之分。在买方市场竞争的条件下,旅游市场的竞争主要体现在旅游产品供应者之间的相互竞争。这种竞争或表现为国内旅游企业之间的竞争,或表现为不同国家旅游企业之间的国际竞争,它们都是围绕着提高旅游产品知名度、扩大旅游产品销售、争取更多的旅游者、提高市场占有率展开的。旅游市场竞争的主要内容包括争夺旅游者、争夺旅游中间商和提高旅游市场占有率三个方面。

(一)争夺旅游者

旅游产品的消费对象是旅游者,客源就是财源。一个国家、一个地区、一个企业所吸引旅游者数量的多少及其消费能力,决定着该国、该地区和该企业的收入和利润,决定着旅游经营的成败。因此,争夺旅游者就成为现代旅游市场竞争的实质内容。

(二)争夺旅游中间商

旅游中间商是代理旅游目的地国家和企业销售旅游产品的组织机构与个人,其中以旅行社为主,是旅游产品价值得以实现的中间渠道。在现代旅游活动中,经过旅游中间商销售的旅游产品占有相当的比重,从这个意义上说,争夺旅游中间商就是争夺旅游者,争夺到的旅游中间商越多,从旅游中间商那里得到的支持越大,就意味着旅游产品可能赢得的市场就越大,旅游产品的销售量就越多。因此,必须重视对旅游中间商的争夺,特别应重视与较大的、较有实力的旅游中间商的合作。

(三)提高旅游市场占有率

旅游市场占有率,是指旅游企业所接待旅游者人数在旅游市场总量中所占的比重,其反映了不同旅游企业在旅游市场中的地位,也是衡量旅游企业经营规模和水平的重要标志之一。旅游市场占有率,通常分为绝对占有率和相对占有率。

1. 旅游市场绝对占有率

旅游市场绝对占有率是指旅游企业在一定时间内,所接待的旅游者人数占一个国家或地区接待旅游总人数的比重。

旅游市场绝对占有率计算公式如下:

$$Q_{ai} = \frac{Q_{ti}}{TQ_{tf}} \times 100\%$$

式中:Q_{ai}——i 企业旅游市场绝对占有率;

Q_{ti}——i 企业接待的旅游者人数;

TQ_{tf}——国家或地区接待旅游者总人数。

2. 旅游市场相对占有率

旅游市场相对占有率是指在一定时间和一定范围内,某旅游企业的旅游市场绝对占有率与相同时间和范围内旅游市场占有率最高的旅游企业的旅游市场绝对占有率的百分比。

旅游市场相对占有率计算公式如下:

$$Q_{ri} = \frac{Q_{ai}}{Q_{ah}} \times 100\%$$

式中:Q_{ri}——i 企业旅游市场相对占有率;

Q_{ai}——i 企业旅游市场绝对占有率;

Q_{ah}——国家或地区范围内旅游市场占有率最高旅游企业的绝对占有率。

提高旅游市场占有率,是旅游经营者之间争夺旅游者的另一种形式。通常,旅游市场占有率的高低,决定了一个旅游企业的经营规模和水平。因此,维持和扩大旅游市场绝对占有率,是旅游市场竞争的主要内容之一;而不断提高旅游市场相对占有率,则是提高旅游市场竞争力的重要内容。

七、旅游市场竞争的方法

旅游市场竞争主要体现在旅游企业之间围绕争夺客源而展开的竞争,手段包括价格竞争和非价格竞争。

(一)价格竞争

旅游产品的价格竞争是旅游市场中最敏感、最有效的竞争方法。旅游产品由生活的奢侈品逐渐成为生活的必需品,同一产品价格对于不同的旅游者来说,其价格弹性大小不同。在同一旅游市场环境中,相同的旅游者对不同旅游产品价格的反应也有所差别。针对旅游市场的不同情况,旅游企业应采取不同的价格策略。旅游企业所采取的价格策略主要有低价策略、高价策略和同价策略。

1. 低价策略

低价策略是指旅游产品的价格尽可能低于市场的平均水平，以低价来吸引更多的旅游者。这种策略有利于旅游企业迅速占领市场。

2. 高价策略

高价策略是指旅游产品的定价高于常规旅游产品或其他旅游企业产品的价格。高价策略有利于企业在很短的时间内收回投资并增加企业的利润。

3. 同价策略

同价策略是指本企业的产品尽可能与市场中的其他企业保持相同的水平。

（二）非价格竞争

旅游企业常用的非价格竞争方法包括高质量策略、新产品策略、专营化策略和延伸产品策略。

1. 高质量策略

产品的质量对旅游者的满意度和企业的声誉都是至关重要的。高质量的产品能吸引旅游者并使其得到旅游享受。旅游产品质量的竞争手段多种多样，既包括旅游实物质量的提高，又包含旅游服务意识的增强。前者如提高旅游列车、旅游大巴、旅游酒店等设备设施的档次，提高旅游餐饮的标准等；后者需要通过提高旅游行业工作人员的服务意识，为旅游者提供优质的服务。改变旅游产品的结构和旅游服务的形式也是高质量策略的手段。

2. 新产品策略

任何产品都有生命周期，尽管某些产品生命周期较长，但是最终也会进入衰退期，旅游产品也不例外。当其发展到后期阶段时，对旅游者的吸引力就会变小，导致企业的收益减少。适时推出新产品是延长产品生命周期的有效方法。旅游者的需求不断变化，旅游企业也需要相应地作出调整和变动。随着旅游市场的发展和旅游者的成熟，一般形式的旅游产品已难以满足所有旅游者的需求，为旅游者提供个性化的服务已成为大势所趋，这就要求旅游企业根据旅游者的不同而出售不同的产品和线路，不断推出新形式的旅游产品。这也成为各个旅游企业竞争的手段。

3. 专营化策略

专营化策略指在众多的旅游细分市场中，选择一个或几个作为旅游企业的目标市场，提供与众不同的产品，以差别化的产品来赢得旅游者的青睐。一个企业难以满足所有市场的需求，只有选择适合企业本身实力和社会环境的细分市场，才能有效地服务市场，并以成本优势阻止其他竞争对手的进入。旅游企业的专营化已是旅游企业发展的必然趋势。

4. 延伸产品策略

旅游产品由核心部分、形式部分和延伸部分组成。旅游产品的延伸部分是指旅游者购买旅游产品时获得的优惠条件、付款条件及旅游产品的推销方式等，是旅游者进行旅游活动时所得到的各种附加利益的总和。旅游产品延伸部分是旅游者对旅游产品评价和决策的重要促成因素。延伸策略就是指旅游企业增加旅游产品对旅游者的附加利益，在产品延伸部分上形成与众不同的特色，从而赢得市场竞争的优势，如"先旅游后付款""先付一半钱，旅游归来再付一半钱"等特殊付款方式就属于延伸产品策略。

第四节　旅游市场开拓

思政引导

《"十四五"旅游业发展规划》指出,要实施旅游商品创意提升行动,引导开发更多符合市场需求、更具文化内涵的旅游商品。

思政内容

要对代表社会主义建设成就重大工程项目进行合理旅游开发,深入挖掘其中蕴含的精神内涵,创新"四个共同"的中华民族历史观在旅游景区景点展陈方式,向游客讲好中华民族共同体故事,开拓更为广阔的旅游市场。

一、旅游市场开拓的概念

所谓旅游市场开拓是指旅游企业为了实现战略目标,扩大旅游产品销售、实现旅游产品价值,提高市场占有率而进行的一系列经营活动。旅游市场的开拓包括两个方面:一方面是充分挖掘现有市场的潜力,提高现有市场的占有率;另一方面是开发新的旅游市场。

二、旅游市场开拓的意义

(一)旅游市场开拓是旅游业发展的需要

旅游产品具有很强的不可转移性和不可存储性的特性,从而使得旅游产业对市场的依赖性很强。如果没有客源,就没有旅游企业的生存空间,因此旅游市场开拓对于旅游经营者是十分重要的。

(二)旅游市场开拓是旅游企业的立命之本

如今的旅游市场竞争日趋激烈,旅游企业的经营就如逆水行舟,不进则退。旅游企业不能只是想着保住自己的市场份额,这样虽能解决生存问题,但是无法使企业获得发展。因此,旅游企业必须积极挖掘旅游市场潜力,扩大旅游产品销售,才能不断提高旅游市场占有率。

（三）旅游市场开拓是衡量旅游企业发展的标杆

在当今竞争激烈的买方市场中，旅游者的需求在不断变化，竞争对手的经营能力也在不断变化，从而旅游企业也要不断变化去应对。旅游市场的需求和发展机会都是无限的，旅游企业只有积极、主动地开拓市场、创造市场，才能在激烈的市场竞争中实现企业和产品的市场价值。

三、旅游市场战略目标确定

旅游市场开拓的战略目标，是指在一定时期内旅游市场营销工作预期达到的目的，即旅游目的地国家、地区或旅游经营者对其旅游发展和生产经营所确定的奋斗目标。旅游企业要根据客源类型，开发各种类型的客源市场，从而利用所拥有的有利条件和手段开发适应的旅游资源。这样不仅能满足旅游者的需求，也能最大限度地获得社会经济效益。

（一）旅游市场调查

旅游市场调查是指运用科学的方法和手段，对旅游经济活动中的旅游需求、旅游供给和旅游环境所进行的调查和分析工作，是旅游市场预测的基础条件，是保障旅游市场健康发展的关键部分。

1. 旅游市场调查分类

按旅游市场调查范围，可分为宏观旅游市场调查和微观旅游市场调查。宏观旅游市场调查主要是为旅游目的地国家或地区制定旅游发展战略、确定旅游市场开拓策略提供依据，其调查内容主要是旅游市场总需求、旅游市场总供给及旅游市场环境。微观旅游市场调查主要是为旅游企业制定正确的市场营销策略、开拓客源市场提供依据，其调查内容包括旅游需求、旅游市场营销状况和旅游市场竞争等。

按调查目的可分为探索性调查、描述性调查和因果关系调查。探索性调查是指进行正式调查前的试探性调查，一般是通过二手资料或召集专家开展询问调查，其主要目的是收集资料；描述性调查主要是通过大量调查研究，收集整理分析调查资料，形成调查报告，如实反映和描述旅游市场的客观情况；因果关系调查主要是为了掌握有关市场现象之间的因果关系，也即专门研究"为什么"的问题。

2. 旅游市场调查的方法

第一，收集和整理有关旅游者的直接和间接的统计资料，包括旅游接待系统的统计资料以及旅游有关部门的统计资料。对上述资料进行综合分析，可以从宏观上把握进出本地的外来旅游者和本地旅游者的总体流量、流向和特点。

第二，观察调查。调研人员到景点大门、酒店大厅、餐厅、旅游商店、娱乐场所、机场、车站、码头等游客集散地进行目测。掌握旅游者的流向、流量、对旅游地的兴趣和逗留情况等。

第三，面谈和电话询问。个别探访、小组探访，访问对象既可以是游客，也可以是接待游客的各类经营管理人员和服务接待人员。电话询问法一般是对在酒店宾馆的外地游客进行电话询问，或对本地的居民进行电话询问。提出的问题要简单、明确，避免冗长、烦琐,以免引起被询问者的疑惑与反感。

第四,抽样调查。抽样调查是对客源市场的需求和反映进行调查的一种简便易行的方法。可以是随机抽样,也可以是非随机抽样,按样本选择方法的不同而有所区分。

3. 旅游市场调查的程序

(1) 调研准备阶段。

这一阶段是调研工作的开始,主要解决三方面的问题:第一,评估现有资料,明确调查问题;第二,针对调查问题,确立调查目标;第三,制订调查计划。调研准备具体包括确定调查方法、目标人群、参考时段、抽样单位、抽样数目、调查地点并安排训练调查员;设定研究框架,在了解样本的基础上进行问题设计;在试验性调查的基础上进行问卷设计。

(2) 调研实施阶段。

这一阶段的主要任务是按计划系统收集各种资料数据,包括第一手资料和第二手资料。发放问卷,实施调查,并对调查过程实施监督。

(3) 调研分析整理阶段。

第一,平衡调查样本,编辑检查调查资料。第二,借助一定的统计分析技术,将整理后的资料和数据进行分析、解释,得出结论,提出合理化建议。第三,撰写、呈报调查报告,为旅游市场预测提供依据。

(二) 旅游市场预测

旅游市场预测是指运用各种定性和定量方法,对旅游市场未来发展变化作出的分析和推断。科学的市场预测需要应用定量分析和定性分析方法,并且将两者有机地结合起来运用。

1. 定量方法

根据需求预测模型中旅游需求因变量与众多自变量之间是否存在因果关系,传统的定量研究方法可以分为时间序列模型和因果两大类。时间序列模型认为,变量的现值只与该变量的过去值和现值以及过去的随机扰动项有关。它的重点在于充分利用变量过去信息,通过复杂的外推技术来预测该变量的未来值。运用因果模型预测旅游需求是在历史数据基础上利用回归确定旅游需求与其决定因素之间的定量关系并进行未来预测。因果模型包括计量经济模型、空间模型和旅行生成模型三种类型。其中,计量经济模型重点分析经济因素(主要是收入与价格)对旅游需求的影响,空间模型重视距离的衰减作用,旅行生成模型是计量经济模型和空间模型的综合。

2. 定性方法

定性预测法是对预测目标的性质以及可能估计到的发展趋势作出的分析和推断的方法。旅游市场定性预测方法主要包括德尔菲法、纵向研究法、情景预测法等。德尔菲法以问卷的形式对一组选定的专家进行征询,经过几轮征询使专家的意见趋于一致,从而得到所需的预测结果。一般情况下,专家小组的规模在40~50人,但有时也接受10余名的规模。纵向研究法是对每一项目或变量都要收集两个或两个以上时间段的数据;分析的对象或案例在不同时间段应该保持一致,或者至少具有可比性;并且分析内容中应该包括对不同时间段的数据比较。情景预测法是一种新兴的预测方法,它通过对未来时间尺度上的发展场景进行预设,以对未来的变化作出合乎情理的判断。

四、旅游市场开拓策略

旅游市场开拓策略是指旅游企业为取得最佳经济效益,在分析各种影响因素的基础上,在一定时期内进行目标旅游市场开拓的策略和手段。旅游市场开拓策略,是基于旅游产品策略、旅游价格策略、销售渠道策略和旅游促销策略所采取的目标旅游市场开拓的营销组合策略。

(一)旅游产品策略

旅游产品是开拓旅游市场的基础。在制定旅游产品开发策略时,必须从旅游者的需求出发,根据旅游者需求有针对性地开发旅游产品,使新的旅游产品具有鲜明的个性特征及民族特色。旅游产品的开发必须从以资源为导向转换到以市场为导向,牢固树立市场观念。旅游产品是一种特殊商品,是以旅游资源为基础,对构成旅游活动的食、住、行、游、购、娱等各种要素进行有机组合,并按照客源市场需求和一定的旅游路线而设计组合的产品。

(二)旅游价格策略

旅游企业可以根据目标市场下的细分市场来进行价格定制,通过不同的价格来吸引不同类型的旅游需求者。同时也需要了解竞争对手的价格,来调整自身的价格。尤其要注意价有所值,确保质量兑现。要注意保持价格的相对稳定,频繁的价格变动将使市场无所适从,也不利于市场稳定。

(三)销售渠道策略

旅游产品必须经过一定的销售渠道才能实现交换。销售渠道是指旅游产品从生产领域到达旅游消费领域所经过的路线或途径。在现阶段,旅行社仍然是销售渠道的主体,销售渠道主要有直接和间接两种:直接渠道是指旅游产品不经过中间商直接销售给旅游者的途径;间接渠道是指旅游产品通过中间商销售给旅游者的途径。

(四)旅游促销策略

旅游促销是促进旅游产品销售的多种手段的综合应用,如广告营业推广、参加或举办各种旅游博览会等。

1. 广告促销

广泛利用各种媒体大力宣传,如利用电视台(旅游节目、旅游新闻)、广播电台、报纸杂志、户外广告、车体广告、站台、旅游论坛社区、移动媒体(手机)、旅游宣传册等,以及旅游专题片、影视剧及网络(知名旅游门户网站旅游景区景点的广告诉求,主要侧重激发人们来此旅游的欲望,并打消人们来此旅游的顾虑)进行宣传。

2. 节事活动

举办具有地方特色的旅游节,作为当地标志性的旅游节事活动(如在宜昌举行的国际龙舟拉力赛等),积极申请承办或与其他地区联合举办国际性、全国性或区域性会议、体育赛事、会展等。

3. 概念营销

概念营销是用一句新奇的语言将"概念"概括出来,然后通过引导消费观念,最终引起消费者关注,实现产品销售目标,它着眼于消费者的欲望,而不是现实的需求。如云南迪庆的旅游资源优势并不明显,但该地巧妙地运用了"香格里拉"的概念,将旅游资源重新包装,在市场营销上进行概念炒作,成功发展了旅游业。又如目前广泛兴起的绿色酒店、生态旅游、低碳旅游、养生旅游等营销手段。

案例分析

本章思考题

一、名词解释

旅游市场　旅游市场细分　旅游市场开拓

二、简答题

1. 如何理解旅游市场竞争的必然性。
2. 什么是旅游市场细分?旅游市场细分有哪些方法?
3. 简述旅游市场在旅游经济发展中的特点和功能。

本章思政总结

建立现代旅游治理体系。要坚持依法治旅,加强旅游信用体系建设,依法落实旅游市场监管责任,健全旅游市场综合监管机制,提升旅游市场监管执法水平,倡导文明旅游,促进满足人民文化需求和增强人民精神力量相统一。

提升旅游市场监管能力,落实"双随机、一公开"监管要求,持续加大旅游市场监管执法力度,健全旅游服务质量监管体系,完善旅游投诉处理和服务质量监督机制,加强在线旅游企业监管,研究制定在线旅游市场管理服务的规范标准,提升行业规范水平。创新推进线上线下监测评估,提升旅游市场问题发现能力。及时查处整治不合理低价游、线上线下虚假宣传、商业贿赂等旅游市场突出问题,严厉打击各类违法违规经营行为,维护旅游市场秩序。坚持正确的历史观、民族观、国家观、文化观,加强对旅游场所、旅游项目、旅游活动的导向把关,高扬主旋律、传播正能量。

推进旅游信用体系建设。要依法依规完善旅游市场信用监管制度,建立旅游市场信用监管工作综合协调机制,改造升级全国旅游监管服务平台信用管理系统,加强信用信息归集、公示和共享,建立完善旅游市场主体和从业人员信用档案。

鼓励旅游市场主体主动向社会作出信用承诺,支持旅游行业协会等建立健全行业内信用承诺制度。研究制定旅游企业信用评价规范,组织开展企业信用评价,依托信用评价结果实施分级分类监管。依法依规公布失信名单,强化失信惩戒。研究建立保护市场主体权益的信用修复机制。拓展信用应用场景,将守信情况纳入旅游景区、星级酒店、等级民宿、旅行社、在线旅游平台等评定和项目招投标。树立一批诚信典型,探索开展旅游市场信用经济发展试点工作。

第七章
旅游消费

学习目标
1. 掌握旅游消费的概念、性质和特点。
2. 认识旅游消费在旅游经济运行中的作用。
3. 了解旅游消费者最大效用均衡的分析方法及其在旅游消费决策中的运用。
4. 明确旅游消费结构的含义、影响因素及其合理化。
5. 理解旅游消费效果的含义及有关评价原则。

思政引导

党的二十大报告指出,中国式现代化是物质文明和精神文明相协调的现代化,中国式现代化的本质要求包括丰富人民精神世界。

思政内容

旅游消费属于高层次消费,是人们为提高自身文化素质、发展智力和体力、提高劳动力再生产能力的消费;旅游消费也属于精神性消费,旅游者真正消费的是以物质产品为载体的精神产品和服务产品。健康的旅游消费促进中国式现代化精神文明发展。

章前引例

以高品质旅游赋能小康社会美好生活

旅游高质量发展,对于满足人民精神生活需求、助力共同富裕发挥着重要作用。通过旅游,人们既可以从不同自然风光、人文风情中体验到新鲜感、惊奇感,又能够开阔眼界、增长知识,幸福感、获得感也由此获得提升。

推动旅游高质量发展有利于增强人民的民族自豪感与荣誉感,对民族历史文化的认同与自豪感是人民精神富裕的重要因素。发展高质量旅游,能够让人们在旅游过程中,传承中华优秀传统文化,培育和践行社会主义核心价值观。

推动旅游高质量发展有益于提高人民的精神文明素养。旅游,从20世纪七八十年代少数人的"奢侈品",到今天大众生活的"必需品",不仅见证了中国经济的腾飞,也见证了人们对提高自身精神文明素养的愈加重视。特别在疫情出现之后,人们对公共安全的意识越来越强烈,对文明旅游的规范越来越重视,越来越多的人能够自觉遵守文明旅游规范,主动提醒、制止他人的不文明行为。人们开始意识到自己的言行举止不仅代表个人的素质,而且代表中华民族的形象。对提高自身文明素养的需求,催"热"了研学旅游、文化旅游等旅游业态的发展。通过发展高质量旅游,人们不仅可以"行万里路",更可以让"万里路"成为传播精神文明、促进人们精神共同富裕的康庄大道。

旅游业高质量发展需要始终将精神文明建设作为发展的核心要素。可以从两个方面下功夫。

一是在发展高质量旅游的理念上,要始终坚持绿色出游、低碳出游、文明出游。《中华人民共和国旅游法》和《国家旅游局关于旅游不文明行为记录管理暂行办法》等法律和法规制度可以约束游客的不文明行为,但更重要的是要培养人们的文明旅游意识,将文明旅游教育纳入国民教育体系课程之中。

二是要做好文明引导,避免触犯当地禁忌。从旅游发展过程看,一些游客尤其是初次出游的游客,往往因为不了解当地民风民俗,闹了一些笑话,甚至影响国家形象。有关部门和旅游从业者应关注游客因知识储备不足导致的不文明旅游现象,尽量做好事前出游提醒和告知,避免因不了解当地文化导致不文明现象发生,让人们在享受高品质服务的同时,展示中华民族良好的文明形象。当然,也需要进一步完善法律法规,将不文明旅游的行为与个人征信等挂钩,出台奖惩措施,鼓励人们共同维护精神文明。

资料来源　整理自《中国旅游报》,有改动。

思考: 旅游消费对人民精神生活有什么作用?旅游业高质量发展如何促进精神文明建设?

第一节　旅游消费概述

思政引导

党的二十大报告指出,高质量发展是全面建设社会主义现代化国家的首要任务。发展是党执政兴国的第一要务。没有坚实的物质技术基础,就不可能全面建成社会主义现代化强国。

> 思政内容
>
> 作为现代消费方式的旅游把消费过程与再生产的过程有机结合，旅游消费是社会再生产过程中的重要环节，是高质量劳动力再生产的创造因素。消费决定了生产，消费需求和消费水平决定了生产的发展方向和发展速度，对高质量发展有重大影响。

一、旅游消费的概念与性质

旅游消费，是指人们支付货币购买旅游产品以满足自身旅游需求的行为。旅游消费作为一种消费方式，主要由旅游消费意识、旅游消费习惯、旅游消费能力、旅游消费水平、旅游消费结构等要素构成。旅游消费意识和由此而形成的旅游消费习惯是旅游消费的基本动因；旅游消费能力和旅游消费水平是旅游消费的客观条件；旅游消费结构是旅游消费发展到一定水平的结果，反映着消费的旅游产品的质量、数量及其比例关系，是衡量一个国家或地区旅游业发展水平的重要标志。

从性质上来说，旅游消费是一种个人消费行为，是人类超出生存需要的消费形式，属于人们的一种高层次的精神消费。

（一）旅游消费属于个体性消费

旅游消费就主体而言，属于个人消费范畴。旅游者是否选择旅游消费活动、什么时候消费、消费什么产品、消费层次与消费量怎样等诸多问题，都取决于旅游消费者个人的消费意识和倾向、消费习惯和能力等，而且最终的旅游消费效果也是因人而异的。

（二）旅游消费属于高层次消费

在人类生存消费、发展消费、享受消费三个层次中，生存消费是维持个人和家庭最低生活保障的生活资料和服务的消费，是劳动力再生产过程中所必需的最低限度的消费标准；发展消费和享受消费则是人们为了提高自身的文化素质、陶冶情操、发展智力和体力，从而达到劳动力内涵扩大再生产的要求的消费。旅游消费是人们在基本生活需要得到保障之后产生的高层次的消费需求。

（三）旅游消费属于精神性消费

旅游消费既消费以商品形式存在的物质产品，也消费以文化形式存在的精神产品，更多的是消费以劳务形式存在的服务产品。就旅游是人们在旅游中所获得的体验经历和享受满足来说，物质形态的产品消费是一种外在的形式，旅游者真正消费的是以物质形态产品为载体的精神产品和服务产品。

二、旅游消费的特点

由于旅游消费对象及内容的特殊性，使得旅游消费活动具有不同于其他一般消费活动的特征。

（一）旅游消费是综合性的消费

旅游消费是一个连续的动态过程，它贯穿在整个旅游活动之中。旅游消费的综合性可以从以下几个侧面反映出来。

首先，旅游消费对象是多种成分的综合体。旅游消费对象是旅游产品，而旅游产品本身是一个综合性的概念，它由旅游资源、旅游设施和旅游服务等多种要素构成。旅游消费对象既包含着物质的因素，也包含着精神的成分；既有实物产品，又有以活劳动表现出来的服务；既有劳动产品，又有非劳动的自然创造物；等等。

其次，旅游消费内容具有很强的综合性。旅游者为了实现旅游的目的，必须购买交通产品以实现客源地与目的地之间以及目的地内部的空间位移，必须购买住宿产品和餐饮产品以满足食宿方面的物质和精神需要，同时还要购买游览、娱乐产品，有的还会购买旅游纪念品等。可见，旅游消费活动是集食、住、行、游、购、娱于一体的综合性消费活动。从另一个角度来看，许多经济和非经济产业及部门，如酒店业、交通业、餐饮业、商业、海关、园林等，共同参与了旅游消费的实现过程，这也反映了旅游消费的综合性特点。

再次，旅游消费不仅满足了旅游者精神享受的需要，同时，由于旅游者离开了原来的生活环境，在旅游过程中也有基本生存需要，旅游消费也满足了旅游者的这种较低层次的需要。

最后，旅游者在消费旅游产品过程中所获得的效用是一种综合的效用，其中既有保健性的、文化性的效用，也有享乐性的和纪念性的效用等。

（二）旅游消费是一种以劳务为主的消费

这里所说的劳务即指服务。马克思曾指出："'服务'这个名词，一般地说，不过是指这种劳动所提供的特殊使用价值，就像其他一切商品也提供自己的特殊使用价值一样；但是，这种劳动的特殊使用价值在这里取得了'服务'这个特殊的名称，是因为劳动不是作为物，而是作为活动提供服务的。"可见，服务也是产品的一种形式。从总体上看，服务消费在旅游消费中占主导地位，服务消费贯穿于旅游者整个旅游活动过程的始终。但这并不是说其中不存在对物质产品的消费，相反满足旅游者需要的食品饮料、各种设施设备等都是有形的物质产品，但如果没有旅游从业人员提供的旅游服务，这些物质产品只能作为零散的旅游产品的生产资源而存在。旅游服务消费主要包括交通服务、导游服务、住宿服务、餐饮服务、文化娱乐服务、购物服务等。

（三）旅游消费与旅游产品生产的同一性

在一般物质产品的生产和再生产过程中，生产和消费是两个相对独立的环节，先有生产，后有消费。而以旅游资源为基础、旅游设施为凭借、旅游服务为核心的旅游产品，具有服务产品的一般特征，其生产和服务是同一个过程的两个方面。旅游产品不可转移性的特征也决定了旅游者必须亲自到旅游产品生产所在地进行消费，而旅游服务的提供也必须以旅游者的存在为前提。所以，旅游服务的提供即旅游产品的生产过程，同时也是旅游产品的消费过程,两者在时间和空间上都是统一的。

(四)旅游消费的不可重复性

旅游产品与其他物质产品不同,它的使用价值对旅游产品的购买者来说在时间上具有暂时性。也就是说,某个旅游者只在购买该次旅游活动的时间范围内,才对该旅游产品具有使用权,而不像其他物质产品,消费者在购买后即对其拥有所有权,可以重复使用。一旦旅游活动结束,该旅游者对旅游产品的使用权即告结束,旅游者消费活动随之停止。对于旅游产品中的服务而言,亦表现出明显的时间性。伴随着旅游活动的结束和旅游者的离去,旅游消费终止,旅游服务也即告终止。可见,旅游产品的不可转移性和不可储存性的特点,决定了旅游者对某旅游产品的消费是不可重复的。

此外,旅游消费的不可重复性还表现为旅游者在同一时间只能购买一次旅游活动,从而只能消费一个单位的旅游产品,而不像物质产品那样,消费者可以同时购买多个或多种产品。

(五)旅游消费是弹性较大的消费

旅游消费是在人们的基本生存需要得到满足后而产生的一种较高层次的消费需要。一般来说,满足人们生存需要的产品需求弹性较小,而满足人们发展和享受需要的产品需求弹性较大。旅游消费属于需求弹性较大的消费。除了旅游产品的价格、旅游者的收入水平和闲暇时间以外,客源地及旅游地的社会经济发展水平、国际政治经济形势、旅游者的人口统计特征和个性心理特征以及旅游地的其他有关旅游供给因素等,都直接或间接地影响着旅游消费的数量和质量。

(六)旅游消费具有互补性和替代性

首先,旅游消费的综合性,使得构成旅游消费对象的各个部分具有互补的性质。一项旅游消费的实现必然伴随着众多的其他旅游消费项目的产生,旅游消费的特点要求有关部门互相配合,加强合作,以便提高经济效益。其次,旅游消费的替代性,指消费对象构成部分之间的相互替代的性质。如旅游者从甲地到乙地乘了飞机,就不会再乘火车或轮船。住进了度假旅馆,就不会再入住其他旅馆。旅游者在选定某种消费之后,势必舍弃其他消费,因而这种替代性加剧了旅游业的竞争。

三、旅游消费在旅游经济运行中的作用

由于旅游业是一个极具综合性和关联性的产业,旅游消费对整个国民经济所产生的重要的经济拉动作用已经毋庸置疑。文化和旅游部统计数据显示,2019年全年国内游客60.1亿人次,比上年增长8.4%,国内旅游收入57251亿元,增长11.7%;2020年全年国内游客28.8亿人次,比上年下降52.1%,国内旅游收入22286亿元,下降61.1%;2021年全年国内游客32.5亿人次,比上年增长12.8%,国内旅游收入29191亿元,增长31.0%。

在旅游经济的运行中,旅游消费处于核心地位。旅游经济的运行过程,就是旅游产品生产、交换、消费诸环节周而复始地不断进行的过程,即旅游产品的生产与旅游产品

的消费得以继续的过程。如果旅游产品的生产、交换和消费各个环节之间相互衔接、平衡协调,旅游经济运转就能顺利进行;反之,旅游经济活动就不能顺利运转。其中,决定旅游经济能否顺利运行的枢纽点就在于旅游消费。这是由旅游消费在旅游经济运行中的地位和作用决定的,具体表现在以下几方面。

第一,旅游消费是旅游需求的实现和满足,并促发新的旅游需求和旅游产品生产。在生产、分配、交换和消费四个环节中,生产是起点,消费是终点。如果把社会再生产看作一个周而复始的过程,那么消费是第一个生产过程的终点,同时又是下一个生产过程的起点。一般来说,生产决定消费,但"消费的需要决定着生产",生产取决于需要;而需要的形成和发展,又在很大程度上取决于消费的发展。没有需要,没有消费,生产就没有目的地。从这点上说,消费决定了生产,消费需求和消费水平决定了生产的发展方向和发展速度。

第二,旅游消费是旅游产品的价值得以实现的过程,也是对旅游产品的最终检验。产品在消费中得到最后的完成,消费"是使产品成为产品的最后行为"。如果没有旅游消费,旅游产品就无法销售出去,旅游产品的价值就不能实现,旅游经济的运行就难以顺利进行。此外,旅游消费又是对旅游产品的最终检验。旅游产品如果不符合消费需求就会滞销,旅游经济仍不能顺利运转。通过旅游消费还可以检验整个旅游经济结构是否合理,旅游经济效益是否理想。

第二节 旅游消费决策

合理的旅游消费决策体现了消费者正确的价值追求以及健康的消费观。

旅游消费者最大效用均衡是指旅游者在支出一定的费用和时间的条件下,通过合理的比例搭配购买旅游产品,进行旅游消费,从而达到效用最大化,体现了正确的消费观,对于克服奢侈浪费之风具有重要意义。

一、旅游消费者最大效用均衡

旅游消费决策是个人根据自身需要及其他相关条件,通过收集和加工有关的旅游信息,选择和确定旅游消费方案并付诸行动的过程。旅游消费决策过程一般包括产生旅游需要和动机、收集信息、选择旅游目的地或旅游供应商、进行旅游预算、决定是否外出旅游、外出旅游等几个阶段。影响旅游者旅游消费决策的因素有很多,从旅游者自身到旅游供给的诸多因素都会对旅游消费决策产生综合影响。这里,我们主要从旅游者效用满足最大化的角度对旅游消费决策进行探讨。

由于旅游者的可自由支配收入和可自由支配时间是有限的,而旅游产品的价格是给定的,因而旅游者就存在着一个如何合理支出旅游消费及安排时间、实现最大限度旅游享受的问题。旅游消费者最大效用均衡是旅游者在支出一定的费用和时间的条件下,通过合理的比例搭配购买旅游产品,进行旅游消费,从而获得精神上与物质上的最佳感受,即达到效用最大化。

旅游消费者最大效用均衡可以通过边际效用分析法和无差异曲线分析法来揭示。

(一) 边际效用分析

任何一种消费品的效用都是消费者消费该消费品所感到的满足,它包括客观的物质属性和消费者的主观感受。其总效用是指消费一定量的消费品所获得的总满足程度。其边际效用是指该消费品的消费量每增(减)一个单位所引起的总效用的增(减)量,即满足程度的增(减)量。旅游产品的总效用与边际效用的关系可以通过表 7-1 及根据表 7-1 绘制的图 7-1 来表示。

表 7-1 旅游产品总效用与边际效用

某旅游产品的消费量	总 效 用	边 际 效 用
0	0	
1	4	4
2	7	3
3	9	2
4	10	1
5	10	0
6	8	−2

从表 7-1 和图 7-1 可以看出,随着旅游产品消费数量的增加,其边际效用曲线 Mu 开始呈递增趋势,总效用曲线 Tu 也随之增加,但是当某旅游产品的消费量达到一定程度的时候,如图 7-1 所示,再增加此种旅游产品的消费,其边际效用却是逐步递减的。这是由消费品的边际效用递减规律决定的。这一规律表明,当其他产品消费基本保持不变的情况下,随着旅游者对旅游产品的消费量的增加,其边际效用最终将趋于下降。当然,当边际效用降低到零的时候,其总效用也开始逐步下降。旅游产品的消费量、总效用、边际效用三者之间的关系如图 7-1 所示。

所谓边际效用递减规律是指随着人们所消费的某种产品的数量的增加,其总效用虽然也相应增加,但产品的边际效用(即所消费的一定量的产品中,最后增加的那一个单位所增加的效用,或最后一个单位产品所提供的效用)随所消费产品数量的增加而有递减的趋势。总效用有可能达到一个最大值,一旦越过这一点,产品的边际效用就有可能等于零或变成负数。所谓边际效用为负数,是指对于某种产品的消费一旦超过一定

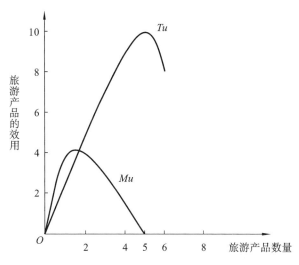

图 7-1 旅游产品总效用曲线、边际效用曲线

量之后,不但不能增加消费者的满足和享受,反而会引起消费者对该消费品的反感和讨厌。

旅游产品的消费也是如此。所以说,旅游者购买和消费旅游产品并非越多越好,而是要以合理的比例均衡购买和消费旅游产品,达到其最大效用。

根据边际效用递减规律,随着旅游产品数量的增加,总效用随之增加,但边际效用却是递减的。这里,旅游消费者最大效用均衡的原则是,如果旅游者的货币收入是固定的,市场上各种产品的价格是已知的,那么旅游者一定要使其所购买的各种产品的边际效用与他所付出的价格成比例,也就是说,要使每一单位货币所获得的边际效用都相等。

旅游者消费最大满足的含义可以用下列等式来加以说明:

$$P_a \cdot Q_a + Q_b \cdot P_b = M$$

$$\frac{Mu_a}{P_a} = \frac{Mu_b}{P_b}$$

式中:M——总收入;

a,b——所消费的不同的旅游产品;

P_a,P_b——旅游产品 a 和 b 的价格;

Q_a,Q_b——旅游产品 a 和 b 的购买量;

Mu_a,Mu_b——旅游产品 a 和 b 的边际效用。

(二)无差异曲线分析

旅游消费者最大效用均衡还可以通过无差异曲线和开支预算线的组合分析来说明。

1. 无差异曲线

无差异曲线表示两种或两组产品的不同数量组合为消费者所提供的效用是相同的。假设现有 X 和 Y 两种产品,无差异曲线如图 7-2 所示。

图 7-2 中,I 为无差异曲线,线上任一点所表示的 X 产品和 Y 产品不同数量的组合

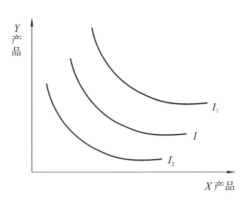

图 7-2 无差异曲线

给消费者所带来的满足程度是相同的。无差异曲线具有三个特征:第一,无差异曲线是一条凸向原点并向右下方倾斜的曲线;第二,在同一平面上可以有无数条无差异曲线,离原点越远的无差异曲线所代表的满足程度越高(如 I_1),离原点越近的无差异曲线所代表的满足程度越低(如 I_2);第三,在同一平面上,任意两条无差异曲线不相交。毫无疑问,理性的消费者总是愿意在尽可能高的无差异曲线上选择一种产品组合,使其效用最大化。

2. 开支预算线

开支预算线是指在收入和商品价格既定的条件下,消费者所能够购买到的各种数量商品的最大组合。消费者能够得到的商品组合,一方面取决于其货币收入的多少,另一方面依赖于商品价格水平的高低,这两方面结合起来就构成所谓的预算约束。假设消费者的货币收入为 M,P_X 和 P_Y 分别为商品 X 和商品 Y 的价格,如果用 Q_X 和 Q_Y 分别表示 X 和 Y 的购买量,则有:

$$P_X Q_X + P_Y Q_Y = M$$

该式可以转换为:

$$Q_Y = \frac{M}{P_Y} - \frac{P_X}{P_Y} Q_X$$

这一公式所表示的直线如图 7-3 所示。P_X/P_Y 为该直线的斜率,M/P_Y 是该直线在纵轴上的截距,M/P_X 即为直线在横轴上的截距。在无差异曲线分析中,消费均衡是在无差异曲线与开支预算线的切点上(E 点)。这一点所对应的 X 产品和 Y 产品数量的组合既满足消费者需要又符合消费者的开支预算。此时消费者就获得最大满足,如图 7-4 所示。

二、消费者最大效用均衡与旅游消费决策

消费者最大效用均衡在旅游消费决策分析中,主要用于四个方面:第一,旅游消费与其他产品消费的决策;第二,旅游目的地的选择决策;第三,旅行方式的选择决策;第四,各种旅游消费支出比例的决策。

(一) 旅游消费与其他产品消费的决策

人们往往要在旅游消费与其他产品消费之间进行选择,以期获得最大满足。当人

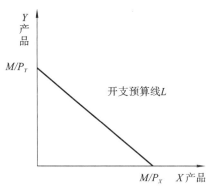
图 7-3　开支预算线

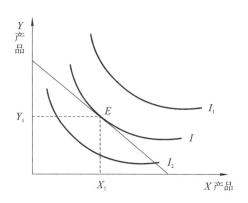
图 7-4　旅游者最大效用均衡(一)

们有一定的可自由支配收入时,或者将其储存起来,或者用于满足发展和享受需要的消费上,如购买高档家电用品,用于娱乐健身或外出旅游。但无论怎样安排,一个理性消费者总是要在收入水平和产品价格既定的情况下,作出使他们达到最大满足的消费选择。

假定每单位家用电器的平均价格为1400元,国内旅游日平均花费200元。现某消费者欲以5600元购买一部分家用电器,同时还要进行一次旅游,他在购买家用电器和购买旅游产品之间,应如何达到均衡呢?假设该消费者获得同等满足的产品组合如表7-2所示。

表 7-2　消费者获得同等满足的产品组合(一)

获得同等程度满足的产品组合				
组合方式	A	B	C	D
家用电器(单位)	5	3	2	1
旅游产品(天数)	4	7	16	28
预算限制下可能的产品组合				
组合方式	M	B	E	N
家用电器(单位)	4	3	2	0
旅游产品(天数)	0	7	14	28

根据以上组合,我们可以画出无差异曲线与消费预算线,如图7-5所示,两者相切于B点,即消费均衡点。也就是当进行7天的国内旅游,同时又购买3个单位的家电产品时,才能达到5600元开支下的最大满足。

(二) 旅游目的地的选择决策

当人们决定外出旅游时,需要对旅游目的地进行选择。假定旅游者在上海、杭州两地旅游天数的几种搭配方案,都能使他感到满足,如表7-3所示。

假定在上海旅游每日的平均费用为240元,在杭州旅游每日平均花费150元。那么根据该游客1500元的旅游预算,他应在两地各停留多少天,才能得到最大满足?

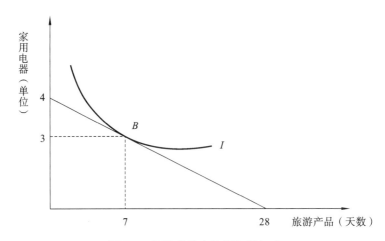

图 7-5　旅游者最大效用均衡（二）

表 7-3　旅游者获得同等满足的产品组合（二）

组合方式	A	B	C	D
上海旅游/天	1	2	3	4
杭州旅游/天	10	6.8	5.8	5

图 7-6 中无差异曲线与消费预算线相切于 B 点，B 点所表示的在两地旅游天数的组合，即在上海旅游 2 天，在杭州旅游 6.8 天，该游客获得了消费均衡。

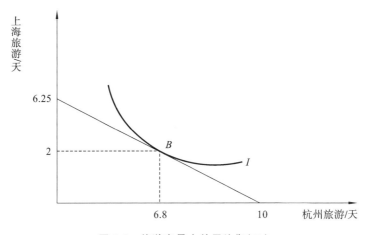

图 7-6　旅游者最大效用均衡（三）

闲暇时间也是影响人们作出旅游决策的重要因素，假定该游客的假期只有 8 天，那么该游客对旅游的抉择还要受到 8 天假期的限制。

（三）旅行方式的选择决策

旅游者外出旅游时首先要解决从居住地到目的地的空间位移问题，所以不得不对旅行方式作出选择。这里我们有一个假定前提，即旅游者在选择旅行方式时，只考虑其收入和时间两个因素（收入和时间几乎对每个人来说都是稀缺资源），而不考虑其他因素如旅游目的、旅行经验或目的地的地理位置等的影响。那么在选择旅行方式时，有人倾向于多支出货币少支出时间,而有人则倾向于少支出货币多支出时间。一般说来,高收入者的货币效用较小,而闲暇时间变得相对重要,所以在旅行方式选择时就倾向于多支出货币少支出时间;低收入者则相反。这种选择行为可以用无差异曲线的分析方法加以解释。

如图 7-7 所示,纵轴表示货币支出,横轴表示时间支出,无差异曲线表示的是能给旅行者带来同样旅行满足程度的货币支出和时间支出的组合点的轨迹。在无差异曲线的 A 点,旅游者可以多支出货币少支出时间,即选择一种快速的旅行方式,如航空旅行;在 B 点旅游者可以多支出时间少支出货币,即选择一种慢速的旅行方式,如乘火车旅行。

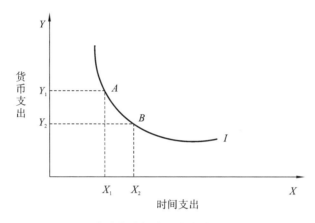

图 7-7　旅游者选择旅行方式的无差异曲线

收入和时间构成一个旅游者的旅行约束。假定旅游者单位时间的时间价值为 P_X,时间支出量为 X,货币支出量为 Y,则 $P_X X + Y = M$ 就构成了一个人的旅行资源总量。它表现为一条直线,直线的斜率为 P_X,它由旅游者每单位时间的时间价值来决定。直线在横轴上的截距为 M/P_X,在纵轴上的截距为 M。旅游者总是希望以最小的旅行资源支出达到最大的效用。显然,在既定的旅行资源 M 下,旅游者的均衡点在 E 点。如图 7-8 所示。根据这个时间支出和货币支出的组合点,旅游者可以选择一种适当的旅行方式。

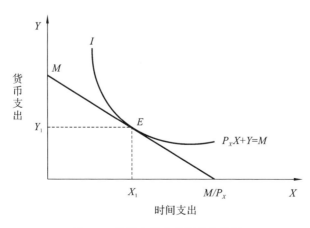

图 7-8　旅游者最大效用均衡(四)

（四）各种旅游消费支出的决策

旅游者需要对旅游过程中的食、住、行、游、购、娱等每一方面的消费量作出决策。假定某一旅游者打算在目的地再多停留几天，而且打算购买一些旅游纪念品带回去，但他可支配的用于旅游消费支出的钱仅余900元，那么他该如何在增加停留时间和购买纪念品之间作出选择，才能获得最大满足呢？假设在该目的地每日平均花费为150元，该旅游者欲购买的每单位旅游纪念品的平均价格为20元，该旅游者在以下组合情况下可获得同等程度的满足（表7-4、图7-9）。

表7-4 旅游者获得同等满足的产品组合（三）

组合方式	A	B	C	D
旅游天数/天	5	4	3	2
旅游纪念品/单位	8	15	20	35

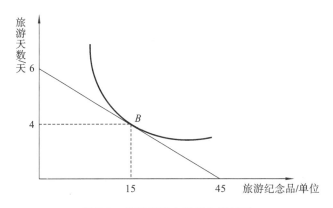

图7-9 旅游者最大效用均衡（五）

在实践中，旅游消费者的消费决策除了受其本身的收入、时间、兴趣爱好、年龄等因素影响外，还要受到旅游目的地方面的影响，如旅游资源的吸引力、旅游服务质量、旅游产品价格，旅游目的地的政策法令、社会治安、人民友好关系等很多因素，这都制约着旅游消费者的旅游决策。旅游者作出的每一项旅游决策，都是对这些因素综合考虑的结果。

第三节 旅游消费结构

思政引导

党的二十大报告指出，推动绿色发展，促进人与自然和谐共生。大自然是人类赖以生存发展的基本条件。尊重自然、顺应自然、保护自然，是全面建设社会主义现代化国家的内在要求。必须牢固树立和践行绿水青山就是金山银山的理念,站在人与自然和谐共生的高度谋划发展。

合理的旅游消费构成必须有利于保护自然生态环境和社会环境,任何有悖于环境保护的旅游消费内容都应受到限制,同时应加快开发能促进环境保护的旅游产品,引导旅游消费结构向有利于环境保护的方向发展。

一、旅游消费结构的概念和分类

旅游消费结构是指旅游者在旅游过程中所消费的各种类型的消费资料的数量、质量及比例关系,是衡量一国家或地区旅游业发展水平的重要标志之一。从不同的角度出发,旅游消费有不同的构成内容,也相应形成了不同的旅游消费结构。

1. 从旅游者所购买的旅游消费资料的不同功能与用途出发

从旅游者所购买的旅游消费资料的不同功能与用途出发,旅游消费可分为食、住、行、游、购、娱等几个方面的消费。如前所述,作为旅游消费对象的旅游产品是满足旅游者外出旅游过程中各种需要的综合性产品,旅游消费就相应地涵盖各种不同单项产品和服务的消费。

2. 从满足人们旅游需求的不同层次出发

从满足人们旅游需求的不同层次出发,旅游消费可分为生存资料消费、享受资料消费和发展资料消费。旅游者在旅游过程中的食、住、行等方面的消费,是满足旅游者在游览过程中的基本生理需要的消费,而在观赏、娱乐、学习等方面所消费的物质产品和精神产品是满足旅游者精神享受、智力发展的需要。在旅游活动过程中,这两种消费相互交错,很难严格划分它们之间的区别和界限。例如,很多旅游者在消费酒店产品时既要得到基本生理需要的满足,同时也要求获得精神享受上的满足。探险旅游者或考察旅游者在满足自身享受与发展的需要中又掺杂着其生存需要的满足。

3. 从旅游消费资料的形态出发

从旅游消费资料的形态出发,可把旅游消费分为实物消费和劳务消费。实物消费是指旅游者在旅游过程中对物质产品如客房用品、食品、饮料等实物资料的消费;劳务消费是指旅游者在旅游过程中对活劳动的消费,如对交通运输服务、导游服务、酒店服务、餐饮服务等的消费。

4. 从旅游消费对旅游活动的重要性出发

从旅游消费对旅游活动的重要性出发,可把旅游消费分为基本旅游消费和非基本旅游消费。基本旅游消费是指进行一次旅游活动所必需的而又基本稳定的消费,如交通、住宿、餐饮、游览等方面的消费;非基本旅游消费是指并非每位旅游者每次旅游活动都需要的且具有较大弹性的消费,如旅游购物、医疗消费、邮电通信消费等。

5. 从旅游者的旅游目的出发

从旅游者的旅游目的出发，可将旅游消费分为观光型、度假型、商务型、探亲访友型、交流/专业访问型等旅游消费。如果旅游者只抱有单一目的外出旅游，就是单一性旅游消费。但在现实旅游活动中，旅游者到某地旅游往往有一个主要目的，如以观光、度假或专项旅游等，也不排斥其他旅游消费项目。如有的游客在观光后，还伴有娱乐、保健等消费；有的商务游客在完成商务活动之前或之后，伴有观光旅游消费。这时，旅游消费就表现为多样性消费，而多样性消费是现代旅游的一个特征。

此外，旅游消费还可以根据不同的旅游目的地、不同的客源产生地以及不同的旅游季节进行分类。

二、影响旅游消费结构的因素

如前所述，旅游消费是一种弹性较大的消费，而且旅游消费和旅游者的旅游需求以及旅游产品的生产或供给密不可分。因此，影响旅游消费需求和旅游供给的诸多因素都会对旅游者的旅游消费结构产生影响。概括起来，影响旅游消费结构的因素主要有三个方面。

（一）有关旅游者的因素

1. 旅游者的收入水平

收入水平决定着消费水平，也决定着需求层次，从而决定了旅游消费结构的变化。只有当人们的收入在支付其必需的生活消费和社会消费之后尚有一定数量的节余，即存在一定的可自由支配收入时，才有可能外出旅游。而且，旅游者的可自由支配收入水平也决定了旅游者的旅游消费水平和旅游消费结构。很多关于旅游行为的调查都表明，人们外出旅游的频率及消费额与可自由支配收入之间存在直接关系。一般来说，可自由支配收入越多，外出旅游的可能性越大，旅游消费水平也越高，旅游消费需求的满足程度会越充分。例如，可自由支配收入高的旅游者有可能选择较昂贵的旅游目的地，选择高档酒店和美味餐食，会在购物、游览方面花费较多，致使交通花费在其外出旅游总花费中占较低比重；而可自由支配收入较低的旅游者往往倾向于以游览为主，对住宿、饮食的要求不高，并很少购物，同时由于在交通方面通常没有太多的节省余地，这样就使得交通花费在其旅游总花费中占据相对较大的比重。

2. 旅游者的构成

旅游者不同的年龄、性别、职业、受教育水平以及不同的风俗习惯和兴趣爱好都不同程度地影响着旅游消费结构。一般来说，青年旅游者以游览娱乐型消费为主，而在住宿、饮食方面的消费相对较低；老年旅游者对住宿、餐饮和交通产品的质量要求较高。女性旅游者的购物消费在其全部旅游消费中所占的比例往往较大。旅游者的年龄、文化程度、职业不同，其收入水平和带薪假期的不同又进一步影响旅游者的消费数量和停留天数。旅游者的文化背景以及兴趣爱好不同，对旅游产品的内容和质量要求亦各不相同。此外，旅游者的来源构成，如城乡构成、地区构成等因素都会不同程度地影响旅游消费结构的变化。

3. 旅游者的心理因素

根据美国学者斯坦利·普洛格对心理类型的研究,自我中心型的旅游者和多中心型的旅游者在目的地与出游方式的选择方面存在很大不同。此外,旅游者的从众心理以及消费方式的示范效应也影响着旅游者的支出投向。

(二)有关旅游供给的因素

1. 旅游产品的结构

生产水平决定消费水平,旅游产品的生产结构直接影响和制约着旅游消费结构。例如,我国旅游业凭借着丰富的观光型旅游资源,一直以来主要向旅游市场提供观光型旅游产品,这也是多年来我国城镇居民和入境游客在旅游消费结构上都是以观光游览为主,而对其他类型旅游产品消费较少的重要原因之一。随着旅游需求的发展变化和旅游产品结构的不断转型,目前我国的旅游消费结构正在由传统单一的观光旅游向度假休闲、保健疗养、文化旅游和生态旅游等复合型消费转化,旅游消费结构逐步升级。

2. 旅游产品的价格

旅游产品价格的变化影响着旅游者的消费数量和消费结构。由于旅游产品的需求弹性较大,当旅游产品的价格上涨而其他条件不变时,人们就会把旅游产品的消费转向其他替代品的消费,使旅游消费数量减少;当旅游产品内部某一部分的价格上涨时,旅游者会抑制而减少对这部分产品及与其成互补关系的产品的支出,甚或改变支出投向,从而改变其旅游消费结构。

(三)有关客源地和目的地的宏观环境因素

1. 旅游客源地的社会经济发展水平

客源地的社会经济发展水平直接影响着旅游者的可自由支配收入水平和闲暇时间以及旅游者的受教育水平,从而对旅游需求的产生以及旅游者的旅游消费水平和消费结构产生重要影响。比如,社会经济发展水平较高的国家,其国民出游比例较高,旅游消费能力较强,在旅游消费结构方面与经济发展水平较低的国家相比有很大的不同。

2. 目的地与主要客源地之间的距离

一般情况下,如果目的地距其主要客源地较远,那么来访旅游者在交通方面的支出相对就会在其旅游消费总支出中占较大比例,例如欧美国家和地区的来华旅游者中,交通费用占其旅游花费的比重就较大。

三、合理的旅游消费结构的标准

旅游消费结构优化是一个动态的发展过程,它是指旅游消费结构从不合理状态逐步向合理状态的标准不断接近的过程。旅游消费结构的优化以最大限度提高旅游消费的经济和社会效益、促进旅游者身心健康和全面发展为目标。

合理的旅游消费结构,具体来说应该满足五个方面的要求。

（一）要实现旅游消费多样化

所谓旅游消费多样化，是指旅游消费的内容丰富多彩，方式多种多样。也就是说，供旅游者选择的旅游消费内容和旅游活动方式，必须满足消费者各种各样的需要。比如，向市场提供的旅游产品既要有观光游览，又要有各种能让旅游者参与其中、亲身体验的旅游项目；既要有利于旅游者消除疲劳、增进健康，又要有利于旅游者增长知识、开阔视野。旅游消费多样化是旅游消费合理化的基本要求，只有消费选择多样化，才能满足现代旅游者多样化的需要。

（二）旅游消费的各个构成部分之间要保持恰当的比例

一般而言，旅游业发展水平越低，基本旅游消费支出占总消费支出的比重就越高；反之，非基本旅游消费支出所占的比重就越高。基本旅游消费需求一般比较稳定，而非基本旅游消费需求则弹性较大。因此对某一旅游目的地而言，通过扩大基本旅游消费支出来提高旅游经济效益往往具有很大的局限性，一般要依赖来访旅游者人数的增加才能达到此目的，此时旅游发展表现为一种数量型或粗放型增长。而通过提高旅游者在购物、娱乐等方面的非基本旅游消费支出却能够有效地提升旅游综合效益，这时旅游发展表现为一种质量型或集约型增长。非基本旅游消费支出比例的高低是反映旅游消费结构是否合理的一个显性指标，该比例越高，说明旅游消费结构越趋合理。

（三）要有利于实现旅游消费市场供需的平衡

由于受多种因素的影响和制约，旅游消费需求具有较大的弹性。而旅游产品的供给能力一旦形成，短期内难以出现较大规模的变动，具有一定的刚性或相对稳定性。所以，合理的旅游消费结构，一方面，应保证在旅游淡季和旅游"温冷点"有一定的消费规模，以提高旅游设施的利用率，充分发挥旅游消费对旅游业的促进作用；另一方面，在旅游旺季和旅游"热点"，旅游消费的水平和消费结构应与旅游地在某段时间内的供给能力相适应。

（四）要有利于旅游环境的保护

良好的旅游环境既是重要的旅游资源，也是旅游产品的重要组成部分，同时还是旅游消费得以顺利进行的必备条件。因此，合理的旅游消费构成必须有利于保护自然生态环境和社会环境，任何有悖于环境保护的旅游消费内容都应受到限制，同时应加快开发能促进环境保护的旅游产品，引导旅游消费结构向有利于环境保护的方向发展。

（五）要有利于促进旅游者素质的全面提高以及社会文明的进步

合理的旅游消费结构，应是通过提供丰富的旅游消费内容，使旅游者能进行各种旅游消费资料的选择和搭配，真正达到通过旅游来开阔视野、增进知识、提高修养，从而不断促进整个社会的文明与进步的目的。

第四节 旅游消费效果评价

习近平总书记在企业家座谈会上指出,企业既有经济责任、法律责任,也有社会责任、道德责任。

旅游消费活动不仅是满足人们物质和精神需要的经济行为,同时也是一种社会行为。评价旅游消费效果要注意其社会效果,如对目的地居民和社会的影响。

一、旅游消费效果的含义

优化旅游消费结构的最终目的是要实现旅游者个人、旅游经营企业以及整个社会的和谐有序发展。对旅游消费效果进行评价,就是要考察是否达到了这一目的。

消费效果通常是指消费者通过消费某种产品而获得的需求满足程度。由于消费还包括生产企业的生产性消费,所以从广义来看,消费效果也包括生产者通过消费生产资料所获得的收益状况。

我们可以从旅游者以及旅游产品经营者两个角度来理解旅游消费效果。首先,对旅游者来说,在旅游消费中要消耗一定的金钱、时间、精力和体力,即旅游消费的"投入";通过旅游消费使人们的体力、智力得到恢复和发展,精神得到满足,即旅游消费的"产出"。在旅游者的旅游消费过程中,投入与产出、消耗与成果、消费支出与达到消费目的的效果之间的对比关系,就是旅游消费效果。这里所说的旅游消费效果是一种心理现象,是旅游者通过旅游消费获得的心理感受和主观评价。其次,从旅游产品经营者的角度来看,通过消耗一定的生产资料和劳务,即生产性消费,而向旅游者提供旅游产品,最终获得相应的旅游收入、声誉和影响力以及顾客的满意等成果。这里,旅游消费效果就是旅游经营者的投入与产出的对比关系。

由于考察问题的角度不同,旅游消费效果可以划分为不同的类型。比如,根据考察范围的不同,旅游消费效果可分为宏观旅游消费效果和微观旅游消费效果。宏观旅游消费效果,是把所有旅游消费作为一个整体,从社会角度研究旅游消费资料的价值和使用价值,分析旅游消费资料的利用情况,旅游者对它的满足程度,旅游消费对社会生产力及再生产的积极影响,以及对社会经济发展所起的促进作用。微观旅游消费效果,是从个体的角度来考察,是指旅游者通过旅游消费,在物质上和精神上得到的反映,如旅游消费能否达到旅游者的预期效果,旅游者能否获得最大满足。

根据一定的消费投入与所取得的成果之间联系的密切程度不同,旅游消费效果可分为直接消费旅游效果和间接旅游消费效果。直接旅游消费效果指的是一定的旅游消费投入直接取得的成果,如游客花钱乘车实现了空间位移;间接旅游消费效果是指一定的旅游消费投入所取得的不直接显示出来的效果,如旅游陶冶情操、提高人们的素养,则需要通过人们的工作生活实践,才能具体体现出来。

此外,根据考察时间的不同,还可将旅游消费效果分为当前旅游消费效果和长远旅游消费效果。当前旅游消费效果考察的是旅游消费给旅游者所带来的现实满足,以及给旅游经营者和旅游目的地所带来的现实经济利益;而长远旅游消费效果则是指旅游消费所产生的长期潜在效果,如通过旅游活动而实现的人们素质的提高,或者旅游消费对目的地社会文化的影响,往往要经过一段较长时间才能显现出来。

二、旅游消费效果衡量

旅游消费效果衡量,根据旅游供求可以分为两个层次:一是对旅游需求方面衡量,即对旅游者的旅游消费满足程度的衡量;二是对旅游供给方面衡量,即对旅游目的地向旅游者提供旅游产品消费后,从而得到旅游收入的消费效果的衡量。

(一)旅游者消费效果的衡量

旅游消费效果最直接的体现,就是旅游者消费的最大满足,即旅游者在支出一定时间和费用的条件下,通过旅游消费获得的精神上与物质上的最佳感受,也可以理解为旅游者在旅游过程中实际感受与主观愿望的最大相符程度。通常旅游者对旅游产品的消费选择是理性的。一般来讲,当人们的基本生理需要得到满足之后,就会将多余的收入用于提高文化生活水平的消费上,以满足人们享受与发展的需要,或是储存起来待日后消费。但无论怎样安排,一个有理性的旅游者总要考虑在收入水平限制和旅游产品价格既定的情况下,怎样消费才能使自己得到最大的满足。

假设某旅游者想进行一次舒适的旅游,在旅游活动中,每单位的旅游商品价格为20元,而游览景点每日平均花费150元。现该旅游者有900元可用于旅游消费,试分析他在购买旅游商品和游览景点之间,应如何消费才能使他感到最大的满足。由于该旅游者的可支配收入仅有900元,因而他的支出就受到900元的限制而使他不能随意选择任何一种消费搭配,只能根据可以支配的900元来选择使他获得最大满足的旅游消费组合。于是就有表7-5中的几种旅游消费的组合情况。

表7-5 旅游者预算限制下的可能产品消费组合

旅游产品消费组合	A	B	C	D
游览旅游景点数/个	6	4	2	0
购买旅游商品数/单位	0	15	30	45

其对应的预算线为 $y=-\dfrac{15}{2}(x-6)$,而旅游者的消费无差异组合如表7-6所示。

表 7-6　旅游者的消费无差异组合

旅游产品消费组合	A	B	C	D
游览旅游景点数/个	1	4	6	10
购买旅游商品数/单位	60	15	10	6

其对应的无差异曲线为 $y=\dfrac{60}{x}$，则预算线与无差异曲线相交于点（4，15）和点（2，30）。因此，在旅游者的可支配收入在 900 元的限制下，若旅游者既要游览旅游景点，又要购买旅游商品，则只有选择 B 种旅游产品消费组合，即游览旅游景点 4 个，同时购买 15 单位旅游商品，才可能实现旅游者消费的满足。

（二）旅游目的地消费效果的衡量

在一定时期内，旅游者在旅游目的地的消费越多，则旅游目的地的收入就越多。因此，可以通过分析旅游者在旅游目的地的消费支出来衡量旅游目的地旅游消费效果。通常，反映旅游者消费支出的指标主要有旅游消费总额、人均旅游消费额、旅游消费率和旅游消费构成。

1. 旅游消费总额

旅游消费总额，是指一定时期内旅游者在旅游目的地进行旅游活动过程中所支出的货币总额。它从价值形态上反映了旅游者对旅游目的地的旅游产品消费的总量。由于旅游业是一个综合性产业，涉及交通、住宿、餐饮、娱乐、购物、游览等多方面，因此对旅游消费总额的计算是采用抽样调查和常规统计相结合，即通过抽样调查得到人均旅游消费额，再与常规统计的旅游者人数相乘而得。

2. 人均旅游消费额

人均旅游消费额，是指一定时期内旅游者在旅游目的地国家或地区的旅游过程中，平均每一个旅游者支出的货币金额。它反映了旅游者在某一旅游目的地的旅游消费水平，并为旅游经营者开拓旅游市场和开发产品提供重要的依据。人均旅游消费额一般是通过抽样调查而得到，但是在知道旅游消费总额的情况下，也可以根据旅游消费总额来计算。

3. 旅游消费率

旅游消费率，是指一定时期内一个国家或地区的旅游者消费支出同该国家或地区个人消费支出总额的比例，它从价值角度反映了一个国家或地区在一定时期内旅游者旅游消费的强度和水平。

4. 旅游消费构成

旅游消费构成，是指旅游者在旅游活动过程中，在食、住、行、游、购、娱等方面的消费比例。旅游消费构成不仅反映了旅游者消费的状况和特点，而且为旅游目的地国家或地区配置旅游资源和要素、组合旅游产品提供科学依据。

三、旅游消费效果的评价原则

旅游消费效果所包含的内容非常丰富，只有从不同角度、不同方面进行比较分析，才能得出较为客观的关于旅游消费活动的综合性效果。在对旅游消费效果进行评价时,通常要遵循四个基本原则。

(一)旅游产品的价值和使用价值相结合

旅游产品(物质产品和劳务)作为消费资料进入消费领域,以商品形式满足人们的消费需要,在使用价值上要使旅游者能够得到物质与精神的享受,在价值上要以社会必要劳动时间来衡量。对国际旅游者来说,旅游产品的价值量则要以国际社会必要劳动时间来衡量。也就是说,旅游产品的数量与质量不仅应等同于国际上同等价格的旅游产品,而且要使旅游者得到与其一定的消费支出相适应的物质产品与精神产品,只有这样,才能使旅游消费效果达到最大化。

(二)微观旅游消费效果与宏观旅游消费效果相结合

微观旅游消费效果的评价是从个体的角度进行的,而宏观旅游消费效果则是从社会的角度来评价旅游消费给整个社会带来的影响。两个层次的消费效果之间存在密切关系,宏观旅游消费效果以微观旅游效果为基础,而微观旅游消费效果又以宏观旅游消费效果为依据,但二者有时也存在着矛盾。微观旅游消费效果反映出个人的主观评价,由于不同旅游者的旅游消费需求和评价标准各有不同,有时旅游者的某些消费需求可能有悖于接待国家的旅游政策,使得微观消费效果与宏观消费效果出现不一致的情况。对微观旅游消费效果的评价是必要的,从中可以了解旅游者的需求满足程度、旅游企业的经营状况、旅游供给与需求的匹配情况等信息。而对宏观旅游消费效果的评价通常更为重要,它从整体上研究旅游消费对资源配置、社会文化以及环境的影响,考虑的是整个社会的利益。在微观利益与宏观利益发生冲突时,前者要服从后者。对旅游消费效果的评价应是同时考虑微观效果和宏观效果的综合评价。良好的旅游消费效果必然是从微观上能满足旅游者的消费需要和旅游企业的经营发展需要,同时从宏观上又能促进整个社会的发展。

(三)旅游消费效果与生产效果、社会效果相结合

由于人们消费的对象就是生产的成果,所以生产的经济成果直接影响消费效果,考察消费效果也要兼顾生产消费资料的经济效果。如有些新开发的旅游产品,其消费效果可能很好,但该旅游产品的生产经济效果却可能很差。另外,旅游消费活动不仅是满足人们物质和精神需要的经济行为,同时也是一种社会行为。因此,评价旅游消费效果还要注意其社会效果,如对目的地居民和社会的影响。片面强调消费效果,完全撇开生产的经济效果或社会效果,也是不科学的。

(四)当前旅游消费效果与长远旅游消费效果相结合

当前旅游消费效果的取得不能以影响长远消费效果为代价,同时也不能因为追求长远旅游消费效果而对现实的旅游消费活动进行不恰当的抑制。在评价旅游消费效果时,必须要坚持当前消费效果和长远消费效果相结合。

本章思考题

一、名词解释
旅游消费　旅游消费者最大效用均衡　旅游消费结构　旅游消费效果

二、简答题
1. 旅游消费有哪些特点？
2. 旅游消费在旅游经济运行中有何作用？
3. 试用无差异曲线分析方法对旅游消费者的有关消费决策进行分析。
4. 如何对旅游消费结构进行分类？
5. 试分析旅游消费结构的影响因素。
6. 如何判断旅游消费结构是否合理？
7. 说明旅游消费效果的分类以及旅游消费效果的评价原则。

案例分析

本章思政总结

旅游消费作为精神性消费在社会主义精神文明建设中起到了重要的作用；旅游消费对于满足人民精神生活需求、助力共同富裕发挥着重要作用；旅游消费有利于增强人民的民族自豪感与荣誉感；旅游消费有益于提高人民的精神文明素养。

"双碳"（碳达峰与碳中和）目标是中国顺应全球低碳发展大势做出的重要战略决策，既是推动中国经济走向高质量发展道路和实现可持续发展的必然选择，更是践行人类命运共同体理念的战略之举，旅游业在碳达峰、碳中和进程中肩负着同样重要的环境责任。

第八章 旅游收入

学习目标

1. 掌握旅游收入的概念、分类。
2. 认识旅游收入指标。
3. 掌握影响旅游收入的因素。
4. 了解旅游收入分配的过程和内容。
5. 掌握旅游乘数的含义和类型。
6. 了解影响旅游乘数的因素。
7. 掌握旅游外汇漏损的原因及其降低途径。

思政引导

党的二十大报告指出,坚持高水平对外开放,加快构建以国内大循环为主体、国内国际双循环相互促进的新发展格局。推动经济实现质的有效提升和量的合理增长。

思政内容

旅游收入直接反映了某一旅游目的地国家或地区旅游经济的运行状况,是衡量旅游经济活动及其效果的一个不可缺少的综合性指标。旅游收入增加意味着旅游经济的增长,从而推动国民经济的提升和增长,对国家经济建设有重要作用。

章前引例

文旅融合赋能乡村振兴——业界热议《关于推动文化产业赋能乡村振兴的意见》

2022年3月21日,文化和旅游部、教育部、自然资源部、农业农村部、国家乡村振兴局、国家开发银行联合印发《关于推动文化产业赋能乡村振兴的意见》(以下简称

《意见》)。《意见》提出,到2025年,文化产业赋能乡村振兴的有效机制基本建立,汇聚和培育一批积极参与文化产业赋能乡村振兴的企业、机构和人才,推动实施一批具有较强带动作用的文化产业赋能乡村振兴重点项目,形成一批具有市场竞争力的特色文化产业品牌,建成一批特色鲜明、优势突出的文化产业特色乡镇、特色村落,推出若干具有国际影响力的文化产业赋能乡村振兴典型范例。

民族要复兴,乡村必振兴。文化和旅游业界人士纷纷表示,要坚持以文塑旅、以旅彰文,在巩固拓展脱贫攻坚成果同乡村振兴有效衔接过程中发挥积极作用,推动乡村产业兴旺、生态宜居、乡风文明、治理有效、生活富裕。

四川省甘孜藏族自治州甘孜县格萨尔王城暨百村产业基地是当地统筹128个脱贫村打造的文旅项目。"《意见》的发布,更加坚定了我们通过发展旅游助力乡村振兴的信心。"格萨尔王城景区服务中心副主任表示,近年来,景区以格萨尔文化为基调、百村产业基地为载体,将文化和旅游与扶贫产业相融合,带动600多人就业,实现每月人均增收近2800元,让村民在格萨尔文化传承和保护开发中富起来。景区计划加大宣传力度,吸引更多游客了解格萨尔文化。同时,结合当地民俗文化、温泉资源,开发特色旅游产品,让更多游客留下来。

浙江余村实现了从"村庄"到"景区"的转变,让村民当"主角",旅游收入占全村经济总收入的70%以上。2021年,余村入选首批联合国世界旅游组织"最佳旅游乡村"。"乡村振兴和共同富裕既包括乡村经济的高质量发展,又包括乡村文化的繁荣兴盛,既要物质富裕,也要精神富有。"浙江省文化和旅游厅资源开发处处长表示,余村是全省践行"绿水青山就是金山银山"理念的生动写照,要将乡村文化的挖掘和转化利用融入乡村旅游发展全过程,让人们"看得见山,望得见水,记得住乡愁"。

实施乡村振兴战略是一篇大文章,需要统筹谋划、科学推进。《意见》明确支持特色产业发展,传承弘扬茶、中医药、美食等特色文化,开发适合大众康养、休闲、体验的文化和旅游产品。

福建省南平市武夷山市持续开展"茶区变景区、茶园变公园、茶山变金山"行动,整合茶旅资源,丰富茶旅融合新业态。"《意见》为我们推动茶旅深度融合、推进乡村振兴提供了行动指南。"武夷山市副市长表示,当地将推进茶旅小镇、香江茶人小镇建设,打造提升茶博园、"印象大红袍"实景演出、燕子窠生态茶园等一批茶旅融合项目。同时,创新旅游市场营销推广,举办斗茶赛、茶博会等茶文化活动,策划开通上海"武夷山大红袍号"旅游专列,做大做强茶旅品牌。

广西利用得天独厚的生态环境、气候条件、旅游资源和丰富的民族文化资源,发展大健康和文旅产业。"《意见》的印发,将进一步推动康养产业与旅游产业融合发展,在统一规划、资金支持、技术人才支持等方面发挥促进作用。"广西壮族自治区文化和旅游厅产业发展处副处长表示,广西将加快推进文化和旅游高质量发展,创建文化旅游强区和世界级旅游目的地,打造"长寿广西""壮族三月三""刘三姐文化"等品牌,完善乡村旅游基础设施和旅游产品体系,为推动乡村振兴作出贡献。

资料来源 整理自《中国旅游报》,有改动。

思考: 文旅融合如何赋能乡村振兴?

第一节 旅游收入

国富民强是社会主义现代化国家经济建设的应然状态,是中华民族梦寐以求的美好夙愿,也是国家繁荣昌盛、人民幸福安康的物质基础。

旅游收入体现出旅游业对国民经济的贡献,进入21世纪以来,我国旅游收入持续增加,在国民生产总值中的比重越来越高,旅游大发展、大繁荣的格局不会变。

一、旅游收入概念

旅游收入是旅游目的地国家或地区在一定时期内向游客(入境游客和国内游客)销售旅游产品和其他商品与劳务而获得的货币收入,它不包括游客在目的地国家或地区旅游中出于商业目的的购物及购买房、地、车、船等资本性或交易性的投资、馈赠亲友的现金和给公共机构的捐赠。这里,一定时期常以年、季、月表示。货币收入除美国和少数国家以美元表示外,均以本国货币表示。

旅游收入是旅游经济运行的结果,也是测量旅游经济活动成果的一个重要指标。旅游收入一方面反映了游客的旅游需求通过目的地旅游产品的供给而得到满足,另一方面又体现了目的地供给的旅游产品的价值得到了实现。所以,旅游收入的多少反映了旅游目的地国家或地区旅游产品实现价值的大小。旅游收入越多,意味着旅游目的地国家或地区旅游业的产值越大,对社会经济发展的作用也越大。

对旅游企业来说,旅游收入主要表现为企业营业收入,如酒店营业收入包括客房收入、餐饮收入、商品部收入、康乐部收入、车队收入、其他收入等;旅行社营业收入,包括综合服务收入、组团外联收入、零星服务收入、劳务收入、票务收入、旅游及加项收入、其他收入等。旅游收入是形成企业利润的基础。在旅游企业产品生产成本不变的情况下,旅游收入的大小与旅游企业利润呈正比例变化。旅游收入越多,旅游企业利润就越多,反之则相反,甚至出现负利润。

二、旅游收入分类

旅游收入是一个整体概念,其内部构成可根据不同的研究目的,从不同的角度进行分类,通常分为如下几类。

(一) 国际旅游收入和国内旅游收入

根据旅游经营对象的不同,旅游收入分为国际旅游收入和国内旅游收入。

国际旅游收入是旅游目的地国家或地区在一定时期向非本国居民销售旅游产品和服务而获得的外汇收入。它是一个国家或地区旅游产品的输出,如同外贸商品一样。不同的是外贸商品的出口是有形商品的出口,而旅游则是"无形出口"。对于旅游目的地国家或地区来说,国际旅游收入是境外游客来到旅游目的地国家或地区进行旅游消费的支出,即其他国家或地区国民收入的一部分通过其游客的消费转移到旅游目的地国家或地区,构成旅游目的地国家或地区财富的一部分,使其社会价值总量增加。它说明国际旅游业同其他生产性行业一样,能为旅游目的地国家或地区创造新的价值或增加值。

国际旅游收入由于是境外游客购买旅游目的地国家或地区的旅游产品,因而体现了旅游客源国和旅游接待国之间的国际经济关系。这种国际经济关系具体表现为旅游产品的输入和旅游产品的输出,从而实现旅游外汇的支出和旅游外汇的收入。对旅游接待国来说,收入的旅游外汇构成其国际收支的一部分。

这里应注意的是,旅游接待国的旅游外汇收入并不等于旅游客源国游客的旅游外汇支出。它只是游客旅游外汇支出中扣除客源国至接待国之间往返的国际交通费和客源国旅游经营商经营费用和利润之后的余额。另外,由于货币兑换率的变动,不同时期的旅游外汇收入用本国货币表示的国际旅游收入在数额上会存在差异。

国内旅游收入是一国或地区在一定时期内向本国居民销售本国(或地区)旅游产品和服务所得到的本国货币收入的总和。由于它来源于本国居民旅游消费支出,而本国居民的旅游消费支出是国民收入再分配的结果,即物质生产部门所创造的价值在本国不同地区之间的转移,因此它不会增加本国的国民收入。但是,对旅游接待地区来说,来自客源地游客的旅游消费支出意味着"外部经济的注入",会使其财富增加。

国内旅游收入还可按地区分为省、自治区、直辖市旅游收入或城市旅游收入。国内旅游收入与国际旅游收入之和构成一个国家或地区旅游总收入。

(二) 基本旅游收入和非基本旅游收入

根据旅游需求弹性的不同,旅游收入分为基本旅游收入和非基本旅游收入。

基本旅游收入是旅游目的地国家或地区在一定时期内向游客提供的基本旅游设施和旅游服务所获得的货币收入。它包括游客在旅游过程中必需支出的交通、住宿、餐饮、游览、娱乐以及接送和导游服务。一般说来,这些项目的消费为大多数游客所必需,其需求的价格弹性较小,即不论游客的收入水平、支付能力的高低和这些项目价格的变化如何,游客在旅游过程中都需购买,且人均购买数量有限。在其他条件不变的情况下,基本旅游收入与来访的游客人次数、人均停留天数、人均基本旅游消费支出和人均天基本旅游消费支出呈正比例变化,即游客人次数越多、游客人均停留天数越长、游客人均基本旅游消费支出越多、游客人均天基本旅游消费支出越大,旅游目的地国家或地区获得的基本旅游收入越多。其函数关系如下:

$$R = N \times S \times T \quad 或 \quad R = N \times P$$

式中：R——基本旅游收入总额；

N——旅游总人次数；

P——人均基本旅游消费支出；

S——人均天基本旅游消费支出；

T——人均停留天数。

非基本旅游收入是旅游目的地国家或地区在一定时期内向游客提供的基本旅游设施和旅游服务以外的其他商品和服务所获得的货币收入。它包括游客在旅游过程中支出的医疗保健、修理、美容、美发、邮电通信、咨询、购物、洗衣等费用。对于这些项目，游客可根据自己的收入水平、支付能力、需要程度、兴趣爱好等进行灵活自由的选择。因此，这些项目的旅游需求价格弹性较大，游客在旅游过程中可以多买，也可以少买，甚至可以所有项目都不买。可见，非基本旅游收入不随或不完全随旅游总人次数、人均停留天数等因素的变化而呈正比例变化。

非基本旅游收入涉及的旅游项目的需求弹性较大的特点，为旅游目的地国家或地区增加旅游收入提供了较大的空间，尤其是这些项目中的购物对增加旅游目的地国家或地区旅游收入的意义重大。

(三) 商品性收入和劳务性收入

根据旅游收入构成的不同，旅游收入分为商品性收入和劳务性收入。

商品性收入是旅游目的地国家或地区在一定时期内向游客提供实物形式的商品所获得的货币收入。它包括向游客销售的各种购物品（如土特产品、旅游纪念品、工艺美术品和日常生活用品等）和餐食、饮料等的收入。

劳务性收入是旅游目的地国家或地区在一定时期内向游客提供的各种劳务性服务所获得的货币收入。它包括游客在旅游过程中购买的交通运输服务、住宿服务、文化娱乐服务、邮电通信服务、参观游览服务和其他服务。

三、旅游收入指标

旅游收入指标是旅游目的地国家或地区掌握和分析旅游业发展状况的重要工具，是衡量其旅游业发展水平和对国家或地区经济贡献的重要指标。从历年旅游收入指标的比较中，可以看出旅游业发展的规模和速度，从而为制定旅游发展规划、选择旅游目标市场、加强旅游促销等提供依据和信息，并在旅游决策及提高旅游经济效益和经营管理水平方面发挥着重要作用。

旅游收入指标可根据需要细分为多个指标，但归纳起来主要有两大类，即总量指标和水平指标。

(一) 旅游收入总量指标

1. 旅游总收入

旅游总收入或旅游业总收入，是指一定时期内旅游目的地国家或地区向国内外游客销售旅游产品、购物品和其他服务所获得的货币收入的总额。该指标综合反映了旅游目的地国家或地区一定时期的旅游经济的总体规模和旅游业的总体经营成果。它等于一定时期内的国内旅游总收入和用国内货币折算的旅游外汇总收入之和。

2. 国内旅游收入

国内旅游收入或国内旅游总收入,是指一定时期内国内游客在国内旅行、游览过程中用于交通、参观游览、住宿、餐饮、购物、娱乐等方面的全部花费。国内旅游收入指标反映了一个国家或地区国内旅游的发展水平,是衡量该国或地区国内旅游业经营成果的指标。

3. 国际旅游收入

国际旅游收入或旅游外汇总收入,是指在一定时期内入境游客在旅游目的地国家旅行、游览过程中用于交通、参观游览、住宿、餐饮、购物、娱乐等方面的全部花费。通常国际旅游收入都以美元表示。

国际旅游收入是衡量一个国家或地区国际入境旅游发展水平的重要指标,反映了一个国家或地区旅游业的收汇能力和对该国国际旅游收支所做贡献的大小。

(二) 旅游收入水平指标

1. 人均旅游(外汇)收入

人均旅游(外汇)收入是指旅游目的地国家或地区一定时期内平均每接待一个游客人次所获得的货币收入。该指标反映的是游客在旅游目的地国家或地区人均消费水平,其中国内旅游人均旅游收入以本国货币计量,国际旅游人均旅游外汇收入用美元计量。它是一定时期的旅游总收入(国内或国际)与游客总人次(国内游客或国际入境游客)之比。其计算公式为:

$$R_u = \frac{R_t}{N}$$

式中:R_u——一定时期的人均旅游(外汇)收入;

R_t——一定时期的旅游总收入(国内或国际);

N——一定时期接待的游客总人次(国内游客或国际游客)。

在实际工作中,首先,人均旅游(外汇)收入主要用来比较不同时期旅游目的地国家或地区平均接待每一(境外)游客人次收入的多少,以分析增加或减少的原因,从而作出相应的决策和采取相应的措施。其次,用于比较不同旅游目的地国家或地区接待平均每一(境外)游客人次收入的差异,从而作出相应的决策。

此外,人均旅游(外汇)收入(R_u)指标可与旅游总收入(R_t)指标结合起来,用于评价旅游经营效果。在其他条件不变的情况下,二者的变化关系有如下几种情形。

(1) R_t 与 R_u 同方向、同比例变化。

这种变化关系表明旅游总收入的增加或减少,人均旅游收入同比例地增加或减少。由此推论出,旅游总收入随着游客人次的变化而变化。

(2) R_t 与 R_u 同方向但不同比例变化。

若 R_t 增长速度超过 R_u 增长速度,则意味着旅游总收入的增加源于游客人次的更快增长;若 R_u 增长速度超过 R_t 增长速度,则意味着旅游总收入的增加主要源于非基本旅游收入的大幅增长。

(3)R_t与R_u呈反方向但同比例变化。

旅游总收入会按比例的不同减少或不变。

(4)R_t与R_u呈反方向但不同比例变化。

这种变化关系会出现以下两种组合情况。

一是R_t增大,R_u却减少,表明旅游总收入虽然增加了,然而人均旅游收入却减少了,反映旅游总收入的增加是靠来访游客人次的增多获得的,而不是依靠提高旅游业的经营效果,即提高游客人均消费水平获得的。如果R_t增加的速度超过R_u减少的速度,则意味着旅游总收入增加完全依赖于来访游客人次更快的增长。

二是R_t减少,R_u却增加,表明此时虽然旅游业的经营效果提高了,但由于种种原因来访游客数量减少了,以至于由提高旅游业经营效果带来的人均收入的增加难以弥补游客数量减少所造成的损失,结果导致旅游总收入减少。如果R_t减少的速度超过R_u增加的速度,即使旅游业经营效果有一定的提高,旅游总收入仍将大为减少。

2. 人均天旅游(外汇)收入

人均天旅游(外汇)收入或人天旅游(外汇)收入,是指旅游目的地国家或地区平均每天从每位游客那里获得的旅游(外汇)收入。它是旅游目的地国家或地区一定时期的旅游总收入与其接待的游客总天数的商数,或旅游目的地国家或地区一定时期的人均旅游收入与其接待的游客人均停留天数的商数。用公式表示为:

$$R_d = \frac{R_t}{N \times D_a} \quad 或 \quad R_d = \frac{R_u}{D_a}$$

式中:R_d——人均天旅游收入;

D_a——一定时期游客在旅游目的地国家或地区平均停留天数;

R_t——一定时期的旅游总收入(国内或国际);

R_u——一定时期的人均旅游(外汇)收入;

N——一定时期接待的游客总人次(国内游客或国际游客)。

人均天旅游(外汇)收入指标主要用于分析和比较不同时期旅游目的地国家或地区游客平均每人天旅游消费支出的多少以及同一时期不同旅游目的地国家或地区游客人天旅游花费的差异,从而为其作出相应的决策和采取相应的措施提供依据。

3. 旅游换汇率

旅游换汇率是旅游目的地国家或地区向入境游客提供单位货币的旅游产品所换取的外汇数量。旅游换汇率与同期旅游目的地国家或地区的外币兑换率是一致的。但是,在发展中国家,旅游换汇率一般高于其他商品出口的换汇率。因为在发展中国家,劳动生产率水平较低,其他出口商品换汇成本较高,而旅游产品的核心是服务,其单位出口值所耗物质投入比出口商品少得多,加上就地出口,不存在其他出口商品的流通费用。所以,加强旅游产品的出口特别受到发展中国家的重视。旅游换汇率指标反映了旅游外汇收入对一国或地区国际收支平衡作用的大小。

4. 旅游收汇率

旅游收汇率又称旅游外汇净收入率,是旅游目的地国家或地区一定时期的旅游外汇净收入与同期旅游外汇总收入的比率。它等于一定时期内旅游目的地国家或地区旅游外汇总收入与同期旅游外汇支出总额的差除以旅游外汇总收入。其公式为:

$$R_e = \frac{R_t - E}{R_t}$$

式中：R_e——旅游收入率；

E——旅游目的地国家或地区旅游外汇支出总额；

R_t——一定时期的旅游总收入。

旅游收汇率的高低与一个国家或地区社会经济发展水平和产业结构、经济体系的完善程度密切相关。一般说来，社会经济发展水平高，产业结构合理，经济体系完善，旅游业发展中所需进口物资、技术和人员引进少，从而旅游外汇支出也少。所以，旅游收汇率的高低反映了一个国家或地区旅游业发展过程中的自立程度。

5. 旅游创汇率

旅游创汇率是旅游目的地国家或地区在一定时期内经营入境旅游业务所获得的非基本旅游外汇收入与基本旅游外汇收入之比。其公式为：

$$C = R_o / R_b$$

式中：C——旅游创汇率；

R_o——非基本旅游外汇收入；

R_b——基本旅游外汇收入。

此公式表明，旅游创汇率与非基本旅游外汇收入成正比，而与基本旅游外汇收入成反比。

入境游客因购买旅游产品而来到旅游目的地国家或地区，除消费旅游产品外，必然会或多或少购买其他商品和服务，从而使旅游目的地国家或地区旅游外汇收入增加。旅游产品出口的这种能力是其他出口商品所不具有的。因此，旅游目的地国家或地区要增加旅游外汇收入和提高旅游创汇率，应不断促进和提高境外游客在非基本旅游产品和服务上的消费水平。旅游创汇率的高低既反映了一个国家或地区的产业结构、经济体系的完善程度，又反映了其旅游业的发达程度以及创汇的能力和潜力。

四、影响旅游收入的因素

旅游业是一个关联性较强的产业，同时又是一个波动性较大的产业，其发展会受到多种因素的影响，这些因素既有客源地方面的，又有目的地方面的，还有客源地与目的地之间相互关联方面的。除旅游人次、游客人均消费水平与停留天数这三个带有决定性的因素外，其他一些因素也会对旅游目的地国家或地区的旅游收入产生影响。

（一）旅游需求价格弹性

旅游收入是旅游产品价格与旅游产品销售量的乘积。一般说来，在旅游产品销售量一定时，旅游产品价格越高，旅游收入就越多；同样，在旅游产品价格一定时，旅游产品销售量越大，旅游收入也越多。但是，在旅游产品销售量一定时，提高旅游产品价格并不是在任何情况下都可以使旅游收入增加，因为其中有一个旅游收入与旅游需求价格弹性的关系问题。

当旅游需求价格弹性系数（用 E_{dp} 表示）大于1时，旅游产品需求量的变化幅度将大于旅游产品价格的变化幅度。这时，若适当降低旅游产品价格，会引起旅游需求量的大幅增加,从而使旅游收入增加的数量大于因旅游产品价格下降造成的损失;反之,若此时提高旅游产品价格,则会引起旅游销售量的大幅下降,从而使旅游收入减少。所以,当旅游需求价格弹性系数大于1时,要增加旅游收入,宜采用适度降价而非提价策略。

当旅游需求价格弹性系数小于1时,旅游产品需求量的变化幅度小于旅游产品价格变化的幅度。这时若降低旅游产品价格,旅游产品销售量的少量增加不足以弥补旅游产品价格下降所造成的损失,从而导致旅游收入的减少;反之,若适度提高旅游产品价格,旅游产品销售量的减少是有限的,结果会使旅游收入增加。所以,当旅游需求价格弹性系数小于1时,要增加旅游收入,宜采用适度提高旅游产品价格的策略。

当旅游需求价格弹性系数等于1时,旅游需求量的变化幅度与旅游产品价格变化幅度相同,因而旅游产品价格变化对旅游收入不会产生什么影响。

概括起来,旅游收入、旅游产品价格与旅游需求价格弹性三者之间的关系如表8-1所示。

表8-1 旅游收入、旅游产品价格与旅游需求价格弹性之间的关系

项 目	$E_{dp}>1$	$E_{dp}=1$	$E_{dp}<1$
旅游价格上升	旅游收入减少	旅游收入基本不变	旅游收入增加
旅游价格下降	旅游收入增加	旅游收入基本不变	旅游收入减少

(二) 汇率变动

汇率是两种不同货币之间的兑换比率。它的变动会对我国旅游产品价格和旅游收汇产生直接影响。一般来说,外币汇率上升,意味着本币的贬值,这样以外币表示的旅游报价就相对降低,从而有利于吸引更多的外国游客来访,增加旅游外汇收入,同时,也有助于增强本国旅游业在国际旅游市场上的竞争力,扩大市场份额。但是,本币的贬值,也会导致在国际旅游市场上促销费用的增加和旅游进口物资成本的上升,这对于旅行社和需进口一些设施、设备和物资的酒店来说会导致旅游外汇支出的增加。反之,外币汇率下降,意味着本币的升值,这样以外币表示的对外旅游报价会相对上涨,从而会抑制游客的旅游需求,导致来访游客的减少和旅游收入的下降。这里应注意的是,由于汇率的变动,同量的旅游外汇收入在不同时期用本币表示的数额会存在差异。因此,旅游目的地国家或地区在衡量旅游总收入时,对用本币表示的旅游外汇收入应注意由于汇率变动而引起的数额上的差异,以便使不同时期的旅游总收入更具真实性和可比性。

(三) 旅游统计因素

旅游收入有些来自直接旅游企业,有些来自间接旅游企业,由于受诸多因素的影响,致使旅游统计部门所统计出来的旅游收入并不能真实反映旅游目的地国家或地区所取得的旅游收入,有时有遗漏统计的情况发生。比如:游客在旅游过程中所支付的小费;某些游客在探亲旅游过程中把房费、餐费、当地交通费直接支付给他们的亲戚朋友,或直接将外汇与其亲属兑换;海外游客在国内购物时被要求直接付外汇;有些海外游客将外汇在黑市上高价卖出;游客与旅游从业人员(司机、导游等)之间采取直接支付的方式进行私下交易;由于各银行信用卡部门衔接不好导致海外游客信用卡消费的统计不

完全等情况。此外,还有可能出现重复统计的现象,这是因为旅游是一项包括食、住、行、游、购、娱等多方面的综合性活动,涉及交通、通信、商业、教育、金融、园林建筑等多个行业。这些提供非基本旅游产品的第三产业,如美容、购物、文娱、通信、银行等服务部门,常常难以准确地区分其营业收入中有多少来自游客,有多少来自当地居民,因而重复统计是不可避免的。总而言之,以上这些情况都会对旅游目的地国家或地区的旅游收入的精确性产生影响。

(四)通货膨胀

通货膨胀是一国经济在一定时期内消费品物价水平普遍的持续的上涨,它对人们的货币购买力会产生直接影响。旅游目的地国家若发生通货膨胀,意味着物价指数上升,人们手中的货币贬值,购买力降低,从而影响其他国家居民来访,使到访游客人次减少和旅游收入下降。客源国的通货膨胀则相反,它会促使居民出境旅游。因为单位货币虽然在客源国贬值了,然而对没有发生通货膨胀的旅游目的地国家旅游产品的购买力并未降低。

(五)旅游产品质量和旅游资源的吸引力

旅游产品的质量、旅游资源的吸引力和开发程度都是影响旅游收入的重要因素。旅游目的地国家或地区旅游资源的丰富程度、开发程度、旅游产品特色,是吸引游客的重要方面。而旅游产品的质量和品位高低,又是吸引游客进行购买的重要原因。因此,要充分利用旅游目的地国家或地区的旅游资源及其吸引物,不断对旅游产品进行深层次的开发,调整产品结构,提高产品质量从而提高游客的消费支出,增加旅游收入。

(六)游客支付能力与平均消费水平

在旅游接待人数既定的条件下,游客的支付能力和人均消费水平是旅游目的地国家或地区旅游收入增减变化的决定因素。游客的平均消费水平和支付能力与旅游目的地国家或地区的旅游收入呈正比例关系变化。游客的支付能力强、平均消费水平高,则旅游目的地国家或地区的旅游收入就必然增加;游客的支付能力、平均消费水平低,则旅游目的地国家或地区的旅游收入就必然减少。游客的支付能力和平均消费水平的高低与游客的年龄、社会阶层、家庭状况、职业、个人可自由支配的收入和消费偏好等因素也有密切的联系。

第二节 旅游收入分配

旅游收入分配为社会主义和谐社会的构建提供了坚实的基础。

旅游收入的分配与国民收入分配一样,通常是经过初次分配和再分配的两个过程来进行和完成的。旅游收入分配体现效率优先、兼顾公平的原则,不仅关系我国经济发展,还关系社会公平正义。

旅游收入分配是按照旅游产品生产要素通过货币形式在各个经济行为主体之间进行的分配。它是旅游经济活动中一个重要的组成部分,不仅关系到旅游产品的再生产和扩大再生产,而且关系到旅游产品生产的主体——旅游从业人员、旅游企业以及国家或地区的利益,从而关系到旅游目的地国家或地区旅游业的发展规模、速度和水平。

一、旅游收入初次分配

旅游收入初次分配是指旅游企业将获得的营业收入首先在企业内按生产要素以货币形式进行的分配。这里的旅游企业主要是指旅行社、酒店、餐馆、交通运输公司、旅游景点和旅游纪念品商店等。旅游企业产品的生产要素主要由劳动、资本、自然资源和经营管理能力构成。它们与收入的关系可用函数式表示为:

$$I = f(L、C、N、M)$$

式中:I——收入;

L——劳动;

C——资本;

N——自然资源;

M——经营管理能力。

I 的大小取决于 L、C、N 和 M 的投入量。因此,在旅游收入初次分配中,在补偿用于生产旅游产品所耗费的物质资料之后,剩余的部分(旅游收入中扣除补偿价值部分)即为旅游从业人员所创造的新价值。这部分价值可分解为员工工资(包括劳动者和经营管理者)、政府税收(营业税、企业所得税等)和企业留利(净利润)三个部分,这就是国家、旅游企业和旅游从业人员从旅游收入初次分配中各自得到的初始收入。

也就是说,在取得旅游收入后,旅游部门和企业首先应该在直接经营旅游业务的部门和企业中进行分配。这些部门和企业包括酒店、餐馆、旅行社、交通部门、旅游景点、旅游购物店及旅游娱乐部门等。在一定时期内,旅游部门和企业付出了物化劳动和活劳动,向旅游者提供了满足他们需要的旅游产品,从而获得营业收入。在这些收入中,首先必须扣除当期为生产旅游产品而消耗的生产资料部分,如旅游设备设施的折旧、原材料和物料的消耗、建筑物的折旧等。这部分不参与初次分配,参与分配的是营业收入中的净收入部分。旅游净收入在初次分配中分解为员工工资、政府税收和企业留利三大部分,这就使得国家、旅游部门和企业、旅游从业人员三方都得到了各自的初始收入。旅游企业营业收入分配图如图 8-1 所示。

在上述旅游企业中,旅行社是一个特殊的行业,它不仅在旅游需求者和旅游供给者之间起桥梁作用,而且是旅游产品的组合者,即根据市场需求,首先向酒店、餐馆、交通

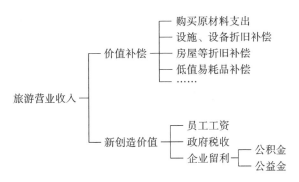

图 8-1　旅游企业营业收入分配图

运输公司、旅游景点等批量预订产品,经过加工组合,形成包价旅游产品,向市场销售而获得包价旅游收入。旅行社在旅游业中的这种特殊职能和地位决定了它与其他旅游企业不同,在旅游收入初次分配中具有独特的作用,即首先从其包价产品销售中得到营业收入和首先进行营业收入的分配。

在分配中,首先偿付构成其营业收入中很大一部分的营业成本,即根据旅行社与上述旅游企业签订的购买合同规定的支付时间、支付方式、双方约定的价格和购买数量等向它们分配其营业收入。这些旅游企业再将所获得的营业收入按前述方式进行分配。在旅行社营业收入分配中,又分为组团社(组合旅游产品的旅行社)营业收入和接待社(接待组团社招徕游客的旅行社)营业收入。

包价旅游收入初次分配如图 8-2 所示。

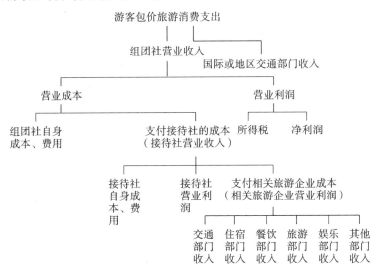

图 8-2　包价旅游收入初次分配图

二、旅游收入再分配

旅游收入再分配是指旅游收入在初次分配的基础上,按照价值规律和经济利益原则的要求在旅游目的地国家或地区全社会范围内进行的进一步分配过程。旅游收入再分配既是旅游产品不断扩大再生产的需要,也是社会经济各组成部分之间密切联系和运转的要求。

旅游收入经过初次分配以后,在初次分配的基础上按照价值规律和经济利益原则,在旅游目的地国家或地区的全社会范围内进行再分配,以实现旅游收入的最终用途。旅游收入再分配的流向主要有以下四个方面。

(一) 上缴政府的各类税金部分

政府通过各种财政支出的方式来实现国民收入的再分配,旅游收入中缴纳给政府的各类税金(如营业税、增值税、所得税等)构成了政府财政预算收入的一部分,这部分收入通过财政支出的方式,用于国家的经济建设、国防建设、公共事业和社会福利投资及国家的储备金。其中一部分可能会作为旅游基础建设和重点旅游项目开发又返回到旅游业中来。

(二) 支付给旅游从业人员个人的报酬部分

旅游从业人员以工资、津贴、佣金等各种形式取得劳动报酬后,其中大部分用于购买他们所需要的生活用品和劳务产品,以满足旅游从业人员自己和家庭成员物质生活和文化生活的需要,保证劳动力的再生产。这部分支出构成了社会经济中相关的提供生活资料和提供劳务的行业的营业收入,这些部门在扣除了物质生产资料的耗费以后,将所得净收入又用于支付本部门和企业职工的工资。旅游从业人员个人收入消费之后所剩下的另一部分则存入银行、购买保险、购买国库券等,形成了国家金融建设资金和保险部门的收入等。

(三) 企业利润部分

企业利润一般要用于公积金和公益金两个基本方面。公积金主要用于旅游部门和企业扩大再生产的追加投资,购买新的设备和设施,研制新产品,更新改造技术,开辟新的市场,以及弥补企业亏损等方面。公益金主要用于旅游部门和企业员工与集体的福利,作为员工住房、医疗、教育、文体等活动的投资。公积金和公益金的支出又构成了直接或间接为旅游部门、企业提供产品与服务的相关部门的营业收入,这些部门或企业在获得营业收入后,又会开始新一轮的收入分配与再分配。

(四) 流向其他部门的部分

旅游收入中还有一部分流向其他部门,主要包括支付贷款利息而构成金融部门的收入、支付保险金而构成保险部门的收入、支付房租或购买住宅而形成房地产部门的收入、租赁设施设备而形成租赁单位的收入等。

旅游收入再分配流向图如图 8-3 所示。

旅游收入经过上述再分配之后,部分旅游收入进入相关企业、事业单位和政府机构,根据其生产和事业发展的需要,对所收取的部分旅游收入再次进行分配,如此继续下去,使社会经济中各相关企业和部门都获得了其应有的派生收入,这就是旅游业的发展对旅游目的地国家或地区整个社会经济所起的带动作用。

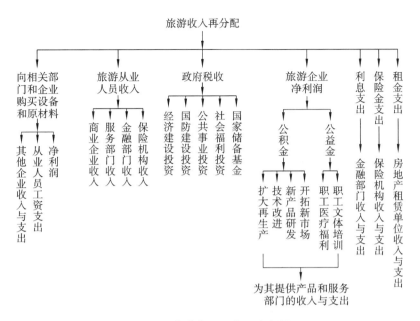

图 8-3 旅游收入再分配流向图

第三节 旅游乘数效应

思政引导

党的二十大报告指出,全面推进乡村振兴。坚持农业农村优先发展,巩固拓展脱贫攻坚成果,加快建设农业强国,扎实推动乡村产业、人才、文化、生态、组织振兴。

思政内容

旅游收入在旅游产品生产和再生产过程中会对国民经济和其他部门的收入、产出和就业产生连锁作用。旅游业能够与农业、工业、高技术产业等其他产业深度融合,发挥出旅游业"兴一业,旺百业"的产业效应,对于推进乡村振兴有重要意义。

乘数(multiplier)又称收益增值率,是 1931 年由英国经济学家卡恩提出,并在随后几年被约翰·凯恩斯运用于其投资理论的研究中。该理论的基本观点是投资的增加与由此而产生的收益的更大增加之间的关系呈倍数关系。后来英国萨瑞大学布赖恩·阿切尔教授和其他一些旅游学者将这一理论运用于旅游的研究中,提出旅游收入在旅游产品生产和再生产过程中会对国民经济和其他部门的收入、产出和就业产生连锁作用，这就是旅游乘数效应。

一、旅游乘数效应原理

对于旅游目的地国家或地区来说，外来游客购买和消费其产品所获得的旅游收入是一种无形的出口贸易收入，是外来资金"注入"到旅游目的地国家或地区的经济中。这种资金虽然由于目的地国家或地区为发展旅游业有一部分需向境外购买物资设备而流出目的地国家或地区，从而对目的地国家或地区的经济不发生作用外，留下的部分会在旅游产品生产和再生产过程中通过分配和再分配逐渐渗透到其他部门，乃至整个经济系统中。乘数效应的产生过程如图8-4所示。

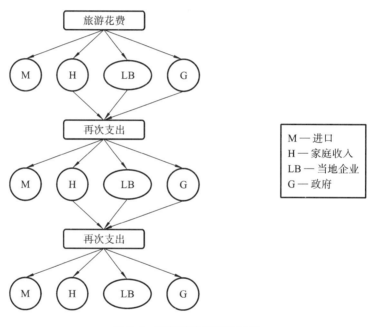

图8-4 乘数效应的产生过程

旅游收入对目的地国家或地区经济的这种渐次渗透分为三个阶段，即直接效应阶段（direct effects）、间接效应阶段（indirect effects）和诱导效应阶段（induced effects）。

（一）直接效应阶段

直接效应阶段是指外来游客购买和消费旅游目的地国家或地区的旅游产品和服务所支出的货币，对目的地国家或地区旅游企事业单位（如旅行社、酒店、餐饮店、交通部门、商业部门和景区景点）形成的收入、产出和就业产生的直接影响。这些在旅游收入首轮分配中获益的企事业单位除将其收入的一部分按规定比例向政府缴纳税金和向境外购买所需的物资设备外，其余部分将用来扩大产品和服务的生产和支付员工工资，从而使其产出进一步增加，员工队伍也可能扩大。

(二)间接效应阶段

间接效应是指那些向旅游企事业单位销售其产品的相关企业所得到的收入在其生产和再生产过程中的进一步分配对经济的扩大所产生的影响。同样,这些从旅游企事业单位获得的游客部分收入除按规定向政府缴纳有关税金外,也要将其一部分用于向其他企业购买原材料、机械设备等,以扩大其生产能力,另一部分用于支付员工工资,改善员工福利。这是目的地国家或地区所获得的旅游收入的第二轮分配。这些企业为维持或扩大产品生产又用其收入的部分旅游收入向经济体系中的其他企业购买所需的物资和设备。这样,旅游收入就会渐次渗透于目的地国家或地区的经济体系中,从而导致其经济产出总量的扩大、就业机会的增多和家庭收入的增加,这就是旅游收入的间接效应阶段所产生的效应。大量研究表明,旅游收入这个阶段的效应总是大于其直接效应的,不过,其产生效应的大小依目的地国家或地区经济规模和经济结构的不同而不同。一般说来,目的地国家或地区的经济规模大、经济门类齐全、经济联系紧密,旅游收入的间接效应也大,反之就小。

(三)诱导效应阶段

诱导效应是指目的地国家或地区直接获得旅游收入的企事业单位的职工以及为旅游企事业单位销售产品和服务的经济体系中其他部门和企业的职工,将其从旅游收入分配和再分配中所得到的工资等个人收入用于购买当地生产的消费品和劳务,从而刺激了当地生产消费品和劳务的企业、部门和单位收益的增加。旅游收入在经济体系中的这种连锁作用所引起的各个企业、部门和单位员工消费的增加对目的地国家或地区的经济发展又是一次有力的推动。这就是旅游收入的诱导效应,这种效应根据豪斯顿对旅游者在美国密苏里州所产生的诱导效应的计算,这部分货币在当地经济中的流通是间接效应所产生的货币流通的 3 倍。当然,这种诱导效应的大小依不同目的地国家或地区经济发展水平和居民的习俗风尚不同而不同。一般说来,经济发展水平高,消费品质量高,供应又充足,能满足居民日益增长需要的目的地国家或地区,旅游收入所产生的诱导效应就大;反之,经济发展水平低,消费品稀缺,质量又差,居民热衷于购买进口消费品的目的地国家或地区,其旅游收入的诱导效应就低,甚至出现负值。

旅游收入的间接效应和诱导效应合在一起,称为继发效应(secondary effects)。旅游收入乘数效应是旅游收入的直接效应加上继发效应与直接效应的比率。

二、旅游乘数效应的测量

乘数通常是用来分析国民收入的变化与带来这种变化的投资支出变化的关系,用公式表示为:

$$K = \frac{\Delta y}{\Delta I}$$

式中:K——乘数;

Δy——国民收入的变动量,即增加的收入量;

ΔI——投资的变动量,即增加的投资量。

由于均衡国民收入等于消费加储蓄,或等于消费加投资,所以收入增加量等于消费增加量加投资增加量。这样,上式可展开为:

$$K = \frac{\Delta y}{\Delta I} = \frac{\Delta y}{\Delta y - \Delta C} = \frac{\Delta y / \Delta y}{(\Delta y / \Delta y) - (\Delta C / \Delta y)} = \frac{1}{1 - (\Delta C / \Delta y)}$$

因为

$$1 - \frac{\Delta C}{\Delta y} = \frac{\Delta S}{\Delta y}$$

所以

$$K = \frac{1}{\Delta S / \Delta y}$$

式中:ΔC——消费增加量;

ΔS——储蓄增加量;

$\Delta C / \Delta y$——边际消费倾向(marginal propensity to consume),用英文字母表示为 MPC,即逐年国民收入中消费所占比重的趋向;

$\Delta S / \Delta y$——边际储蓄倾向(marginal propensity to save),用英文字母表示为 MPS,即逐年国民收入中储蓄所占比重的趋向。

进口物资倾向(marginal propensity of materials)用英文字母表示为 MPM,即逐年国民收入中用于购买进口物资所占比重的趋向。假定的国民收入分配例表如表 8-2 所示。

表 8-2 假定的国民收入分配例表   单位:亿元

年 份	国民收入	消 费	储 蓄	进 口	MPC	MPS	MPM
2002	9000	6300	1800	900	0.70	0.20	0.10
2003	12000	8640	2160	1200	0.72	0.18	0.10
2004	15000	11100	2700	1200	0.74	0.18	0.08
2005	12000	9000	1920	1080	0.75	0.16	0.09
2006	16000	12000	2880	1120	0.75	0.18	0.07

按照以上变量之间的关系可得出旅游乘数如下计算公式:

$$K = \frac{1}{1 - \text{MPC}} = \frac{1}{\text{MPS}} \tag{8-1}$$

$$K = \frac{1}{\text{MPS} + \text{MPM}} \tag{8-2}$$

$$K = \frac{1 - \text{TMP}}{\text{MPS} + \text{MPM}} \tag{8-3}$$

$$K = \frac{1 - \text{TMP}}{1 - \text{MPC} \times C} \tag{8-4}$$

其中,式(8-3)和式(8-4)中的 TMP 表示外来旅游者购买进口产品支出的比例;式(8-4)中的 C 表示当地居民购买进口产品支出的比例。

式(8-1)反映的是封闭经济情况下(没有对外贸易,没有境外投资)的乘数效应;式(8-2)反映的是开放经济状态下(即有对外贸易)的乘数效应,式中 MPS+MPM 表示储蓄加进口的比例,由于它们未进入本地经济循环中,因而属于旅游收入中的漏损;式(8-3)进一步结合了式(8-2),将本应进入旅游收入中的外来旅游者在当地购买进口物品所占的比例予以扣除;式(8-4)更进一步将本地居民(流入居民手中的部分旅游收入)

购买进口物品的比例进行了扣除。所以,式(8-4)反映的是将上述各种形式的漏损扣除后,留下的旅游收入在进入目的地国家或地区的经济循环之中所产生的效应。

例如,某旅游企业投资增量为100万元,其营业收入增加了200万元。若该企业用其中的一半即100万元向相关企业购买设备和原材料,则这些出售设备和原材料的企业的收入增加了100万元,而它们又用其中的一半即50万元向其他企业购买设备和原材料,那么其他企业的收入又增加了50万元。这个过程若继续下去,则会引起目的地国家或地区社会收入的不断增加。按照上述乘数公式,该目的地国家或地区由此旅游企业营业收入增加引发的社会收入增量总和如下。

$$K = \frac{1}{\Delta S/\Delta Y}$$

则

$$\Delta y = \frac{\Delta S}{1/K} = \frac{\Delta y - \Delta C}{1/K} = \frac{\Delta I}{1/K} = \frac{\Delta I}{1} \times \frac{K}{1} = \Delta I \times \frac{1}{1 - \Delta C/\Delta y}$$
$$= 200 \times \frac{1}{1 - 50\%} = 400 \text{ 万元}$$

该旅游企业旅游收入乘数效应如表8-3所示。

表8-3 某旅游企业旅游收入乘数效应

分配过程	旅游收入	每轮分配生产和生活消费的比例	每轮消费货币量	每轮储存与进口比例	每轮储存与进口货币量
第一轮	200万元	50%	100万元	50%	100万元
第二轮	100万元	50%	50万元	50%	50万元
第三轮	50万元	50%	25万元	50%	25万元
⋮		50%		50%	

如果该旅游企业和其他企业都将其收入的更大部分(如80%)用于生产和生活消费,那么目的地国家或地区社会收入的增加量将为1000万元,即为最初投资增量的5倍。可见,旅游企业和其他企业增加的收入中用于生产和生活消费的部分越多,目的地国家或地区社会收入的增加量就越大;反之,用于生产和生活消费的部分越小,而用于储蓄和购买进口物资的部分越多,则目的地国家或地区社会收入的增加量就越小。

上面叙述的乘数效应与大多数乘数模型一样是静态的,是以如下的假设为前提的:一是生产和消费的作用是线性的,即游客任何增加的旅游花费都和其以前等量的旅游花费对目的地经济产生同样的影响;二是目的地的旅游供给能满足游客增加的需要量;三是目的地旅游产品的价格保持相对稳定。虽然可将静态的乘数模型转变为动态的,可消除这些假设,但由于对数据的要求更高而甚为困难。

三、旅游乘数的类型

旅游乘数的类型可从不同侧面反映旅游收入对旅游目的地国家或地区国民经济的影响。主要的旅游乘数类型如下。

（一）营业额乘数

营业额乘数（transaction or sales multiplier）又称销售额乘数，是指外来游客的支出数量与其在旅游目的地国家或地区经济体系中不断流转所引起的社会总销售额或产量之间的比例关系。营业额乘数反映的是一个国家或地区旅游业的发展对整个国家或地区经济增长的影响。例如，外来游客在某旅游目的地国家或地区开支 100 万元，引起目的地国家或地区旅游企业将其中 50 万元用于生产和生活消费，而向旅游企业销售其生产和生活消费所需物资和物品的企业又用收入 50 万元中的 25 万元向其他企业购买生产和生活所需的物资和物品。这样不断流转下去，最终使目的地国家或地区的社会总销售额增加至 200 万元，即销售额增值率（产出乘数）为 2。通常这类乘数比较大，一般为 2 至 3，甚至 4。

（二）收入乘数

收入乘数（income multiplier）是指外来游客在旅游目的地国家或地区的单位消费额同由此引起的目的地国家或地区净收入变化量之间的比例关系。收入乘数分为居民收入乘数和政府收入乘数。在分析旅游业的宏观经济作用时，收入乘数被认为是灵敏度最高的"显示器"。

1. 居民收入乘数

居民收入乘数（resident income multiplier）测量的是外来游客在旅游目的地国家或地区的消费与当地居民个人收入增加额之间的比例关系。居民收入乘数反映的是一个国家或地区旅游业的发展对该国或该地区居民个人收入增长的影响。

居民收入乘数有两种表示法：一为常态表示法，二为比例表示法。

（1）常态收入乘数。

常态收入乘数（normal income multiplier）表示的是外来游客在目的地国家或地区的消费支出额与由此引起当地居民个人收入增加额之间的关系。其测算公式为：

$$K = A \times \frac{1}{1 - B \times C}$$

式中：K——居民收入乘数；

A——外来游客消费支出中扣除漏损后留在目的地国家或地区的部分所占比例；

B——外来游客支出中分配给当地居民所占的比例；

C——当地居民从外来游客支出中所得收入用于个人消费支出所占的比例。

例如，某年外来游客在某旅游目的地旅游支出 100 万元，在连续的分配中有 70 万元留在当地，其中，分配给当地居民的外来游客支出占 30%，而当地居民所得外来游客支出中用于个人消费的部分占 60%，则该旅游目的地的收入乘数为：

$$K = 0.7 \times \frac{1}{1 - 0.3 \times 0.6} \approx 0.85$$

通常情况下，居民收入乘数小于 1。

（2）比例收入乘数。

比例收入乘数（ratio income multiplier）分为以下两种类型。

一是旅游收入的直接效应与间接效应之和与旅游收入直接效应的比例关系，即（直接效应＋间接效应)/直接效应。

二是旅游收入的直接效应与间接效应、诱导效应之和与旅游收入直接效应的关系，即(直接效应＋间接效应＋诱导效应)/直接效应。

例如，若某旅游目的地的旅游收入直接效应为 0.4，旅游收入的间接效应为 0.1，旅游收入的诱导效应为 0.2，则两种类型的比例收入乘数分别为：

第一种类型：$K=\dfrac{0.4+0.1}{0.4}=1.25$

第二种类型：$K=\dfrac{0.4+0.1+0.2}{0.4}=1.75$

通常情况下，第一种类型的比例收入乘数大于 1，而小于 2。

2. 政府收入乘数

政府收入乘数(government income multiplier)是指旅游目的地国家或地区每增加一个单位旅游收入与最终引起政府收入增加量之间的比例关系。政府收入增加量来自旅游企业和其他相关企业上缴的税金、手续费和其他应上缴国库的收入项目，这些纳入国库的资金再由政府用于其他项目的投资、政府工作人员工资的支付和政府行政经费的开支。它们通过在经济体系中的不断流转，使政府的收入不断扩大。所以，政府收入乘数测定的是目的地国家或地区旅游收入给国家或地区政府带来的宏观效益。

(三) 就业乘数

就业乘数(employment multiplier)是指旅游目的地国家或地区每增加单位旅游收入所创造的旅游部门直接就业人数与其他部门间接就业人数之间的比例关系。它表明该国或该地区增加的旅游收入在对其经济体系的渐次渗透中所导致的最终就业的影响。就业乘数有以下两种表示法。

1. 比例法

比例法是由外来游客的消费所形成的旅游收入对旅游目的地国家或地区带来旅游部门直接就业人数与为其他部门和企业造成的间接就业人数之和同旅游部门直接就业人数之间的比率。例如，由于外来游客的消费，使旅游部门的企事业单位就业人数增加了 1000 个，由此引起了目的地国家或地区其他部门的企事业单位就业人数增加了 1600 个，则该国或该地区的旅游就业增值率为 $\dfrac{1000+1600}{1000}$，即 2.6。

表 8-4 所示为 2014—2019 年中国旅游就业乘数值。

表 8-4　2014—2019 年中国旅游就业乘数值

年　　份	直接就业/万人	直接加间接就业/万人	旅游乘数值
2014	2779	7873	2.833
2015	2798	7911	2.827
2016	2813	7962	2.830
2017	2825	7990	2.828

续表

年　份	直接就业/万人	直接加间接就业/万人	旅游乘数值
2018	2826	7991	2.828
2019	2825	7987	2.827

(资料来源：中国文化和旅游部官网。)

2. 数值法

数值法是指外来游客一定量的旅游支出为旅游目的地国家或地区所创造的就业者数量。比如，10 万元旅游收入为旅游目的地国家或地区提供的就业人数。

例如，2005 年我国入境旅游收入 292.96 亿美元，比 2004 年的 257.39 亿美元增加了 35.57 亿美元。2004 年全国旅游从业人员 244.87 万人，2005 年为 260.42 万人，按数值法计算，2005 年单位旅游外汇收入（亿美元）可提供的就业人数为（不包括为旅游业提供产品和服务的其他相关企事业单位增加的就业人数）：

$$K = \frac{260.42 - 244.87}{292.96 - 257.39} = \frac{15.55}{35.57} \approx 0.4372$$

即 2005 年单位旅游外汇收入可提供的就业人数为 4372 人/亿美元。

(四) 产出乘数

产出乘数(output multiplier)与营业额乘数类似，是指外来游客的消费同由此引起的旅游目的地国家或地区全部有关企事业单位经济产出水平增长程度之间的比例关系。与营业额乘数不同，产出乘数是用由外来游客的消费引起增加的总产量来衡量的，因而包括库存量；而营业额乘数是用由外来游客的消费引起增加的总产量中被游客消费掉的部分来衡量的，因而不包括库存量。

(五) 进口额乘数

进口额乘数(import multiplier)是指旅游目的地国家或地区每增加一个单位的旅游收入与由此引起的进口增加额之间的比率关系。随着旅游目的地国家或地区旅游业的发展，旅游收入的增加，旅游企事业单位和为旅游企事业提供产品和服务的其他相关企事业单位从境外进口的物资、设备也会增加，该乘数测定的是旅游收入的增加额同由此导致的进口增加额之间的关系。

上述几种乘数之间还存在着一定的内在联系。例如，假设某旅游目的地国家本年度比上年度的旅游收入增加了 100 万美元，经过在其经济体系中的流转使最终产出增加了 250 万美元，居民个人收入增加了 20 万美元，政府收入增加了 60 万美元，进口物资和设备增加了 50 万美元，直接就业人数增加了 300 人，继发就业人数增加了 100 人，则该国的产出乘数为 $2.5(\frac{250}{100})$；居民个人收入乘数为 $0.2(\frac{20}{100})$；政府收入乘数为 $0.6(\frac{60}{100})$；进口额乘数为 $0.5(\frac{50}{100})$；就业乘数为 $4(\frac{300+100}{100})$，即每增加 1 万美元可创造 4 个就业机会（数值法），或 $1.33(\frac{300+100}{300})$（比例法）。

总之,乘数理论在旅游中的运用有助于衡量由外来游客来访带来的旅游收入对旅游目的地国家或地区产生的经济影响,也有助于目的地国家或地区分析其旅游业发展的绩效,从而为进行旅游决策和旅游规划的制定提供有用的信息和依据。但是,运用乘数理论分析旅游收入增量和由此引起的相关经济增量之间的关系需具备如下的条件:一是市场上必须能保障所需的生产资料和消费资料的供应;二是要有完善的市场机制,使企业能够随时根据市场供求情况来调整其生产规模和经营方式。该理论的不足之处:一是该理论只说明了由外来游客的消费所带来的旅游收入对目的地国家或地区经济产生的有益影响,却未涉及由此所增加的成本;二是难以准确地计量外来游客的开支对目的地国家或地区居民个人收入变化的影响以及由此产生的诱导影响,因此在不少国家和地区所建立的研究模型中,简单地使用平均数和边际消费倾向来替代。

四、影响旅游乘数效应大小的主要因素

从上述旅游乘数的测量公式可以看出,影响旅游乘数效应大小的主要因素主要有以下几点。

(一)边际消费倾向和边际储蓄倾向

边际消费倾向越大,即每增加一个单位的旅游收入中用于消费的比例越大,从而在旅游目的地国家或地区经济体系中流转的数额就越大,旅游乘数效应就越大;反之,边际储蓄倾向越大,即每增加一个单位的旅游收入中用于储蓄的比例越大,这部分旅游收入就游离出旅游目的地国家或地区经济的运转之中而不发生作用,从而使旅游收入对目的地国家或地区经济所产生的乘数效应越小。

(二)边际进口物资倾向

边际进口物资倾向越大,意味着每增加一个单位的旅游收入中用于购买境外物资设备的比例越大,这部分旅游收入也游离出旅游目的地国家或地区经济运转之中而不发生作用,从而大大降低了旅游收入对目的地国家或地区经济所产生的乘数效应。同样,旅游目的地国家或地区接待的境外游客和从旅游收入分配和再分配中得到收入的居民在该国或该地购买进口商品,也会使旅游乘数效应降低。

(三)旅游收入在经济体系中的周转次数

旅游收入在旅游目的地国家或地区经济体系中流转的次数越多,即旅游收入分配和再分配的次数越多,意味着促进生产和再生产的产业门类越多,从而使旅游收入对目的地国家或地区经济所产生的乘数效应也越大;反之,周转的次数越少则乘数效应也越小。

(四)旅游收入的漏损

旅游收入乘数的大小与旅游目的地国家或地区的经济门类、结构和发达程度密切相关。一般说来,旅游目的地国家或地区经济中与旅游业直接和间接相关的产业门类越全,自给程度越高,旅游收入分配和再分配中用于消费的比例越大,流转次数越多,旅

游乘数就越大,反之则越小。这就是经济发达国家的旅游乘数效应往往高于发展中国家的主要原因(表8-5)。

表8-5 一些国家旅游收入乘数效应值

国　　家	旅游收入乘数值
英国	1.73
爱尔兰	1.72
斯里兰卡	1.59
牙买加	1.27
埃及	1.23
多米尼加	1.20
塞浦路斯	1.14
斐济	1.07
塞舌尔	1.03
马耳他	1.00
菲律宾	0.82

(资料来源:克里斯·库珀等,《旅游学原理与实践》,高等教育出版社。)

五、旅游乘数效应的局限性

旅游乘数可以衡量旅游业当前的经济业绩以及旅游花费水平和模式变化的短期经济影响。旅游乘数特别适用于研究旅游花费对于企业的营业额、收入、就业、政府收入和收支平衡的影响。然而,乘数效应的发挥需要一定的条件,于是乘数效应理论存在一定的局限性。

1. 乘数理论忽略了不同旅游接待国或地区不尽相同的经济背景

乘数理论不以分析旅游目的地的产业结构、经济实力为基础,而实际上不同的经济背景会产生不同性质和不同量值的乘数。如果旅游目的地经济实力强大、技术先进,并且消费品门类齐全,经济上自给程度很高,无论是数量还是质量都能满足当地居民和外来游客对物质商品和服务的需要,那么旅游所带来的收入则会尽可能多地留在该目的地,减少对进口商品和服务的消费;反之,旅游消费则不一定能带来预期的乘数效应。

2. 乘数理论的前提之一是要有一定数量的闲置资源可用,以保证需求增加后供给能相应增长

而实际中可能存在供给缺乏的情况,这时要满足需求增长的要求,就必须从其他经济活动中占用资源,导致其他活动的产出减少。因此,乘数效应的发挥也受到产业结构的协调与完备程度的制约。

3. 乘数理论所需数据难以获得

旅游的本质决定了数据收集工作的困难。旅游作为一个生产多项产品的行业,将直接影响一个经济体系的许多部门,同时,旅游花费也分散地存在于这些部门之中。为了把这些花费从各个部门分离并计算出来,需要投入大量精力对旅游者的花费进行准

确的调查。

4. 乘数效应是适用于短期的,旅游乘数效应也存在这种局限

乘数效应属于需求决定论,应将长远供给能力考虑在内。哈耶克认为这种短期的消费会抑制长期的投资,因此会影响长期的经济增长潜力。

第四节 旅游收入漏损

旅游收入漏损对旅游经济和国家经济产生消极影响。

旅游收入漏损越大,对旅游乘数效应的负面影响越大,不利于发挥旅游业对国家经济建设的积极作用,为减少旅游收入漏损,要坚定文化自信,用国内旅游来代替国际旅游,不断提高本国产品质量。

旅游收入漏损是指旅游目的地国家、地区、企业和社团为发展经济和正常的生产经营活动而购入进口商品、劳务或偿还贷款、开展对外交往和促销等,致使部分旅游收入流失的现象。旅游收入中漏损的部分越大,对旅游乘数效应的影响也越大,反之则越小。因此,在论及旅游乘数效应时,不能不讨论漏损问题。

一、旅游收入漏损的主要形式

(一) 进口漏损

进口漏损是指旅游目的地国家、地区、企业和社团为购买进口商品和劳务而导致的旅游外汇的流失。它包括以下三个部分。

1. 直接进口漏损

直接进口漏损是经营旅游业务的企业因自身发展和运营的需要,将外来游客消费中所获得的收入中的一部分用于购买境外物资和劳务而导致的外汇流失。其中,进口境外物资包括各种建筑和装饰材料、原材料、机器设备、食品饮料、车辆和其他运输工具、陈设用品、计算机管理系统等;进口劳务主要是境外管理人员和厨师等。

2. 间接进口漏损

间接进口漏损是向经营旅游业务的企业供应各种商品和服务的其他有关企业和单

位,为了经营和发展,用得到的旅游收入中的一部分又从境外进口各种物资和劳动力所导致的旅游收入的流失。这样,在计算旅游乘数效应时应将直接进口和间接进口漏损的旅游收入扣除掉,其公式为:

$$\frac{1}{1-MPS+MPM}$$

3. 诱导性进口漏损

诱导性进口漏损(C)是直接和间接为旅游业工作的各类从业人员用以工资形式分得的旅游收入中的一部分,或全部购买境外生产的消费品所导致的旅游收入的流失。同样,这部分漏损也需从旅游外汇收入中扣除,其公式为:

$$\frac{1}{MPS+MPM+MPC\times C} \quad 或 \quad \frac{1}{1-MPC\times(1-C)}$$

(二)合资、外方独资形式的漏损

合资、外方独资旅游企业和向旅游企业供应商品和服务的其他合资、外方独资企业将收入的旅游外汇以工薪和所得利润汇出旅游目的地国家或地区所导致的旅游外汇流失。

(三)旅游促销和产品销售工作形成的漏损

旅游促销和产品销售工作形成的漏损是指旅游目的地国家、地区、旅游企业和旅游团体为加强对外旅游宣传和促销,在国外设立的旅游机构、旅行社和派出人员从事宣传促销活动所导致的旅游外汇收入的流失。

(四)对外贷款利息漏损

对外贷款利息漏损是指旅游目的地国家、地区、旅游企业和向旅游企业供应商品和服务的其他企业用收入的旅游外汇偿还所借外债利息导致的旅游外汇的流失。

(五)旅游外汇管理漏损

旅游外汇管理漏损是指旅游外汇收入管理环节上形成的旅游外汇流失。主要表现有旅行社应收境外旅游团费形成的呆账,拥有旅游外汇收入的企业和单位违规私下倒卖外汇形成的流失,某些个体经营者收入的旅游外汇持留手中或购买进口物品或在国外储蓄形成的流失,以及不法个人直接向外国游客用本币兑换外币形成的流失等。

这样,若外来游客在旅游目的地国家或地区消费1美元,其中进口国外物资占0.25,旅游目的地国家或地区在国外开展旅游宣传和促销费用占0.05,外资或合资旅游企业和外方员工将其分配的利润和工资汇至国外占0.2,三者合计占0.5,那么留在该目的地国家或地区的旅游外汇收入只有0.5美元。据有关专家测算,一个来自发达国家的游客在发展中国家旅游中每花费100美元,由于上述(一)、(二)、(四)中造成的漏损,仅有约50美元留在发展中国家的经济中。

二、影响旅游外汇漏损的因素

影响旅游外汇漏损的因素很多,其中主要有以下六个方面。

（一）旅游目的地国家或地区的经济发展水平和经济结构

旅游目的地国家或地区的经济发展水平包括国内生产总值、人均国内生产总值水平、科学技术水平、产业技术装备水平和经营管理水平等，经济发展水平高，旅游业发展的自主程度就高，不仅各项旅游设施建设配套完善，而且质量标准和管理水平也高。经济结构包括产业结构、技术结构和产品结构，如果经济结构完善、合理，对旅游业发展支持的力度就大，对外依存度就小；反之对外依存度就大，旅游业发展所需的进口物资就会增加。

（二）旅游目的地国家或地区各种资源的供给能力

旅游目的地国家或地区资源的供给能力是指旅游业发展所需的各种资源的自给能力。这里的资源不是指作为游客旅游对象的各种旅游吸引物，而是指保证游客旅游活动正常运转的各种资源，如农、牧、渔业资源，制作工艺品、旅游纪念品的原材料，生产旅游设施、设备和用品的矿物资源和非矿物资源，以及生产、加工和制作能力。如果旅游业发展所需的各种资源及其加工制作能基本自给，就无须从外进口或进口较少。

（三）旅游目的地国家或地区对外开放程度

旅游目的地国家或地区对外开放程度是指包括旅游业在内的对外开放的广度和深度。当今世界，除个别国家外，各国都或多或少地受到世界经济一体化浪潮的冲击，加入世贸组织的国家已有100多个。我国加入世贸组织后，对外开放的广度和深度都在加大，外资以合资、控股、独资的形式进入我国经济领域的越来越多，其中境外酒店早在20世纪80年就已进入，旅行社业也于2001年起逐步对外资敞开大门。因此，开放程度越高，旅游外汇收入流失量也越大，反之则相反。

（四）旅游目的地国家、地区、旅游企业和旅游社团对外进行旅游促销的范围和规模

要发展国际入境旅游业，增加旅游外汇收入，旅游目的地国家或地区及其旅游企业必须对外开展旅游宣传和促销。例如，目前我国在世界一些主要旅游客源国和地区先后开设了办事处，一些大的国际旅行社在国外设立了旅行社，国家和地区旅游行政机构与一些旅游企业每年在国外开展的旅游促销活动以及参加境外举办的国际旅游博览会等都需要支出外汇。如果这类旅游宣传促销活动范围广、规模大，所支出的外汇就多，反之则少。

（五）旅游目的地国家或地区的有关法规和政策

旅游目的地国家或地区的有关法规和政策包括有关进口物资的规定、旅游业中有关引进外资的优惠政策、有关外汇收入管理的规定、居民出国旅游的有关规定等。这些法规和政策的宽严程度都会对旅游外汇收入的漏损产生不同的影响。

（六）旅游目的地国家或地区居民的民族意识和消费倾向

旅游目的地国家或地区居民的民族意识强弱、价值观念、收入水平对其消费倾向也

会产生影响，尤其是对那些追求所谓国际"名牌"产品的人来说，形成外汇流失的情况就更多。

一般说来，在经济发达国家，由于经济发展水平高，科学技术发达，旅游业发展所需设施、设备、技术、产品自我供给能力强，管理先进，因而国际旅游业中外汇收入漏损率低，而许多发展中国家在上述方面差距较大，其旅游外汇收入漏损率较高；同样，同大国相比，许多小国由于国土资源有限，经济结构比较单一，旅游业发展中所需的不少物资、用品都需要进口，其旅游外汇收入流失的比例也较大。

三、减少旅游外汇收入漏损的途径

为了减少旅游外汇收入的流失，充分发挥旅游乘数效应的作用，促进旅游目的地国家或地区经济的发展，有必要制定相应的政策和采取有力的措施，控制和减少旅游外汇收入的漏损。

（1）在经济上，积极发展本国经济，努力调整本国的经济结构和产品结构，不断提高科学技术发展水平，对需要进口的设施和先进设备要组织国内科技力量攻关、研究，在符合质量标准的前提下尽快投入生产，以满足国际入境旅游和国内旅游发展的需要，尽量减少国外产品的进口。

（2）在外资项目上，根据国家产业政策和旅游产业政策，加强引进项目的审批，使引进项目符合国家经济发展和旅游业发展的需要，尤其是与旅游业发展相左的严重污染项目要严加控制，以减少社会成本和风险。

（3）在法规上，要制定完善的经济法规和外汇管理制度，加强外汇市场的管理，严厉惩办违反国家政策法规规定、扰乱金融秩序的不法行为，加强对外汇的监管，控制外汇的流失。

（4）在海关监管上，加强对进口物品的关税管理，防止偷税漏税，对各种高档酒品、饮料和奢侈品的进口应实行高额关税，以限制其需求。

（5）在旅游产品开发上，应着力开发符合现代旅游发展趋势、促进旅游可持续发展的低漏损旅游产品，如生态旅游产品、民风民俗旅游产品、游客参与式旅游产品等，以充分利用本国和本地区旅游资源、物资和劳动力，减少对自然资源的危害和对进口物资的消耗。

（6）在人力资源上，要努力培养具有现代经营理念、既懂现代管理技术又有管理才能的旅游专门人才，以减少对外国管理人员的引进，从而减少外汇的流失。例如，每1000美元的旅游花费对斐济旅游收支平衡的影响，如表8-6所示。

表8-6 每1000美元的旅游花费对斐济旅游收支平衡的影响　　　　　单位：美元

项目		金额
旅游花费（＋）		1000.0
进口支出（－）		236.1
其中：直接支出	120.8	
间接支出	115.3	
净外汇流入额		763.9
其他进口支出（－）	326.3	326.3
最终净外汇流入额		437.6

（资料来源：TCSP(1992)转引自克里斯·库珀等的《旅游学原理与实践》，高等教育出版社。）

本章思考题

一、名词解释
旅游收入分配　旅游乘数　旅游外汇收入漏损

案例分析

二、简答题
1. 简要叙述国际入境包价旅游收入的分配流程。
2. 简要叙述旅游收入乘数效应的发挥过程。
3. 旅游外汇收入漏损主要表现在哪些方面？如何减少旅游外汇收入的漏损？

三、计算题
1. 2021年某地旅游总收入1.5亿元，比2020年净增0.2亿元。2020年该地旅游直接从业人员5万人，2021年旅游直接从业人员比上年增加8%，那么2021年每增加万元的旅游收入可提供多少就业人数？

2. 某地"十四五"期间，对旅游业与相关产业总投资为2亿元，国内和国际旅游总收入8.6亿元，即每投入1元获得了4.3元收入。这样，每增加1元旅游收入，若其中0.58元用于消费，则对当地经济带来的乘数效应是多少？

本章思政总结

站在"两个一百年"历史交汇点上，以习近平同志为核心的党中央确立到2035年建成文化强国的宏伟目标，提出人民物质生活和精神生活都实现共同富裕的战略任务。文化和旅游领域在巩固拓展脱贫攻坚成果同乡村振兴有效衔接过程中发挥积极作用，我们将坚持以习近平新时代中国特色社会主义思想为指导，立足新发展阶段、贯彻新发展理念、构建新发展格局，推动乡村产业兴旺、生态宜居、乡风文明、治理有效、生活富裕，推进旅游为民、发挥旅游带动作用，释放"一业兴、百业旺"的乘数效应，为建成社会主义文化强国，全面建设社会主义现代化国家作出新的更大的贡献。

第九章
旅游产业

学习目标

1. 掌握旅游产业的含义及其构成。
2. 了解旅游产业结构的概念与分类、分析。
3. 掌握旅游产业结构的优化。
4. 掌握旅游产业政策的概念和特点。
5. 了解旅游产业政策的内容和作用。
6. 理解旅游产业关联的概念和层次。
7. 理解旅游产业融合的概念和模式。

思政引导

党的二十大报告指出,建设现代化产业体系。坚持把发展经济的着力点放在实体经济上。

思政内容

旅游产业作为国民经济中诸多产业中的一个新兴产业,与各产业、各要素存在内在关联性,旅游产业的协调发展能够协同推进产业链上中下游和大中小企业融通发展,有利于提升产业体系整体水平,旅游产业对建设现代化产业体系有重要作用。

章前引例

"双碳"目标驱动下旅游产业结构升级的必要性

2021年2月,国务院印发《国务院关于加快建立健全绿色低碳循环发展经济体系的指导意见》,指出当务之急是健全绿色低碳循环经济体系,同时提出要提高旅游行业绿色发展水平。加快旅游业结构升级,促进旅游业生态优先、绿色低碳,是"双碳"目标驱动下旅游业高质量发展的必由之路。

2021年4月,文化和旅游部发布《"十四五"文化和旅游发展规划》,指出我国当前旅游业发展不平衡、不充分的矛盾还比较突出,城乡差距、区域差距以及旅游产品的供求匹配不足,与高质量发展要求存在一定差距。旅游业应当调整产业结构,促进产业结构升级,满足不断变化的消费者需求,发展绿色低碳产业,在"双碳"目标驱动下优化升级产业结构,成为碳排放洼地,实现经济效益与绿色发展相得益彰。

在当前高质量发展要求指引下,中国旅游业要实现"双碳"目标还面临着诸多问题和挑战。

（1）随着经济高速发展以及疫情影响的消退,旅游消费不断升级,旅游业的能源消耗及碳排放的增长速度和增长规模均可预见。

（2）全球气候变化风险和自然灾害加剧将增加旅游业碳排放,为旅游业低碳发展带来威胁和挑战。

（3）随着社会经济水平的不断发展,在旅游需求多样化与产业转型升级的推动下,一些新增旅游项目或业态将导致碳排放增量的不可控性。

（4）旅游企业低碳发展理念不强,信息化程度低,同时缺乏绿色、低碳发展相关的技术及经费支持,也是旅游业实现"双碳"目标需要面对的挑战。

资料来源 姜红,"双碳"目标驱动下旅游产业结构升级的技术路径与动力机制,《旅游学刊》。

思考:"双碳"目标驱动下,旅游产业结构如何实现升级?

第一节　旅游产业

共同富裕是社会主义的本质要求,是中国式现代化的重要特征。适应我国社会主要矛盾的变化,更好满足人民日益增长的美好生活需要,必须把促进全体人民共同富裕作为为人民谋幸福的着力点,不断夯实党长期执政基础。

旅游产业是一个服务性产业,是凭借旅游资源和设施,为人们的移动消费提供食、住、行、游、购、娱等服务的综合性行业,也是一个以提供劳务产品为主的服务性行业,提供广泛的就业岗位,助力推进共同富裕,不断实现人民对美好生活的向往,有利于实现全体人民共同富裕的现代化。

一、旅游产业的含义

经济学将产业定义为"所有生产相同产品的单个企业的集合"。为了充分满足旅游者的旅游消费需求,由旅游目的地、旅游客源地以及两地之间的联结体的企业、组织和个人通过各种形式的结合,便形成了旅游生产和旅游服务的一个有机整体,这个有机整体可称为旅游产业。旅游经济活动实际上是以市场交换联结的旅游供给和旅游需求的相互活动,而这种活动的实现是通过旅游产业的运动来完成的。旅游产业有机地结合了旅游需求和旅游供给。因此,从这个意义上说,在商品经济和商品交换条件下,旅游经济运行的主体是旅游产业,旅游产业不仅是实现旅游者活动的一种供给表现,同时,也是推动旅游经济运行与发展的一种主体力量。

从经济学意义上讲,产业不仅是具有某种同一属性的企业的集合,同时也是国民经济以某一标准划分的部分。因此,产业概念是介于微观经济(企业)和宏观经济(国民经济)之间的一个集合概念。根据以上产业划分方法,旅游产业是一个服务性产业,是凭借旅游资源和设施,为人们的移动消费提供食、住、行、游、购、娱等服务的综合性行业。旅游产业作为国民经济中诸多产业中的一个新兴产业,与其他产业相对比,具有以下三方面的行业规定性。

如果从旅游产业的范围来看,旅游产业是一个跨地区、跨行业的产业。旅游产业的地区范围包括旅游客源地和旅游目的地,两地结合组成了旅游产业的空间体系。如果旅游产业空间体系只有客源地或只有目的地,这样的旅游产业是不完整的。由于在一个特定的国家内,存在着多种类型的旅游目的地和客源地以及它们之间又可以相互成为客源地或目的地,并且各个不同的地区相互联系、共同作用于旅游产业的运行,从而组成了一个国家的旅游产业空间网络。因此,旅游产业运动的全过程是各个相关地区共同作用的结果。旅游产业的行业范围是与旅游活动的形式相联系的。由于旅游产业要满足旅游者从旅游客源地至旅游目的地旅游消费的全部需要,必然涉及食、住、行、游、购、娱等项需要,那么从满足需要出发的社会各个相关行业如交通运输业、酒店业、景区业、商业、饮食业、娱乐业、旅行社业等行业便成为旅游产业的组成部分。尽管这些相关的行业在旅游产业运行中承担的作用以及各自的功能有所不同,但却共同地满足旅游者的旅游需要。同时,旅游产业的相关属性也使得旅游产业的各个行业和企业经济职能缺乏统一性,有的行业和企业虽然是旅游产业的组成部分,但其主要职能并不是旅游经济职能。

如果从旅游产业形成的特点分析,旅游产业不同于其他传统的产业,它的产业边界没有明确的规定也没有明确的划分,产业涉及的范围是根据旅游形式的演化而变动的。因此,从这个意义上说,旅游产业是一个以旅游活动为中心而形成的配置产业。旅游产业所规定的各个行业之所以成为旅游产业的组成部分,在于这些行业和企业都具有为旅游者提供旅游服务的共同职能。从这个意义出发,即从共同为旅游者提供旅游服务出发,旅游产业的概念可以表述为:旅游产业是以旅游活动为中心而形成的配置行业。凡是为旅游活动提供直接或者间接服务的行业和企业都成为这个配置产业的组成部分。

如果从产业性质上研究旅游产业,旅游产业是一个以提供劳务产品为主的服务性行业。旅游产业是为人们的空间移动消费提供服务的产业。服务是为实现旅游者在移动过程中的消费而提供的。由于旅游者的旅游消费包括食、住、行、游、购、娱多项消费内容,因此,旅游产业所提供的旅游服务是一种包括直接和间接服务在内的综合性服务。在旅游产业生产的旅游服务体系中,有些服务的价值物化在原有的物品之中,成为一种有形物体来满足旅游者的需要;有些服务并没有物化在一个物体之中,而是体现在一种活动之中,成为一个无形物品来满足旅游者的需要。尽管旅游产业提供的产品内容和形式各有不同,但从总体上讲,旅游产业所提供的旅游产品是一种劳务产品。

许多旅游学者在旅游产业的问题上一直存在着不同的认识。美国知名旅游学者戴维逊认为,旅行和旅游是为了经营、娱乐或私事外出的人的活动,远远不是传统意义上的"产业",作为一种力量,它是旅游者所有支出产生的效应。因此,我们实际上得到的是一个"支出推动"经济现象,而非"收入推动"经济现象。为此,他进一步指出,将旅游定义为产业是不正确的,而且这一定义有异于旅游的真实状况。旅游是一种社会经济现象,它既是推动经济进步的发动机,同时也是一种社会力量,旅游更像一个影响许多产业的部门。戴维逊从旅游活动(旅游者的旅游行为)出发来讨论旅游产业属性问题,其表明的是旅游不能仅仅从经济的角度来看待,应该从更广泛的角度来看待旅游的作用。

二、旅游产业构成

(一)部门组成

依据联合国的《国际产业划分标准》,按照从事旅游服务不同部门的特点,将旅游产业分为旅行社业、旅游交通业、旅游住宿业。由于旅游吸引物是构成旅游产品的核心内容,应将吸引旅游者的各种游览地也列为旅游产业的组成部分;同时旅游目的地政府、旅游机构及各种旅游组织,虽然不是直接面向旅游者的营利企业,但它们对促进旅游企业和旅游产业的发展也具有十分重要的作用,也应纳入旅游产业的范围,形成了旅游产业五大部门,具体有:住宿接待部门,包括各类酒店、宾馆、乡村出租房、会展中心(带住宿)等;交通运输部门,包括航空公司、铁路公司、轮船公司、长途汽车和公共汽车公司等;旅游业务组织部门,包括旅游经营商、旅游批发商、旅游零售与代理、会议组织商及各种预订服务商、旅游经纪人等;旅游点经营部门,包括各种自然历史遗产游览点、国家公园、主题公园、野生动物园、博物馆等;目的地旅游组织部门,包括旅游目的地国家及各级政府旅游组织机构组织、非政府旅游组织等。

(二)类型组成

按照直接面向旅游者和间接面向旅游者服务的区别,将旅游产业划分为不同的组成类型。

一种是按照向旅游者提供旅游产品的直接或间接的区别,而将旅游产业划分为三种类型:第一类是直接面向旅游者并为其提供各种物质产品和服务的行业,主要包括酒店、餐馆、旅行社、航空公司、零售商店及提供地面交通的汽车公司、铁路公司等;第二类是间接面向旅游者但支持为旅游者提供服务的行业,主要包括食品供应商、洗衣业、旅游出版商、旅游商品制造者等；第三类是间接影响旅游者而直接对前两类企业产生影响的旅游规划和开发机构等，包括政府机构、金融部门、规划设计单位、房地产开发商、教育与培训单位等。

另一种从旅游业的实际情况出发，提出以面向旅游者提供服务为基础，将旅游产业的组成划分为直接旅游企业、间接旅游企业和支持旅游产业发展的旅游组织。直接旅游企业是指必须依赖旅游者的旅游活动而生存和发展的企业，主要包括旅行社、旅馆企业和交通客运企业等；那些虽然也为旅游者提供商品和服务，但其主要对象不完全是旅游者的企业则称为间接旅游企业，主要包括零售企业、餐饮企业、出租车企业、邮电通信业等；非直接盈利的旅游管理机构和行业组织等，则称为支持旅游产业发展的旅游组织，包括各级政府旅游机构、旅游协会、旅游教育培训机构等。

（三）功能组成

按照向旅游者提供旅游产品的功能和程度，旅游产业可划分为两个层次。

第一个层次是指完全向旅游者提供旅游产品的部门，主要有住宿业、交通运输业和旅游服务机构三部分。这些旅游企业和服务机构的收入绝大多数来自旅游者的消费支出，因而离开了旅游者的消费，它们就不能存在和发展。同时，它们所服务的游客对象也几乎全是国际国内旅游者，因此它们是旅游业的主要组成部分。其中：住宿业主要包括宾馆、酒店、汽车旅馆、休闲度假区、自然与文化遗产公园（带住宿）等；交通运输业主要包括客运航空、客运铁路、客运航船、城市间公共交通、观光客车和游船旅游轮渡等；旅游服务机构则包括旅行社、旅游经营企业、旅游者服务中心、地方旅游局旅游发展与促销中心等。

第二个层次是指部分向旅游者提供产品的行业和部门，主要有餐饮服务业、文化娱乐业、康乐业、零售业和部分公共交通运输业等。这些企业不仅向旅游者提供各种产品和服务，同时也为当地居民和其他消费者提供各种产品和服务，因而它们只能部分地从旅游者方面获得收入，离开了旅游者的消费它们仍然能够生存和发展。其中：餐饮服务业主要包括涉外和非涉外餐馆、快餐店、酒吧等；文化娱乐业主要包括各种商业性和非商业性的博物馆、动物园、陈列馆、海滨公园以及剧场、影院等；康乐业主要包括高尔夫运动、滑雪溜冰、赛马、专项运动及其他康乐运动等；零售业主要包括工艺品和礼品店、照相馆、汽车加油站、体育用品商店、各类烟酒零食商店及搬运服务等；公共交通运输业主要指城市内公交车、出租车、自驾车（轿车）出租等。

（四）统计构成

在国家统计局发布的《国家统计调查制度（1998）》中，采用了层次编码方法，将社会经济活动划分为门类、大类、中类和小类四级，共有 A—P 16 个门类，门类下设有大类，大类下设中类，依次类推。旅游业被列入社会服务业大的门类当中（编号为 K），大类编号为 80。在关于旅游业的说明中指出：旅游业包括经营旅游业务的各类旅行社和旅游公司等的活动，不包括卡拉 OK 歌舞厅电子游戏厅（室）、游乐园（场）、夜总会等。显然，这一划分办法中的旅游业仅指旅行社业，住宿业、景区景点等行业均未列入旅游业的统计范围之内。由于旅游业是从需求方定义的产业，它与传统的从供给方出发的产业定义不能完全匹配,因而在部分本应属于旅游业的行业已经列入国民经济其他产业部门当中的情况下,采取了把新兴的、其他部门无法包容的旅行社业当作旅游产业的分类方法。

作为国家的统计制度,这种观点在旅游行业之外有较为广泛的影响,一些部门在使用旅游产业这一名词时实际专指旅行社业,把旅游产业作为旅行社业的代名词。在旅游行政管理部门组织实施的全国旅游统计中,除了针对需求方开展的、以计算旅游总收入为主的海外旅游者抽样调查、国内旅游者抽样调查等内容之外,也对旅游供给进行统计核算,其成果反映在每年的《中国旅游统计年鉴》(副本)中。这一统计范围中的旅游产业包括了旅游管理机构、旅行社旅游涉外酒店、旅游车船公司、旅游商贸服务公司和其他旅游企业。这个统计范围也存在明显的范围过小的缺点,例如由于旅游区(点)的归属较为复杂,没有包括旅游区在内,数字的可得性限制了对旅游行业进行全面的统计。

第二节　旅游产业结构

提高全要素生产率是高质量发展的动力源泉,对于我国决胜全面建成小康社会、开启全面建设社会主义现代化国家新征程具有重要意义。

旅游产业结构高度化,是指旅游产业结构在合理化的基础上,充分利用科技进步和社会分工的优势,使产业结构不断地向资源深加工、产出高附加值化的方向发展,从而不断提高旅游生产要素的综合利用率,不断提高旅游经济的效益,从而推动高质量发展。

一、旅游产业结构的概念

结构是指事物(或系统)各组成部分的比例及构成的状况。凡有系统,必有结构,结构和系统是相互联系、互有区别的概念。结构存在于系统之中,系统由结构所组成,结构的性质特征及运行规律决定着系统的功能及特点。一个社会的经济是一个大系统,经济结构就是国民经济系统各组成部分的比例构成及其相互联系、相互作用的内在形式及状况。

经济结构有广义和狭义之分。狭义的经济结构是指生产关系,而广义的经济结构则是把生产力和生产关系统一起来的社会经济结构。因此,广义的经济结构反映国民经济系统在总体上由哪些部门构成,具有哪些层次,要素的特点;反映各部门、各层次、各要素之间是怎样相互关联、相互结合组成一个有机整体;反映国民经济系统内部及整体运动和变化的形式、规律及内在动力等。所以研究经济结构,有利于从经济系统的内在特征,动态地考察社会经济的运行过程和状态,从而揭示社会经济运动的规律和趋势。

旅游业是国民经济大系统中的一个子系统,具有其自身的结构。旅游产业结构,是指旅游业内部各组成部分的比例关系及其相互联系、相互作用的形式。

二、产业结构分类

(一)按再生产理论分类

按照再生产理论,可将社会生产划分为生产资料生产和生活资料生产两大部类,每一部类生产的价值都可分为不变资本、可变资本和剩余价值三部分,即 $c+v+m$。通过分析两大部类之间错综复杂的关系,揭示了实现简单再生产和扩大再生产的条件,从而为科学地划分产业部门和建立合理的产业结构提供了基本的理论和方法。

(二)按社会分工分类

按照社会分工方法,可将社会生产划分为第一产业、第二产业和第三产业。第一产业是大农业(包括采掘业);第二产业是加工业和建筑业;第三产业是第一产业、第二产业以外的,以服务业为主的其他产业。三次产业分类方法突出了以服务业为主的第三产业在社会经济中的重要地位和作用,揭示了产业结构演进的规律性和经济发展的内在联系,为产业结构的合理化提供了科学的理论指导。

(三)按产业发展顺序分类

按照产业发展顺序,可将社会生产划分为基础产业、先导产业和支柱产业。基础产业,是指为社会生产提供必需条件的基础设施和服务的生产部门,如交通、能源、邮电、通信和教育部门等;先导产业,是指能够带动和引导整个国民经济发展的关键部门;支柱产业,是指在国民经济中具有重要地位,并对经济发展产生重大推动和支撑作用的部门。其结构演进遵循动态比较利益原则和收入弹性基准生产率上升基准等要求,一般是基础产业超前发展,先导产业重点发展,支柱产业稳定发展。

(四)按生产要素分类

按照生产要素投入,可将社会生产分为劳动密集型产业、资本密集型产业和技术(知识)密集型产业。这种产业结构分类可视不同时期经济发展水平、条件和目标而有所侧重,但一般规律是逐渐从劳动密集型向资本密集型和技术密集型发展。

（五）按产业发展阶段分类

按照产业发展阶段，可将社会生产分为传统产业和新兴产业。新兴产业适应经济发展的要求，代表了产业发展的方向，因而应大力发展；不适应经济发展的要求的传统产业，要逐步改造或淘汰。

三、旅游产业结构分类

在国民经济体系中，旅游业属于第三产业中的一个综合性产业。改革开放以来，随着我国旅游业的迅速发展，特别是我国经济体制下较高的资源动员能力和社会组织化水平，使旅游产业结构适应国际和国内市场的需求而快速形成。尽管目前旅游产业结构在国民经济新旧体制转换的格局中，尚需不断地调整和完善，但已初步形成了在市场经济条件下，作为一个新兴产业所具有的产业结构雏形。概括起来，旅游产业结构大致分类如下。

（一）旅行社

旅行社是依法成立，专门从事招徕、接待国内外旅游者，组织旅游活动，收取一定费用，实行自负盈亏，独立核算的旅游企业。旅行社作为旅游业的"龙头"，不仅是旅游产品的设计、组合者，同时也是旅游产品的营销者，在旅游经济活动中发挥着极为重要的作用。因此，旅行社发展的规模经营水平及其在旅游产业结构中的比重，直接对旅游经济发展产生重要影响。

（二）旅游酒店

旅游酒店是为旅游者提供食宿的基地，是一个国家或地区发展旅游业必不可少的物质基础。旅游酒店数量、酒店床位数量体现了旅游接待能力大小；而旅游酒店的管理水平高低、服务质量好坏、卫生状况及环境的优劣，则反映了旅游业的服务质量。因此，旅游酒店业在旅游产业结构中具有十分重要的地位，没有发达的、高水平的旅游酒店业，就不可能有发达的旅游业。

（三）旅游交通

旅游业离不开交通运输业，没有发达的交通运输业就没有发达的旅游业。旅游交通作为社会客运体系的重要组成部分，不仅满足旅游产业发展的要求，同时又促进社会交通运输的发展。特别是旅游交通运输要满足旅游者安全方便、快捷舒适、价廉等方面的需求，就要求旅游交通不仅具有一般交通运输的功能，还要具有满足旅游需求的功能，从而要求在交通工具、运输方式、服务特点等方面都形成旅游交通运输业的特色。

（四）旅游资源开发

旅游资源开发，包括对各种自然旅游资源人文旅游资源及文化娱乐资源的开发及利用，并形成一定的旅游景观、旅游景区及各种旅游产品和组合。目前，虽然全国各地都投入了很大力量进行旅游资源开发，从而形成了一批在国际上有一定知名度和吸引力的旅游景点、旅游景区(包括风景名胜区、度假区等)和旅游线路,但从整体上还未把旅游资源开发作为旅游产业结构的一个重要的组成部分来看待。不仅在旅游资源的开发建设上没有专门、统一的规划和建设,而且在行业管理上也政出多头,缺乏统一的宏观协调和管理,从而导致旅游景区、景点建设的滞后。因此,必须把旅游资源开发纳入旅游产业结构中,加快开发和建设。

(五)旅游娱乐

旅游是一种以休闲为主的观光、度假及娱乐活动,因而丰富的旅游娱乐是旅游活动中的重要组成部分。随着现代科技的发展,旅游娱乐业在旅游产业结构中的地位正日益上升,旅游娱乐业在增强旅游产品的吸引力、促进旅游经济发展方面的作用也不断提高。

(六)旅游购物

旅游购物是旅游活动的重要内容之一。随着现代旅游经济的发展,各种旅游工艺品、纪念品、日用消费品的生产和销售正不断发展,形成了商业、轻工、旅游相结合的产销系统和大量的网点,不仅促进了旅游经济的发展,也相应带动了民族手工业、地方土特产品等轻工业、手工业的发展,促进地方社会经济的繁荣。

综上所述,旅游产业结构可划分为旅行社、旅游酒店、旅游交通、旅游资源开发、旅游娱乐、旅游购物六大产业部门。此外,从大旅游的角度看,旅游产业结构还可以包括旅游教育和培训、旅游规划与设计、旅游研究与咨询以及旅游行政管理等部门,这样才能全面地、综合性地反映整个旅游经济发展的状况及态势。

四、旅游产业结构分析

旅游产业的多元性、多层次性和变动性,使旅游产业结构呈现出多样化和动态性的特点。因此,在旅游产业结构分析中,既要分析旅游产业的静态结构(指某一特定时点上的产业结构),包括行业结构、地区结构、组织结构和产品结构等,因为它们相互联系、纵横交错、前后延伸、共同作用构成了旅游产业结构体系;又要对旅游产业结构的变动进行分析,特别是在旅游业快速增长的时候,要求及时对旅游产业结构进行调整和优化,以适应旅游经济发展的需要,并为旅游业进一步健康发展创造良好条件。

(一)旅游产业部门(行业)结构分析

旅游部门结构,是指以食、住、行、游、购、娱为核心的旅游业内部各大行业间的比例关系,也就是旅游业的部门结构。由于旅游经济具有综合性的特点,从而决定了旅游产业结构具有多元化的性质。一般来讲,旅游业的主要产业是旅游交通、旅游酒店和旅行社,它们被誉为旅游业的三大支柱产业。但是,从旅游的六大要素看,旅游产业还包括旅游娱乐业、旅游商品的生产与经营部门、旅游资源开发与经营管理部门等。从更广的角度看,旅游产业还包括旅游教育培训部门、旅游研究和设计规划部门等。只有从大产业的角度来认识旅游产业结构,才能提高对旅游经济重要性的认识,从而确立旅游业在国民经济中应有的地位。

（二）旅游组织结构分析

旅游组织结构，是从生产关系角度研究旅游经济的所有制结构、企业规模结构和相应的体制结构等。旅游经济所有制结构，反映了旅游业所有制关系的构成及比例。改革开放以来，我国旅游业最早与国际接轨，形成了以全民所有制为主体，集体、个体、外资所有制相结合的多种所有制并存的局面，从而推动了旅游业的迅速发展，繁荣了经济。因此，分析旅游经济的所有制结构特点、运行状况及发展趋势，既有利于坚持社会主义方向，又有利于不断改革开拓，促进旅游经济的进一步发展。

旅游企业规模结构，反映了旅游企业大中小结构比例和旅游企业集团化发展的状况。从国际旅游业发展的情况看，一方面，旅游企业大中小规模结构是由客观条件所决定的，是在市场竞争中，通过竞争、淘汰、新建而逐步形成相对稳定的大中小企业规模结构；另一方面，旅游企业遵循集中化的市场竞争要求，逐步形成一些紧密型的企业集团，如酒店管理公司等，从而提高了旅游企业的竞争力和经济效益。

旅游经济体制结构，是从宏观角度所表现的有关旅游业的政策保障体系、行业管理体制及实施手段体系的状况。随着经济体制改革和我国旅游经济的发展，我国旅游经济体制正逐步形成以行业管理为主，集旅游政策保障体系、旅游法律体系和旅游宏观调控体系于一体旅游经济管理体制。

（三）旅游地区结构分析

旅游业的发展总是在一定的地域空间内实现的，因此旅游地区结构的状况及变化，是进一步分析和认识旅游经济发展的重要依据。旅游地区结构，是指从地域角度所反映的旅游市场，旅游区的形成、数量、规模及相互联系和比例关系。通过对旅游地区结构的研究，不仅有利于掌握不同地区市场的需求状况、不同旅游区的特点及行为层次结构，而且有利于从宏观和中观角度进行合理的旅游产业布局，提高旅游经济的整体水平及综合效益。

（四）旅游产品结构分析

旅游产品结构是指旅游经济运行过程中，满足旅游者需求的各种旅游产品的构成及各种旅游产品之间的相互关系。它包括旅游产品要素结构、旅游产品类型结构和旅游产品档次结构等。其中旅游产品要素结构是旅游经营者在旅游活动中所提供的食、住、行、游、购、娱等各种要素的比例关系；旅游产品类型结构是指根据旅游者需求而提供的不同品种的旅游产品；旅游产品档次结构是指为满足不同消费水平而提供的不同档次同类旅游产品的结构比例关系。随着旅游业进一步发展，旅游市场需求的不断变化，旅游产品结构体系必须要适应变化而不断调整。

（五）旅游动态结构分析

旅游产业经济效益的提高和旅游企业市场竞争力的提升，加快旅游产业组织结构的调整和优化。旅游产业的动态结构是指旅游产业结构总是随着旅游业发展不断变动和发展的。一方面，由于人们的旅游需求随着收入水平的提高而不断变化，必然相应带动旅游景区、景点的开发和旅游接待设施的建设，从而引起旅游产业结构的变动。另一方面，为了更好地满足人们日益增长的旅游需求和获取良好的旅游经济效益，旅游目的地国家或地区也会不断进行旅游产业结构调整和优化，从而使旅游产业结构处于动态发展之中。因此，分析旅游产业的动态结构，实质上就是分析研究旅游产业的优化，即旅游产业的合理化和高度化。

五、旅游产业结构的优化

（一）旅游产业结构的合理化

旅游产业结构的合理化，是指在现有技术基础上旅游产业各部门之间的协调，即旅游产业各部门之间有较强的相互转换能力，有较好的互补关系及和谐的配合，从而实现整个旅游产业的协调运行，对旅游产业结构的合理化可从静态和动态两方面进行分析。

从静态上看，旅游产业结构的协调主要表现在三个方面。一是旅游各产业部门之间相对地位的协调，从而形成有序的排列组合和明显的层次结构，具有相互适应和相互联系的增长速度和发展规模。二是旅游各产业部门之间关联方式的协调，使各产业部门之间能够相互服务、相互配合和相互促进。三是各产业要素之间的协调，即各产业部门之间在经营规模、服务水平、管理组织及劳动者素质等方面都相互适应、相互协调，从而促进旅游业综合生产能力的提高。

从动态上看，旅游产业结构的协调也表现在三个方面。一是各产业部门发展速度的协调，即在现有产业结构基本合理的基础上，使各产业部门的增长速度基本趋于一致，避免差距过大而造成再生产过程中的结构失衡。二是各产业部门发展阶段的协调，即在旅游产业结构变动中能够适应市场消费需求结构的变化，使各产业部门的发展与需求结构的变化阶段相适应，从而促进产业结构不断地由低级向高级演化。三是旅游产业结构变动中的随机协调，即在旅游产业结构的演变过程中，既要考虑其发展的动态规律性，使产业结构的变化具有适应性；同时又要考虑旅游产业结构演变中的非常规性，加强对旅游产业结构的随机协调，从而在动态和随机的不均衡过程中促进旅游产业结构的协调。

（二）旅游产业结构的高度化

旅游产业结构的高度化，是指旅游产业结构在合理化的基础上，充分利用科技进步和社会分工的优势，使产业结构不断地向资源深加工、产出高附加值化的方向发展，从而不断提高旅游生产要素的综合利用率，不断提高旅游经济的效益。具体来讲，旅游产业结构的高度化表现在以下几个方面。

1. 产值结构高度化

产值结构高度化，即高需求收入弹性、高附加值的行业产出比重在旅游业总产出中明显提高，发展速度加快。

2. 技术结构高度化

技术结构高度化，即科技进步在旅游产业结构运行中所起的作用明显提高；各产业部门之间的经济技术联系日益加强；产业分工不断细化，形成更加紧密的产业内部和外部的结构关系；技术进步对经济的推动作用越来越强。

3. 资产结构高度化

资产结构高度化，即资产结构适应旅游经济发展和需求结构变动而相应变动并合理化，产业扩展与收缩具有越来越强的连锁效应；产业规模经济的利用程度不断增加，企业组织创新加快，集团化的大规模竞争日益加剧，从而使旅游产业结构变动的周期特征日益减弱。

4. 就业结构高度化

就业结构高度化，指适应旅游经济发展的要求，就业规模增加；技术工人和脑力劳动的比重不断增加；就业结构变动的灵活性不断加强，从而使旅游业的就业综合效应及带动力有较大幅度的提高。

5. 经济运行高度化

经济运行高度化，指旅游产业结构对旅游市场需求的适应性显著增强，能够在基本满足各方面、各个层次需求的条件下，从整体上保持旅游经济的均衡、协调地运行。

(三) 旅游产业结构合理化与高度化的关系

1. 旅游产业结构合理化是高度化的基础

旅游产业结构高度化必须以旅游产业结构合理化为基础，只有先实现合理化，才能达到高度化。因为，产业结构高度化是相对稳定的，而产业结构合理化则是经常性的工作。只有当产业结构实现了合理化，其结构效益积累到一定水平之后，才能推进旅游产业结构向高度化发展。而当旅游产业结构未能实现合理化时，不可能向高一级水准产业结构推进，即无法实现旅游产业结构的高度化。

2. 旅游产业结构合理化与高度化是相互渗透、相互作用的

旅游产业结构要实现高度化，必先实现合理化。但是，旅游产业结构的发展水平越高，对其结构合理化的要求越高，即高层次上的合理化。因此，旅游产业结构合理化也是一个动态发展的过程，即是不断调整旅游产业部门关系，增强其关联作用的过程。所以，一方面旅游产业结构的高度化必须以结构合理化为前提；另一方面旅游产业结构的合理化又是结构高度化发展的条件。

3. 旅游产业结构合理化与高度化的目的不一样

通常，在旅游经济发展的不同时期或不同阶段，当产业结构不合理、结构性矛盾突出时，就要对旅游产业结构进行合理化调整，缓解结构性摩擦，保证旅游经济稳定协调地发展。当产业结构基本协调但需求结构变动大时，产业结构调节的重点就应该是高度化问题，以提高旅游产业结构的转换能力，发挥结构的联动功能，促进旅游产业结构适应需求结构的变动而相应地变动及发展。

第三节 旅游产业政策

思政引导

党的二十大报告指出,促进区域协调发展。深入实施区域协调发展战略、区域重大战略、主体功能区战略、新型城镇化战略,优化重大生产力布局,构建优势互补、高质量发展的区域经济布局和国土空间体系。

思政内容

旅游产业政策是政府为了实现特定时期特定的经济和社会目标针对旅游产业而制定的各种政策,应以国家区域协调发展战略为指导思想。实施区域协调发展战略,对我国增强区域发展协同性、拓展区域发展新空间、推动建设现代化经济体系、实现"两个一百年"奋斗目标,都具有重大战略意义。

一、旅游产业政策的概念和特点

(一)旅游产业政策的概念

国家可以制定产业政策来对旅游经济进行某种程度的干预。产业政策是政府为改变产业间的资源分配和各种企业的某种经营活动而制定的政策。旅游产业政策是政府为了实现特定时期特定的经济和社会目标针对旅游产业而制定的各种政策。

(二)旅游产业政策的特点

不同的历史时期,政府对旅游产业的不同的经济发展目标,决定了旅游产业政策的不同。在我国旅游业发展初期,主要的目标是为国家多创收外汇,因此体现在旅游产业政策上就是国际入境旅游优先,在旅游业的布局上倾向于七个重点旅游区。由于当初旅游住宿设施极度紧张,在旅游产业组织方面政府积极鼓励各方力量的进入,形成了一项重要的旅游产业政策——国家、地方、部门、集体和个人一起上,自力更生和利用外资一起上的"五个一起上"政策。在旅游产业发展的现阶段,旅游业的主要目标是刺激消费、促进国民经济增长和提高旅游产业的国际竞争力,因此,体现在旅游产业政策上就是大力发展国内旅游,在旅游产业布局上讲究多点齐动、全面发展。由于全球旅游产业竞争十分激烈,旅游设施结构矛盾较为严重,所以在旅游产业组织政策方面就要在一定程度上进行限制,协调旅游企业的集团化、网络化发展,最大限度地增强国内旅游企业的国际竞争力。

因此,旅游产业政策是政府根据一定时期内旅游发展的目标以及旅游发展所存在的问题而制定的。其特点主要有以下三个。

第一,旅游产业政策的常规性。所谓旅游产业政策的常规性,主要是从政策的空间范畴来说的。众所周知,政府经济政策体系在空间上通常分为宏观、中观和微观三个层次,分别以整个国民经济、产业和企业为着眼点。在市场经济条件下,由于宏观经济政策和微观经济政策本身的特性,不可能针对产业的具体活动及产业之间的市场关系作出有效的政策引导。由于市场机制本身存在缺陷,不可能充分有效地使资源配置达到优化,因此,必然设计和执行特定的产业政策,通过政府对产业活动和产业关系的适当介入,使资源在产业层次的合理配置成为可能。

第二,旅游产业政策的导向性。旅游产业政策的导向性是非常积极主动的,以至于比较其他的国家经济政策而言,对资源在产业之间和产业内分配的干预程度要强烈、深入得多。比如,1984年"五个一起上"政策的提出,充分调动了各个方面的积极性,使旅游业成为海内外资金和社会资金投向的热点,旅游汽车在两年内增长了一倍,旅游酒店自1985年后每年以3万~4万间的速度增长和发展,旅游吸引物的开发也形成了热潮,迅速缓解了制约旅游发展的短线行业,在现实中起到了巨大的推动作用,使旅游产业在较短的时间内形成了较大的产业规模。

第三,旅游产业政策的阶段性。在旅游产业发展的不同阶段,其发展的历史背景、物质基础和目标任务自然有所不同。就政府而言,旨在加快旅游产业发展的产业政策就必须根据这种不同阶段的特殊性制定出来,以达到促进旅游经济发展的政策目标。所以在旅游业发展的不同阶段,产业政策的具体政策导向和核心内容自然需要作出相应的变化和调整。

二、旅游产业政策的内容

(一) 布局政策

依据旅游经济区域分布规律,确定以现有旅游主要创汇地区为支点,沿海、沿边(国境线)、沿线(主要交通干线)、沿城(城市)为散点,通过旅游线路进行组合的全方位布局政策。我国全面对外开放下的海岸线、边境地区、交通干道沿线等区域发展旅游独具优势。城市作为旅游活动的区域集散中心,在短时间内迅速形成供给能力,尽可能充分利用已有城市基础设施,是提高经济效益的途径。这些地区的旅游发展都可以由地方决策,地方投资,并在中央的统筹下发展。我国长期稳定的对外开放大局,为全国旅游业的发展,由传统热点向冷点慢速传递变为热能辐射接收式的快速发展提供了可能条件。在这一转变中,原有的旅游重点城市和地区将成为主要的发射极,沿海、沿边、沿线地区及中小城市将作为接收高台。基地化是产业现代化实现的主要途径,这一点已为国内外产业的发展所证明。

（二）技术政策

充分挖掘传统技术，保护人才，推广技术。我国当前由文物部门和文化部门确立的物质文化遗产（如文保单位）和非物质文化遗产，就是应该优先保护和利用的对象。

应用先进技术，推行以计算机为主要技术手段的先进管理和以计算机网络为主的营销手段。同时结合新兴产业的发展，引进各种先进技术在通信、运输、检索、装饰、管理、救护等方面的应用。

（三）组织政策

旅游产业组织政策又称为旅游企业组织结构政策，它主要调整旅游产业内企业间及企业内部组织结构的关系。着眼于新兴产业的使命，重新构造与之相适应的我国旅游业组织结构。新体制的基本特征是一核多极、依托协同、优势互补，即以国家旅游业资产为主导核心，发展多种经济成分和形式的独立企业团组，在统一的市场规则下开展竞争。实现这一产业组织的基本途径有以下几点。

（1）国家按专业和地域进行总体布局，确定几个大型旅游企业集团，并形成我国各具特色的行业协会和同业协会，杜绝企业在国外相互拼杀、在国内竞争无序的局面。国家要运用多种宣传工具，对内对外较快树立新集团的风格和形象。

（2）采用多种方式巩固现有国际旅游集团与我国已有的关系。重点是引进成套的最新科学管理方法和手段，并加以推广。同时还要利用现有的客户、商人，建立起我们自己的客源市场和批发网络。

（3）鼓励其他产业的大企业集团兼营旅游业，也鼓励现有旅游企业兼营其他产业，实行多元化经营。对旅游业来说，这种减少单纯经营客源造成的风险有利于增大回旋余地，达到增强企业单体和产业整体应对风险局面的机制。

（4）全面参与国际分工和世界旅游市场的循环。这样做既可通过吸收海外股份作为旅游业吸引外资的主要途径，又可把现有债券转化为股份出售。同时，直接参股海外企业，用国内有限的资金"借鸡生蛋"，熟悉并掌握国外资本竞争的最新动态。

（四）结构政策

旅游产业结构政策是产业政策的主要组成部分，它是根据旅游产业结构情况和问题，以及今后旅游经济发展的需要所确定的优化产业结构的目标和方向、逐步实现产业结构合理化、高度化和取得更高经济效益的结构性政策。产业结构政策首先要规划产业结构的目标和方向，实现资源优化配置，保证实现产业结构的合理化。

三、旅游产业政策的作用

正确的产业政策，对旅游经济的健康发展，具有十分重要的作用。

（一）明确旅游产业的定位和发展方向、解决依据和支撑问题

产业政策作为国家宏观经济政策的重要组成部分，其基本职能之一，是使国家乃至地区的产业发展具有明确的整体方向性。近年来，国家多次发布支持旅游发展的文件，

明确旅游业的发展方向,对区域旅游经济、企业生产经营具有明确的导向作用。

(二)实现超常规发展,缩短时间

产业政策是充当贯彻国家经济发展战略的工具。通过有秩序地制定和实施旅游产业政策,政府可以有效地促进旅游业发展,从而充分发挥优势,推动旅游产业的大发展。通过旅游业具体领域的鼓励和优惠政策,推动社会资源的优化配置,为旅游业发展提供良好的发展环境。

(三)促进产业结构合理化与高度化,实现产业资源的优化配置

依靠市场机制虽然可以较好地实现资源的有效配置,但市场的力量往往是盲目的,其作用也主要是事后调节,因而不可避免地伴随着大量的资源浪费。旅游产业政策制定作为政府行为,完全可以根据科学的预见实现事前调节,避免资源闲置和浪费。通过制定和实施产业结构政策,政府可以有效地支持未来旅游产业的成长壮大,从而加速产业结构的合理化和高度化,实现产业资源的优化配置。

(四)增强旅游产业的国际竞争力

产业的国际竞争力是建立在本国资源的国际比较优势、骨干企业的生产力水平、技术创新能力和国际市场的开拓能力基础之上的。产业政策对增强企业创新能力和开拓国际市场等都有重要作用。政府通过制定和实施国际旅游政策,可以有效地促进我国旅游产业参与国际分工,从而充分利用后发优势,在技术和管理领域较快地接近国际先进水平。

(五)弥补旅游市场失灵的缺陷

产业政策形成的逻辑起点,在于政府有责任弥补"市场失灵"的缺陷。由于规模经济、公共产品、外部性等市场失灵领域的存在,如果仅仅依靠市场机制,无法避免垄断、不正当竞争、基础设施投资不足、过度竞争、环境污染、资源浪费等现象的发生与蔓延。历史经验表明,各国产业政策的最普遍作用,就是弥补市场失灵的缺陷。如通过推行产业组织政策和产业结构政策,政府可以限制垄断的蔓延,促进有效竞争的形成,加速产业基础设施的建设,治理环境污染与生态失衡等。

第四节 旅游产业关联与融合化发展

党的二十大报告指出,全面建设社会主义现代化国家,必须坚持中国特色社会主义文化发展道路,增强文化自信,围绕举旗帜、聚民心、育新人、兴文化、展形象建设社会主义文化强国,发展面向现代化、面向世界、面向未来的,民族的科学的大众的社会

主义文化,激发全民族文化创新创造活力,增强实现中华民族伟大复兴的精神力量。

文化和旅游都是促进文明交流、民心相通的重要桥梁,是讲好中国故事、传播中国声音、展示中国形象的重要渠道,是增强国家文化软实力和中华文化影响力的重要源泉。文化和旅游融合发展是文化建设和旅游发展的内在要求和必然结果。

一、旅游产业关联

旅游产业关联是指旅游产业内部各部门之间和旅游产业与其他产业之间的技术经济联系以及数量比例关系。旅游活动过程中食、住、行、游、购、娱六要素的综合性和旅游产业多部门的集合性,决定了旅游产业内部关联和外部关联的复杂性。按照国家统计局发布的《国家旅游及相关产业统计分类表(2018)》,可将旅游产业关联分为三个层次,即旅游业内部各产业部门间的关联、旅游及相关产业部门间的关联和旅游与其他产业部门间的关联。

(一)旅游业内部各产业部门间的关联

根据《国家旅游及相关产业统计分类表(2018)》,旅游业包含七个产业部门大类,分别是旅游出行、旅游住宿、旅游餐饮、旅游游览、旅游购物、旅游娱乐和旅游综合服务,构成旅游业内部产业部门体系。旅游业内部各部门间的关联是指旅游业内部各部门间的技术经济关系。

从旅游业的供给结构来看,旅游业直接为旅游活动的食、住、行、游、购、娱提供产品和服务,以满足旅游者完成旅游体验的消费需求。基于此,旅游业内部的旅游出行、旅游住宿、旅游餐饮、旅游游览、旅游购物、旅游娱乐、旅游综合服务等各部门,以满足共同的旅游市场需求为纽带,相互分工协作,相互配套补充,形成以食、住、行、游、购、娱为基础的产业链条和产品服务供给体系,支持和服务旅游活动的开展,形成旅游业专业化分工协作型内部关联结构。

(二)旅游及相关产业部门间的关联

根据《国家旅游及相关产业统计分类表(2018)》,旅游相关产业包括两个产业部门大类:一是旅游辅助服务,包括游客出行辅助服务、旅游金融服务、旅游教育服务和其他旅游辅助服务四个种类;二是政府旅游管理服务,包括政府旅游事务管理和涉外旅游事务管理两个种类。旅游辅助服务是由相关产业部门为旅游业提供的产品投入和劳务服务,形成旅游业及其相关产业具有投入产出关系的关联结构。政府旅游管理服务是政府从事的与旅游相关的综合行政事务管理服务以及从事的旅游签证、护照等涉外事务管理服务,是政府直接干预旅游活动的一种行政手段。

(三)旅游与其他产业部门间的关联

旅游业与其他产业部门之间的关联是旅游业的一种外部关联关系。旅游业与其他产业部门之间的关联表现为两种方式。一是以投入产出方式表达的关联关系,即旅游产业发展需要其他产业为其提供投入品而发生的关联。如农业为旅游业发展提供农产品投入,工业为旅游业发展提供旅游设施等工业品投入,文化产业为旅游产业发展提供文化产品投入等。二是以产业链延伸方式表达的关联关系,即旅游产业与其他产业相互渗透、相互交叉,形成旅游新业态而发生的关联。如依托农业生产和农业景观开发而形成的农业旅游项目,从农业产业来看,农业的产业链延伸了,在农业生产农产品原有属性不变的基础上,新增了农业旅游环节,农业附加值提高了;从旅游业来看,农业生产活动和农业生态景观转变为旅游资源,经旅游开发,形成旅游新业态、旅游新产品和旅游新的经营形式,丰富了旅游产业的内涵,拓展了旅游产业链和价值链。这是一种产业关联的高级形态,即旅游产业融合。

二、旅游产业融合

旅游产业不仅综合性强,而且具有极强的产业渗透性,与其他产业之间总是有着千丝万缕的关系,具有天然的融合属性。在产业资源的供给上,任何要素都可以作为旅游资源予以开发,旅游资源具有全要素资源特征,因此,旅游产业可以向任何一个产业延伸渗透。在产业发展的时空维度上,旅游需求的发展性和空间的流动性,旅游供给的空间区域性和不可移动性,两者相互影响、相互作用,旅游供求关系这一矛盾运动导致旅游产业边界的不确定性,旅游产业的跨界融合成为发展趋势。旅游产业融合是指旅游产业与其他产业或旅游产业内部各产业部门之间发生相互关联和渗透,形成新的旅游新业态。

中国旅游产业融合模式主要有以下三种类型。

(一)旅游产业的技术融合

旅游产业的技术融合突出表现为信息技术与旅游业的融合。信息技术与旅游业的融合发展成为推动旅游产业变革、提升旅游产业素质、引领旅游市场消费的关键因素。云计算、物联网、移动终端通信和人工智能等先进技术的集成,是新一代信息技术的集成创新和应用创新,对旅游业的渗透融合引发旅游产业的变革与创新,促进智慧旅游的建设与发展。物联网技术、云计算技术、移动终端通信技术和人工智能技术是智慧旅游的关键技术,这四大技术相互关联与有机集成形成智慧旅游的核心能力,从而使智慧旅游能够向应用对象提供各种价值供给,如满足海量游客的个性化需求,实现旅游公共服务与公共管理的有效整合,为旅游企业(特别是中小旅游企业)提供服务。

(二)旅游产业的资源融合

旅游产业的资源融合表现为全要素旅游资源的开发和利用。例如：整合农业资源开发农业旅游项目，使原本属于农业范畴的要素和行为成为旅游活动的内容，实现农业资源与旅游产业的融合；整合文化资源开发文化旅游项目，使原本属于文化产业范畴的要素和行为成为旅游活动的内容，实现文化资源与旅游产业的融合；整合工业生产资源开发工业旅游项目，使原本属于工业范畴的要素和行为成为旅游活动的内容，实现工业资源与旅游产业的融合。旅游产业资源融合，一方面，有利于推动产业资源在其他产业与旅游产业之间的配置与整合，对提高产业资源利用率，促进产业链的延伸和产业附加值的提高具有重要意义；另一方面，有利于诱发产业变革和业态创新，创造新产品和新服务，带动产业转型升级和结构优化。

(三)旅游产业的功能融合

旅游产业的功能融合表现为旅游产品功能的一致性。旅游业不仅具有经济效益、社会效益和生态效益，还具有促进人的全面发展的教育运动、健康等多元价值功能。旅游与教育、运动、医疗等资源相结合，能够促进教育活动、体育运动、医疗保健等原有属性与旅游价值功能的叠加提升，形成以旅游形式呈现的研学旅游、体育旅游、医疗旅游等旅游新业态，实现教育、体育、医疗与旅游的融合一体化。2021年12月22日，国务院印发的《"十四五"旅游业发展规划》提出，依托重大科技工程及成果，加强科技场馆利用，大力发展科技旅游。依托博物馆、非遗馆、国家文化公园、世界文化遗产地、文物保护单位、红色旅游景区等资源发展文化遗产旅游。加快建设国家旅游风景道、旅游主题高速公路服务区、旅游驿站，推动地方政府和中国国家铁路集团有限公司建立平台，合力打造主题旅游列车，推进旅游和交通融合发展。

案例分析

本章思考题

一、名词解释

旅游产业　旅游产业结构　旅游产业政策　旅游产业关联　旅游产业融合

二、简答题

1. 简述旅游产业的构成。
2. 旅游产业结构的类型有哪些？
3. 怎样实现旅游产业结构的优化？
4. 旅游产业政策的特点有哪些？

三、论述题

1. 以中国旅游业为例，简述旅游产业政策的内容及实施情况。
2. 结合旅游产业的特点，分析旅游产业关联的层次。
3. 结合旅游产业融合实践，分析旅游产业融合的融合模式。

本章思政总结　新发展理念丰富并发展了中国特色社会主义政治经济学方法论。创新、协调、绿色、开放、共享的新发展理念，不仅反映了经济社会发展的时代特征和内在要求，而且反映了社会主义的生产目的和制度优势，体现了生产力与生产关系、经济基础与上层建筑的辩证关系；不仅全面反映了社会主义经济发展规律，而且指明了新时代我国实现高质量发展的实践途径和着力点，体现了认识论和实践论的统一。旅游产业高质量发展，不是传统发展方式的延续，而是在新发展理念的指导下，以创新、智慧、绿色、共享等为特征的发展，不仅有利于促进经济发展，带动就业，同时对于提高人民生活水平也有着重要的意义。

第十章 旅游企业与经营

学习目标

1. 了解旅游企业的概念、类型和特点。
2. 掌握旅游企业的横向一体化、纵向一体化的动因及形式。
3. 掌握旅游企业跨国经营行为。
4. 深刻理解旅游企业的集群化、信息化、标准化发展。

思政引导

党的二十大报告指出,完善中国特色现代企业制度,弘扬企业家精神,加快建设世界一流企业。支持中小微企业发展。良好政策机遇为旅游企业发展创造条件。

思政内容

面对世界百年未有之大变局,旅游企业要以自信的步伐、开放的姿态和广博的胸怀,通过观念创新、思路创新、体制机制创新和方式方法创新,大力构建和完善全方位、多层次、宽领域的中外文化和旅游交流合作新格局。

章前引例

中国旅游日旅游企业推多项优惠

5月19日,由文化和旅游部主办的2023年中国旅游日主会场活动在云南腾冲和顺古镇举办,今年的中国旅游日主题为"美好中国,幸福旅程"。飞猪、途牛、同程、华住等多家旅游企业纷纷推出多项优惠。

飞猪推出暑期新品多项优惠举措

为迎接中国旅游日、积极响应文化和旅游部发起的活动倡议,飞猪直播大会全程,向广大游客展示丰富多彩的"中国旅游日"主会场活动,展现国内文旅产业转型升级、高质量发展取得的成果。同时,飞猪联合多家航空公司、国内知名高星酒店集团、小众民宿、景区名胜等生态合作伙伴,在官方直播间推出一系列优惠活动,吸引更多游客探寻祖国大好河山之美。

恰逢旅游暑期大促到来,飞猪在腾冲当地设立"618 暑期新品专场直播",集中展示和推介近年来平台联合商家挖掘和打造的新供给,除了实惠的航班机票、高品质的酒店住宿之外,还有融合了目的地城市美食、民俗等人文景观的深度游,如"西双版纳 5 天 4 晚非遗体验泼水狂欢""大理高星酒店住宿非遗传承体验"等结合区域文化特色深度游新品,也推出了专属优惠价格。

暑期旺季将至,人们的出游热情有望进一步被激发,目的地、旅游商家也将从中进一步获得收益增长。"今年 618 商家参与规模显著超出我们的预期,整体数量比去年增长了 35%。"飞猪相关负责人说,由于商家参与度提升,今年飞猪在直播间推荐的优惠商品也更加丰富,覆盖云南、广东、浙江、海南、四川、江苏、北京、上海等重点出发地及目的地。以云南为例,腾冲、丽江、大理、昆明、香格里拉、西双版纳等热门目的地均有新品首发。

同程旅行打造"线上+线下"全场景营销

5 月 19 日,同程旅行推出主题旅游直播、线上活动专题及主题航班等"线上+线下"全场景营销活动,通过丰富多元的形式,为用户提供大量优惠、优质的旅游产品和服务。

活动期间,同程旅行将直播间搬到了中国旅游日主会场所在地云南腾冲,开启实景直播。直播间内,同程旅行为用户准备了云南、三亚、上海迪士尼等热门旅游线路,并设置秒杀环节,让用户有机会获得私家团、纯玩团等高品质出行体验。

途牛高品质出游体验助力用户共享幸福旅程

中国旅游日主题月系列宣传推广活动启动以来,途牛充分发挥了互联网平台的数字化、整合营销以及产品创新和服务品质上的核心能力和优势,通过途牛 App、途牛旅游网、途牛直播间、官方微信、微博等线上线下渠道联合推广,助力幸福旅程的开启。

作为 2023 年中国旅游日主会场活动官方直播间之一,5 月 19 日—21 日主会场及配套活动期间,途牛"5·19 专属直播间"——"途牛西部旅游"抖音直播间围绕"美好中国,幸福旅程"主题开展为期三天的旅游产品直播。此次直播,途牛结合云南以及西南、西北等目的地的优质旅游资源和独特人文民俗,为用户带来了"丽江—大理—泸沽湖纯玩 6 日游""腾冲 5 日深度游""西双版纳 5 日游"等涵盖牛人专线、途牛私家团等一系列高质量旅游产品。以"腾冲 5 日深度游"为例,该旅游产品设计为 2～8 人精品小团,以"探秘高黎贡——徒步温泉之旅"为主题,行程囊括和顺古镇、高黎贡山、热海公园、北海湿地、银杏村、腾冲火山地质公园等,舒适合理的行程设计搭配徒步健身、温泉康养、古镇人文、森林纯氧等丰富的玩法,为用户带来高品质的深度体验。

华住推出中国旅游日惠民活动

客房抵扣券大派发、特色房型优惠套餐、带着"毛孩子"一起旅游、面对面听戏剧家赖声川讲故事、城市近郊海陆空大趣玩……中国旅游日期间,在中国拥有 8500 多家门店的华住集团,通过折扣补贴和多种类特色活动,让人们在旅游中感受中国发展活力、共享美好生活。

中国旅游日期间以及整个5月,浙江长兴花间堂酒店推出"携宠入住礼遇",包括免费宠物洗澡、宠物早餐、宠物生日蛋糕等,升级旅行体验。在上海,华住旗下全季酒店联合上剧场于5月份推出"与爱同行"人文专场演出,邀请华人戏剧家赖声川现场分享他的经典作品《蓝马》。

资料来源 《北京青年报》。

思考:以上提到的旅游企业在中国旅游日期间推出了多项优惠活动,这些优惠活动对旅游企业有哪些积极影响?同时,你认为旅游企业在推出优惠活动时应该考虑哪些因素?

第一节 旅游企业概述

旅游企业要主动承担社会道德责任。

旅游企业从事经营活动以营利为目的,但是旅游企业或投资主体不能只关注微观经济效益,通过对旅游宏观经济效益的分析,思考旅游企业或投资主体的社会道德责任,包括利益相关者的收益分配、帮助就业、扶贫、弘扬文化等。

一、旅游企业的含义

旅游企业是指依法设立的以营利为目的,以旅游资源为依托,以有形的空间设备、资源和无形的服务效用为手段,在旅游消费服务领域中进行独立经营核算的经济组织。旅游企业一般具有如下特征。

(1) 旅游企业作为一种社会经济组织,它有自己的组织机构和工作程序。

(2) 旅游企业作为一种经济组织,主要从事旅游经济活动,并且有与之对应的经营资产和财产。

(3) 旅游企业从事经营活动以营利为目的,以社会公益为目的的组织不是旅游企业。

(4) 旅游企业是实行独立核算的社会经济组织。

（一）旅游企业与旅游经营商

旅游经营商是为旅游者提供旅游中介服务的个人或者非法定组织。根据旅游经营商的职能及其作用可将旅游中介组织细分为旅游代理商、旅游批发商、旅游零售商。因此，旅游企业和旅游经营商并不是一个等同的概念。旅游经营商主要从事旅游中介服务业务，是旅游产品和旅游者之间的联系者；而旅游企业在广义上是从事旅游生产和经营活动的经济组织，是旅游产品的生产者。但是，当旅游企业主要从事旅游中介业务的时候，旅游企业同时也是旅游经营商；反过来，旅游经营商不一定是旅游企业，因为旅游经营商可以是个人或非法定的相关组织，而旅游企业必须是依法设立的经济组织。

（二）旅游企业与旅游目的地

旅游目的地是指拥有特定的旅游资源，吸引旅游者在此作短暂停留、参观游览的地方。旅游通道将客源地和目的地两个区域连接起来，是整个旅游系统的桥梁。一个特定区域要成为旅游目的地必须具备一定数量的旅游资源、一定水平的旅游设施、一定规模的旅游客源。旅游目的地与旅游企业具有一定的联系，旅游目的地的市场行为与旅游企业的市场行为具有相似性，二者都具有相同的旅游市场促销行为。与旅游企业的定价行为相比，旅游目的地也具有类似的目的地总体水平价格的决策行为；旅游企业的一体化行为首先是旅游目的地范围内部的旅游企业之间的联合与合作行为。而且，当旅游目的地是一个景区时，那么相对应的景区企业在地理概念上与旅游目的地是吻合的，只不过旅游企业是从旅游产品的开发和经营的角度来界定的；而旅游目的地则是从旅行游览依托地的角度来界定的。

二、旅游企业的分类

旅游企业按照从事旅游产品经营的产业链和旅游活动的方式、范围以及旅游产业本身的属性，将旅游企业进行不同形式的划分，具体划分为以下三类。一是直接旅游企业，包括旅行社、酒店、餐馆、旅游商店、交通公司、旅游景点、娱乐场所等。二是辅助旅游企业，包括管理公司、服务公司、影视公司、出版单位、通信设施以及食品、卫生等生活服务部门和行业。三是开发性组织，包括相关的政府机构、旅游院校、旅游科研机构等。

按照旅游企业的新旧业态来分，可分为两类。一是传统旅游企业，包括旅游餐饮企业、旅游住宿企业、旅行代理企业、旅游景区企业、旅游购物企业、旅游娱乐企业等旅游"六要素"企业。二是新兴旅游企业，包括旅游电子商务企业、旅游智慧企业、旅游综合体企业、旅游企业集团等。

按照旅游企业的经营内容和规模可以分为五类。一是旅游中介企业。旅游中介企业也称为中间商，它们从旅游产品生产者那里订购各种旅游产品和服务，如住宿、交通、保险等，然后再转卖给旅游经营者或游客，并从中获得佣金。旅行社是典型的旅游中介企业。二是旅游交通企业。旅游交通企业是以提供交通运输服务为核心业务的旅游企业，包括旅游汽车企业、旅游航空企业、旅游铁路企业、旅游船运企业等。三是旅游餐饮住宿企业。旅游餐饮住宿企业是以提供住宿餐饮服务为核心业务的旅游企业，包括星级酒店、经济型酒店等。四是旅游观赏娱乐企业。旅游观赏娱乐企业是以提供休闲娱乐服务为核心业务的旅游企业,包括旅游演艺企业、旅游健身企业等。五是旅游商品经营企业。旅游商品经营企业是以提供购物场所、旅游商品和服务为核心业务的旅游企业,包括五星级旅游购物场所企业、四星级旅游购物场所企业、三星级旅游购物场所企业、二星级旅游购物场所企业、一星级旅游购物场所企业。

三、旅游企业的特点

旅游企业是一种以旅游者为中心的现代服务企业,其服务的主要对象为旅游者。旅游企业与其他类型的企业一样,具有经营上的自主性、组织上的完整性、经济上的独立性以及对外关系上的法人地位等基本特点,同时也具有旅游企业自身的一些特点,具体体现在以下三个方面。

(一)旅游企业的服务性

与其他类型的企业相比较,旅游企业具有突出的服务性特点。旅游企业需要以市场为导向,以满足旅游者合理需求为宗旨,以提供有形的物质产品和无形的劳务服务为核心业务。因此,旅游企业尤其需要勇于创新,引导消费,创造需求,以企业的服务赢得市场。旅游企业所提供的服务既要符合标准化的要求,又要在保证服务质量的基础上满足顾客个性化的需求,所以旅游企业的核心业务是对客服务,旅游企业所提供的是一种多部门协作、多功能协调的整体服务。

旅游业与其他行业相比,其服务性特征最为明显。旅游企业应以市场为导向,以满足旅游者的合理需求为目标,以实物商品和无形劳务服务为经营中心。因此,旅游企业必须充分考虑消费者的需求、敢于创新、引导消费、用企业优质的服务来赢得市场。旅游企业为游客提供的服务不仅要达到标准化要求,而且要在保证服务质量的前提下,满足客户的个性化需求,因此,旅游企业的主要业务就是对客服务,通过多部门协作、多功能协调的综合服务来赢得消费者的青睐。

(二)旅游企业的产品性

旅游企业所提供的产品(旅游购物品除外)具有不可移动的特点,使得旅游企业本身都具有产品的特点,如酒店的建筑风格、特色饮食、服务特色等本身都成为旅游产品的一部分。旅游企业所提供的有形产品、无形服务、企业本身等因素都具有产品的产销同时性、不可储存性、质量差异性等特点。旅游者对旅游质量的评价包括了有形产品、无形服务、企业本身等的综合评价。因此,企业的形象声誉对旅游企业具有非常重要的意义。

(三)旅游企业的季节性

旅游企业的经营依赖旅游资源,但是由于旅游资源、旅游吸引物、文化差异性、时间季节性、旅游市场的周期性等因素影响,与其他企业相比较,旅游企业具有更加突出的时间季节性和经营淡旺季的特点。特别是受气候条件、产品自身、假日制度、旅游休闲时间等因素的制约,旅游企业经营受客源规模变化、旅游供给季节性、用工时间等因素的制约,使旅游企业的管理经营需要与行业特点高度吻合。

第二节 旅游企业一体化行为

旅游企业一体化行为充分融入联系、发展的观点。

纵向一体化是指企业在生产和运营过程中相互衔接、相互联系的过程中的整合。通过用普遍联系的、全面系统的、发展变化的观点观察事物,将不同区域、不同旅游企业之间在人力、物力、财力等方面的相互渗透,在区域范围内开展企业联营、重组,逐步形成资源、利益共享,多元化投资的旅游集团。

企业一体化行为是指企业为了克服自身经营的不足,有目的地将与之互相密切联系的经营活动纳入企业体系之中,组成一个统一经济实体的控制和支配过程。一体化行为有助于提高企业的运营效率,实现规模效益,增强企业的控制力,使企业取得一定的垄断地位;但也有脱离行业困难、管理复杂、能力失衡、对技术与产品的开发风险不利的影响。其基本形式有纵向一体化、横向一体化。

一、纵向一体化

纵向一体化也称为垂直一体化,是指企业在生产和运营过程中相互衔接、相互联系的过程中的整合。在企业无法以契约方式达到其业务目的时,或因契约而形成的市场交易关系所需的交易成本大于整合组织的成本,或因外在原因而无法达到预期的利润时,则应采取纵向一体化整合的方式,避免机会主义和不完备的契约所造成的损失,减少外部的负面影响,减少交易成本。在旅游产业内,实行一体化的企业要比未实行一体化的企业具有更多的竞争优势,能够在旅游市场中制定并执行其既定的发展策略和运营目标。

(一)纵向一体化的动因

信息不对称和需求不确定是促使企业纵向一体化的重要原因。企业实施纵向一体化经营也在一定程度上减少了道德风险的发生。在纵向分散结构中,由于市场交易契约的不完备、信息的不对称和机会主义的存在,旅游市场的交易极有可能产生道德风险。通过纵向一体化经营,企业便有了防范道德风险的控制机制,通过激励、组织手段来降低道德风险。相对于分散性经营，企业一体化经营能更有效地实施市场价格歧视行为。

（二）纵向一体化的形式

企业的纵向一体化有两种形式：一种是通过资本扩张而形成的纵向一体化，这种形式是纵向集中；另一种是通过各种形式的战略联合而形成的纵向一体化，这种形式是纵向联合。纵向集中和纵向联合是发生在旅游服务链两个不同层次的组织的集中，这种集中可以是前向的，如旅游批发商兼并旅行代理商，航空公司兼并旅行社，形成前向一体化；也可以是后向的，如旅游经营商兼并航空公司或者旅游目的地的酒店企业，形成后向一体化。在现实旅游经济活动中，前向一体化更为普遍。因为就旅游产业体系来看，它是一个要么以资源为中心，要么以客源为中心建立起来的体系，具有资源或客源垄断性质的旅游企业更容易形成一体化经营。同时，作为一个旅游服务的中间商，要实现前向集中，兼并处于旅游服务生产层次的组织如酒店和航空公司，需要有强大资本作保证，资本扩张的能力要更为强大，相比之下，这些组织要兼并处于代理层次上的销售商则不需要太多的资本。从这个意义上讲，由于旅游组织的特殊性以及各个组织所需要的资本投入的不同，纵向集中往往发生在旅游服务链的高层次向低层次之间，从而形成了高层次向低层次的前向集中。

在旅游产业内，企业的成长可以有两个途径：一是内部成长，二是外部成长。企业利用内部的人力、物力和时力，依靠企业经营积累的资源或筹集资本投资建立新的经营单位，并与其主业形成一定的产业链关系，来实现一体化经营。如一个旅游批发商，可以通过投资建立一个新的旅游代理企业，或者是一个航空公司投资建立一家旅行社，这种方式是内部成长方式。与一体化内部成长方式不同，外部成长则是企业通过兼并、收购或合并处于旅游产业链不同层次的其他旅游企业而获得成长的。无论是内部成长还是外部成长，都可以实现旅游企业一体化经营。然而，两种不同方式的经济特点却是不同。旅游企业通过内部成长方式实现一体化经营，实际上是一种发展新业务、进入新产业的方式，那么，市场进入的各项壁垒都会发生作用。旅游企业将花费大量的进入成本和费用，承担相对较高的市场风险。所有这些，使得通过内部成长形成一体化经营的方式不具有经济优势。相比之下，通过外部成长的方式实现一体化经营，可以实现经济优势。从世界各个大型旅游企业一体化经营的发展来看，都是通过兼并外部成长方式进行的。例如法国的 Accor 集团和美国的 Carlson 集团通过兼并收购，不仅在酒店业中具有重要地位，同时还涉足于旅行社业务、餐馆经营和娱乐业。企业一般通过兼并和收购的形成进行一体化经营，主要在于这种形式可以形成协同效应和比较收益。协同效应是企业通过并购所形成的总绩效大于原先分散企业绩效的总和，这是企业并购所追求的主要目标，同时也是企业实现纵向一体化的必要条件。比较收益是企业通过并购形式获得的绩效大于通过投资建立新企业的绩效，这是企业采取并购形式的主要动因，同时也是企业实现纵向一体化的充分条件。

二、横向一体化

横向一体化也称为水平一体化，是企业通过兼并、联合同类企业或投资组建新的经营单位形成的多地点的企业集团。如旅行社之间的一体化经营、酒店之间的一体化经营、航空公司的一体化经营等。

(一) 横向一体化的动因

根据世界旅游业发展的情况分析,在旅游资本增量增加的同时,旅游业内各个不同的产业之间和企业之间会形成集中的趋势,此时将出现企业横向一体化现象。企业横向一体化主要是追求规模经济和网络经济,减少固定成本在产品或服务之间的分摊比例。企业横向一体化会导致旅游市场垄断行为的出现,也会形成旅游产业的市场集中,企业也可以利用这种市场集中和垄断力量,对旅游服务进行市场控制,从而降低市场竞争的程度。但由于旅游服务的特殊性,使企业的横向一体化所产生的垄断力量远远小于其他产业。

(二) 横向一体化的形式

企业横向一体化经营是通过两种形式进行的:一种是企业兼并和收购,另一种是企业横向联合。

1. 企业兼并和收购

企业横向兼并是指两家或两家以上具有相同服务功能并且相互独立的企业合并成一家企业,通常是由一家占优势的企业吸收一家或多家企业。在西方国家的公司法中,将公司兼并划分为两种不同的形式:一种是吸引兼并;另一种是创立兼并。吸引兼并是一家占有优势的企业兼并了另外一家或多家企业,被兼并的企业其公司名称从此不复存在;创立兼并是两家或两家以上的企业通过合并,建立一个新的企业,这个企业为新设公司,新设公司接管原来的两家或两家以上的企业的资产和业务,原有企业同时消失。

企业横向收购是一家企业通过购买股票或者股份,取得与自己职能相同的另一家企业的控制权或管理权,被收购的这家企业不必消失,它只是由收购企业收购,成为被收购的旅游企业。

兼并和收购都可以形成旅游企业横向一体化经营,通过这两种行为实现旅游企业的重组和控制权的转移。两者有一定区别,兼并行为是在两个旅游企业的行为主体之间进行的,是通过兼并企业和被兼并企业的法人代表的行为实现的,因为这种行为属于企业重大经营行为,必须经过股东大会的批准才能实施。收购行为则是收购者和被收购企业股东之间的行为,被收购的企业的股东可以是企业法人也可以不是企业法人,只要收购者与被收购的企业股东达成收购协议便可执行,而不需经企业法人的同意,也无须经过股东大会的批准。因此,企业兼并的法律后果是被兼并的企业法人主体消亡,存在着财产、债权和债务以及权利和义务向兼并前的企业或兼并后的企业转移的问题;而收购只是收购者对控制权的收购,被收购的企业法人主体地位并没消亡,也不会产生财产、债权和债务以及权利和义务向收购企业转移的问题。

2. 企业横向联合

企业横向联合也是横向一体化经营的方式。横向联合是指两家或两家以上的企业为了实现互利的目的共同投资或分享信息和资源所结成的一种合作关系相对于企业的兼并和收购,由于联合是在不变更产权和控制权的前提下进行的,因此是一种松散型的横向一体化经营方式。

企业实现横向联合主要是通过联号、管理输出和租赁等三种方式实现的。联号是指一家具有优势的企业通过出让特许经营权,向与本企业具有相同服务功能的其他旅游企业提供品牌、技术等经营性资源以及客源组织和销售渠道而形成的企业横向一体化经营的方式。参与联号的企业不受品牌出让者的控制,其财产、债权和债务以及权利和义务不发生变化,只是定期接受出让者的检查,以保证向旅游市场提供的旅游服务或产品的质量一致性和稳定性。联号虽然是企业对品牌以及服务质量的约定,然而,在实际运行过程中,通过联号经营的形式也会起到横向一体化的作用。特别是多数联号企业由于共享联号体系的销售渠道和客源组织,在服务和产品销售上便形成了一种同盟。管理输出是指企业集团依托自身的管理优势资源,通过签订合同的方式为其他企业输出和提供成熟的管理思想、管理模式、管理技术和管理人才等管理资源,甚至直接接管其他旅游企业的一种横向联合方式。管理输出是一种相对低成本、高层次和高回报的横向联合方式。租赁主要是指企业集团通过合同方式,向其他企业租借土地、建筑物、设备等生产要素资源,然后由该企业集团以法人资格从事一切经营和管理活动的一种横向联合方式。

第三节　旅游企业跨国经营

党的二十大报告指出,我们要坚持对马克思主义的坚定信仰、对中国特色社会主义的坚定信念,坚定道路自信、理论自信、制度自信、文化自信,以更加积极的历史担当和创造精神为发展马克思主义作出新的贡献。旅游经济活动全球化过程中要坚定"四个自信"。

面对"百年未有之大变局"的世界格局现状,旅游活动的国际化与跨国经营要增强文化自信,进一步深化爱国主义情怀。旅游经济的全球化,融入人类命运共同体的意识,并分析全球抗疫期间中国特色社会主义的优势,进一步坚定制度自信。

旅游客源国直接在旅游目的地国投资,建立旅游企业或开办各种形式的分支机构,如旅行社在海外开办合资旅行社、独资旅行社,酒店在海外投资建立合资或独资酒店设施等,这种形式便是旅游企业跨国经营的行为。

一、跨国经营的原因

国际生产折中理论认为,一个企业是否通过直接投资,在东道国进行跨国经营主要取决于三个优势:所有权优势、内部化优势和区位优势。

(一) 所有权优势

具体到企业,所有权优势有两层含义。第一层含义是:如果一个企业在东道国进行投资,只要拥有东道国具有竞争关系的企业无法获得的旅游客源组织技术,或者能独立地拥有东道国企业无法拥有的无形资产,如专利、商标、品牌和管理技术时,那么这个企业就有了同东道国企业的比较优势;第二层含义是:如果一个国家的企业在东道国所拥有的分支企业以及战略同盟的数量和规模多于东道国与其具有竞争关系的企业所拥有的分支企业以及战略同盟,或者这个企业在多国拥有旅游经营业务和分支机构,那么,这个企业便拥有了同东道国企业的比较优势。企业跨国化程度越高,拥有的分支企业越多,分布的国家越广,就越能充分利用不同国家的区位优势和市场需求。因此,企业所有权特定优势是形成跨国经营的基础。

(二) 内部化优势

由于旅游市场的不完全性,以旅游服务交易为主要手段建立的客源国与旅游目的地国之间旅游关系的企业,存在着一种内部化活动的动机。从旅游客源地企业来说,需要通过市场的内部化避免旅游目的地国企业服务供给、旅游交易价格以及旅游服务质量的不确定性;从旅游目的地国来说,由于旅游客源国的企业拥有相当规模的旅游客源和优势性的销售通道,有利于扩大旅游目的地国的客源规模。

(三) 区位优势

东道国旅游区位优势是决定企业在该国进行投资以及跨国经营的主要动力。东道国旅游区位优势表现出较高的旅游吸引力,东道国可能是世界重要的旅游目的地,旅游市场具有相当的规模;也可能是这个国家所拥有的旅游资源性质符合世界旅游发展趋向,具有良好的市场发展潜力;也可能是这个国家在吸引外资和引进跨国企业等方面,具有优势的投资政策和税收政策;也可能是企业进入东道国的市场壁垒和经营成本较低;还可能是东道国具有与投资相关的政治环境、经济环境和政策支持等。

企业形成跨国经营是所有权优势、内部化优势和区位优势三者相互结合和作用的结果。一个特定的企业拥有的优势越大,这个企业在东道国进行旅游投资的动力就越强,企业跨国经营就越容易实现。

二、跨国经营的模式

企业跨国经营或者说企业国际化经营,是以旅游活动的国际化为前提的,没有旅游活动的国际化,企业是不可能形成国际化经营的。

作为一个特定国家,企业国际化有两层含义。一是国内市场的国际化,即使国内旅游市场成为世界旅游投资市场的重要组成部分,表现为本国企业的国际化。二是本国企业对国际旅游市场的资本参与和扩张,表现为国际化的本国企业。前者是作为一个国际旅游目的地,外国企业通过合资、独资等直接投资的形式进入本国旅游市场,在本国旅游产业中建立企业,这些企业主要向投资国的旅游者提供到东道国旅游的各项服务,当然也向东道国的国内旅游者提供各项服务,所以说,它是一种开放吸引式的,称为"内引型企业国际化";后者则是作为一个旅游客源地,本国企业向本国旅游者进行直接投资,建立功能不同的企业,为本国居民提供跨国界的旅游服务,称为"外推型企业国际化"。从企业国际化的结果来看,企业国际化是双向的而不是单向的,企业国际化的高级阶段是一种双向组合。然而,由于不同国家经济水平、工业化程度以及社会文化等方面的差异对旅游发展阶段的制约,企业国际化的程度会呈现出不同的特点。

旅游企业跨国经营分为以下两种模式。

(一)旅游跨国企业连锁经营

连锁经营是指世界各国连锁企业采用相同的方针政策,并进行规范化管理,将集体采购和分散销售相结合,以此实现规模效益的一种模式。其优点是,通过连锁经营,将小型个体企业整合为大型企业,从而形成规模效益,降低运营成本。它还具有良好的商业管理和营销能力。实行连锁经营的企业,尤其是大的集团,具有良好的信誉,能让消费者产生一种安全感。

从经营模式上来说,现代连锁企业在不同的发展阶段,往往会根据自身的资源和市场需要采取不同的扩展模式。在商业发展的早期,大部分的连锁企业都是以自己的资本为基础,以直接的方式进行。直销公司的经营体系较大,权利比较集中,容易造成行政上的官僚化,同时也会增加经营费用。特许经营是一种先进的连锁经营方式。特许公司在经营中常常不采用强制手段,一方面通过特许协议明确双方的权利和义务,另一方面又通过有效的服务、指导和监督,引导受许方的经营行为。

(二)旅游跨国企业多元化经营

多元化经营也称多样化经营或多角化经营,是指在两个或多个相互关联或不相干的行业中,同时从事多个不同的业务,为消费者提供各种基础经济用途产品或服务,跨国公司在不同的市场上进行业务拓展,其出发点是要摆脱单一行业的依赖,以达到长期、稳定的运营和最大的经济利益。

跨国公司集体选择多元化的动机一方面是受到高收益、高需求和良好发展前景的利益驱动,涉足多种行业,寻求更大发展;另一方面是避免单一行业的经营风险,力求保持企业集团的生产和运营活动的稳定性,提高其抵御风险的能力。从根本上说,跨国公司的多元化主要是受市场供需的矛盾和竞争的程度两个因素影响。

由于旅游活动的国际化和企业的国际化,旅游企业在规模扩张的过程中,将积累跨国经营竞争实力,并最终导致跨国经营行为的发生。因此,旅游企业的国际化或跨国经营,是在国内旅游业务和企业规模得到充分发展、企业经济实力不断增强、管理模式不断成熟的条件下形成的一种经济现象。

第四节 旅游企业发展

党的二十大报告指出,加快发展数字经济,促进数字经济和实体经济深度融合,打造具有国际竞争力的数字产业集群。优化基础设施布局、结构、功能和系统集成,构建现代化基础设施体系。旅游企业的发展离不开数字经济的推动。

旅游企业信息化指各种类型旅游企业在各方面全面应用信息技术,建设信息网络和信息系统,提高企业综合竞争能力。在信息化时代,要加快推进旅游企业与数字经济融合。在大数据背景下要与时俱进、不断创新、不甘落后。

一、旅游企业集群化

(一)集群化概念

企业集群是指以一个主导产业为核心的相关产业或某特定领域内大量相互联系的企业及其支持机构在该区域空间内的集合。随着市场竞争的全球化,经济发展也凸显出区域集中化趋势,特别是参与全球产业链分工的地方企业集群化。以中小企业为主的企业集群,由于其能够快速适应市场变化、满足消费者个性化需求而日益得到迅速发展。

旅游企业集群化是指大量酒店、旅行社、旅游车船公司等旅游企业与机构为了克服自身内在的不足、获得大型企业所特有的优势,而大量集聚在某个特定的空间领域内,在一定的地理、经济因素和地域文化影响下形成上、中、下游结构完整,外围支持体系健全的有机系统。这是企业为了培育自身竞争优势而选择的一种企业发展战略,也是一种新的旅游产业组织形式。

(二)集群化意义

长期以来,旅游企业存在着小、弱、散、低效率、竞争力缺乏等状况,这不仅威胁着众多旅游企业的生存,也严重制约了整个旅游业的大发展。由于旅游企业集团化实现的困难以及管理成本、经营成本的激增,靠单体企业的壮大无法满足旅游者日益提高的需求。因此，旅游企业在一定区域的集聚是解决诸多问题、提高整体竞争力的一种发展模式。在新的经济社会环境下，旅游企业集群化正是旅游业发展的内在要求。其意义表现在：第一，促进企业间的分工与合作，使企业获得外部规模效应和外部范围效应；第二，促进社会文化网络的形成，降低企业的交易成本；第三，加剧企业间的竞争，为企业带来创新的压力和动力；第四，降低知识资源的专用性，便于企业获取高素质的人力资源；第五，促进区域品牌建设，增强企业竞争能力。

（三）集群化发展

旅游企业集群化建设有两种模式：一种是自下而上，不靠外力强制，通过市场引导形成旅游企业集群；另外一种是自上而下，通过政府引导，政策支持，吸引一部分旅游企业在某一地区的集聚。目前，旅游企业集群化建设有三种具体形态，分别是旅游综合体、旅游产业园和旅游集聚区，三者都处于初步建设阶段，是中国旅游企业集群化建设的探索。

旅游综合体，有时也称为休闲综合体或度假综合体，是指在特定的旅游地域空间里，基于具有比较优势的旅游资源与土地为发展基础，以旅游景区、旅游酒店等旅游企业为主体，以互动发展的度假酒店集群、综合休闲项目、休闲地产社区为核心功能构架，集观光、休闲、会展、美食、演艺、运动于一体，拥有多种旅游功能和旅游设施，能够满足游客多种旅游需求，并且提供全方位服务的旅游综合发展区域，如深圳华侨城等。

旅游产业园是指一个有明确的边界，由政府或开发商统一规划，以旅游业为主体，由旅游要素企业、关联企业以及辅助企业和相关机构，围绕旅游目的地的优势旅游资源而形成的空间地域集聚体、旅游度假区以及旅游产业示范区，如中国旅游产业园等。

旅游集聚区是指在一定的地域范围内，以旅游资源为基础，以旅游要素企业为支撑，以政府、旅游组织或主体行业为核心将相互关联的旅游企业或机构进行规范合理的组织布局，形成完整的集旅游、娱乐、休闲、购物于一体的旅游产业链的旅游载体，如北京房山历史文化旅游集聚区、上海浦东农业旅游集聚区等。

二、旅游企业信息化

（一）信息化概念

信息指音讯、消息、通信系统传输和处理的对象，反映客观事物运动变化的，并且能够被人们所接收和理解，泛指人类社会传播的一切内容。人通过获得、识别自然界和社会的不同信息来区别不同事物，得以认识和改造世界。信息化指在国民经济和人民生活中，最广泛地应用信息技术，以提高社会生产力，促进国民经济的发展。旅游信息是旅游资源、旅游活动和旅游经济现象等客观事物的反映，是旅游企业在业务运营，以及旅游管理部门在旅游业务管理过程中采集到的、经过加工处理后，对旅游管理决策产生影响的各种数据的总称。旅游信息在旅游活动中有着重要的作用：一方面，它是一切旅游管理活动的主要对象；另一方面，它是旅游者进行旅游决策和确定旅游活动的重要参谋。

旅游企业信息化指各种类型旅游企业在其办公流程、业务开发、市场营销、产品营销、经营管理、决策分析等各方面全面应用信息技术,建设信息网络和信息系统,通过对信息和知识资源的有效开发利用,调整和重组企业组织结构和业务模式,服务企业发展目标,提高企业综合竞争能力。

(二) 信息化意义

旅游企业是旅游信息化的主体,旅游业信息化水平很大程度上取决于旅游企业的信息化水平。作为一种现代经营管理模式,旅游企业通过物联网、互联网、移动通信、信息处理等现代技术手段,借助计算机、手机、多媒体终端机等媒介设施设备,提高了企业发展和旅游服务等方面的竞争能力。

具体来说,信息化在旅游企业运作过程中的意义表现为:一是提高企业管理水平;二是降低企业运营成本;三是树立企业良好形象;四是提高企业营销效益;五是创造新的市场机会;六是提高顾客满意程度。在企业组织结构方面信息化的意义表现为:一是促进业务流程网络化;二是带动企业知识密集化;三是促进组织管理柔性化。

(三) 信息化发展

传统的旅游企业信息化建设内容包括:信息基础设施建设,各种应用系统的设计,各项信息资源的开发、规划与管理,有关信息化复合人才的培养,以及企业信息化管理相关标准、规范、制度的确立等内容。而随着中国旅游信息化发展水平的提高,旅游电子商务和智慧旅游成为旅游企业信息化建设的新领域和新趋势。

旅游电子商务是以通信网络为载体,以现代信息技术为支撑,以旅游信息为基础,以旅游商务活动为对象,运用电子化手段运作旅游业及其分销系统的商务体系。旅游电子商务系统由互相作用的三个方面组成。电子商务应用软硬件平台及其供应商、旅游企业对旅游企业的在线电子商务模式服务商、旅游企业对网上游客的在线电子商务模式服务商。智慧旅游是基于新一代的信息通信技术,为满足游客个性化需求,提供高品质、高满意度服务,而实现旅游资源及社会资源的共享与有效利用的系统化、集约化的管理变革。智慧旅游的本质是指包括信息通信技术在内的智能技术在旅游业中的应用,是以提升旅游服务、改善旅游体验、创新旅游管理、优化旅游资源利用为目标,增强旅游企业竞争力、提高旅游行业管理水平、扩大行业规模的现代化工程。企业建设智慧旅游主要包括智慧服务、智慧营销和智慧管理,目前主要实施的旅游企业包括智慧景区、智慧酒店等。

三、旅游企业标准化

(一) 标准化概念

标准化是指在经济、技术、科学和管理等社会实践中,对重复性的事物和概念,通过制定、发布和实施标准达到统一,以获得最佳秩序和社会效益。标准化是为了在一定范围内获得最佳秩序,对现实问题或潜在问题制定共同使用和重复使用的条款的活动。为了获得旅游业管理最佳秩序,经协商一致制定并由公认机构批准的可共同使用的和重复使用的规范性文件就是旅游标准。按照层次的不同,可划分为国际标准、国家标准、行业标准、地方标准、企业标准等；按照性质的不同，可划分为旅游基础标准、旅游要素系统标准、旅游支持系统标准和旅游工作标准。

旅游企业标准化是在企业层次进行的标准化，指旅游企业为了在一定范围内获得最佳秩序，对旅游企业经营管理中的现实问题或潜在问题制定共同使用和重复使用的条款的活动。

（二）标准化意义

国际国内的旅游业发展实践表明，标准化是旅游产业素质提升的基础。《国务院关于加快发展旅游业的意见》（国发〔2009〕41号）中提出，以标准化为手段，健全旅游标准体系。围绕把旅游业培育成国民经济的战略性支柱产业和人民群众更加满意的现代服务业两大战略目标，全面提高旅游服务水平。《国务院关于促进旅游业改革发展的若干意见》（国发〔2014〕31号）中提出，推动旅游服务向优质服务转变，实现标准化和个性化服务的有机统一。

无论是宏观方面还是微观方面，旅游企业实施标准化都具有十分重要的意义。在宏观方面，旅游企业作为旅游业的重要组成部分，标准化建设是旅游服务质量提升、旅游增长方式转变的重要抓手，对于旅游产业总体素质的提升有巨大作用。在微观方面，旅游企业标准化建设有利于规范组织行为，实现科学管理；有利于改善服务质量，提升企业综合竞争力；有利于降低成本，提高企业管理效率；有利于引导旅游企业健康、可持续发展。

（三）标准化发展

旅游企业标准化建设是中国旅游标准化试点工作的核心，国家旅游局（现更名为文化和旅游部）公布的三批旅游标准化试点单位名单中，旅游企业占总数的65%左右，涵盖旅游景区、酒店、旅行社、交通企业、旅游集团等。旅游企业标准化建设的内容主要分为三个方面：建立标准体系、制定标准和实施标准。

建立标准体系指旅游企业根据自身特点、经营管理需要和保障服务质量，确立标准体系框架，完善体系内容，循序渐进，保障体系有效运行；制定标准指旅游企业按照规定程序，在考虑国际标准、国内标准的前提下，结合企业实际制定企业标准；实施标准指旅游企业以提高服务质量，规范服务行为目标，按照制定的体系和企业标准进行贯彻执行。其中，在实施标准过程中，还应包括对标准实施的监督、评价和持续改进等。

本章思考题

一、名词解释

旅游企业　旅游企业一体化　旅游企业跨国经营商

二、简答题

1. 简述旅游企业的特点。
2. 旅游企业一体化的基本形式有哪些？

3. 横向一体化的形式有哪些?
4. 旅游企业跨国经营的原因是什么?
5. 旅游企业集群化发展有何意义?
6. 旅游企业信息化发展有何特点?
7. 旅游企业标准化发展有何意义?

本章思政总结

党的十八大以来,在以习近平同志为核心的党中央坚强领导下,面对世界"百年未有之大变局",我国对外文化和旅游工作以自信的步伐、开放的姿态和广博的胸怀,通过观念创新、思路创新、体制机制创新和方式方法创新,大力构建和完善全方位、多层次、宽领域的中外文化和旅游交流合作新格局,坚持以文载道、以文传声、以文化人,不断提升中华文化国际影响力,推动中华文明与各国文明平等交流、和合共生,为世界文明发展进步作出新的历史性贡献。

习近平主席主持全球发展高层对话会并发表重要讲话时指出,这是一个充满挑战的时代,也是一个充满希望的时代。我们要认清世界发展大势,坚定信心,起而行之,拧成一股绳,铆足一股劲,推动全球发展,共创普惠平衡、协调包容、合作共赢、共同繁荣的发展格局。大到国家发展,小到个人成长都离不开合作。我国众多旅游企业为克服自身存在不足,通过合作大量集聚在某个特定空间领域,提高整体竞争力。例如深圳华侨城、莫干山小镇、中国旅游产业园和卧龙岗文化旅游产业集聚区等通过合作集群来提供全方位的服务。

党的二十大报告在"建设现代化体系"部分,对建设网络强国、数字中国等作出战略部署。在以习近平同志为核心的党中央坚强领导下,网信系统坚持把握新发展阶段、贯彻新发展理念、构建新发展格局,加快建设网络强国、数字中国、智慧社会,以信息化推进国家治理体系和治理能力现代化,为经济社会高质量发展注入强劲动能。旅游企业信息化发展顺应时代步伐,以通信网络为载体,以现代信息技术为支撑,通过对信息和知识资源的有效开发的利用,提高旅游企业的综合竞争力。

第十一章
旅游经济效益与评价

学习目标

1. 了解旅游经济效益相关概念。
2. 掌握旅游微观经济效益的评价指标与方法。
3. 熟悉旅游宏观经济效益的评价内容与评价指标。

思政引导

党的二十大报告指出,高举中国特色社会主义伟大旗帜,为全面建设社会主义现代化国家而团结奋斗。我们要全面贯彻党的十九大和十九届历次全会精神,坚持以习近平新时代中国特色社会主义思想为指导,坚持稳中求进工作总基调,以推动旅游业高质量发展为主题,以深化旅游业供给侧结构性改革为主线,注重需求侧管理,以改革创新为根本动力,以满足人民日益增长的美好生活需要为根本目的,坚持系统观念,统筹发展和安全、统筹保护和利用,立足构建新发展格局,着力推动文化和旅游深度融合,着力完善现代旅游业体系,加快旅游强国建设,努力实现旅游业更高质量、更有效率、更加公平、更可持续、更为安全的发展。

思政内容

旅游经济主体具有社会道德责任。旅游企业或投资主体不能只关注微观经济效益,旅游企业处于系统之中,需要兼顾经济、社会、生态效益,学会全方位对旅游产业所产生的效益进行评估尤为重要。

章前引例

从深度贫困县到旅游示范县——广西巴马文旅扶贫的启示

广西河池市巴马瑶族自治县,是世界五大长寿乡之一,被誉为"上天遗落人间的一片净土"。行走巴马,入目所及皆是奇山秀水,随处可见特色鲜明的民族风情。

作为文化和旅游部定点帮扶的国家级贫困县,近年来,巴马坚持将旅游发展和脱贫攻坚同步规划、一体推进,把"旅游+扶贫"作为打赢脱贫攻坚战的着力点,将生态优势与精准扶贫巧妙结合,让贫困户收获旅游产业带来的红利。昔日深度贫困县如今已成为全国休闲农业与乡村旅游示范县,一幅文旅富民的壮美画卷正在展开。

"无形信用"成"有形资本"

环境清幽,淳朴自然,位于巴马县那桃乡平林村敢烟屯的仁寿乡舍乡村旅游区俨然一处世外桃源。旅游区以"仁寿"为主题打造了集饮食、民俗、养生于一体的乡村旅游区,每年吸引游客30万人次以上。

事实上,几年前的平林村还是一个贫困村,2015年贫困发生率达21.21%,人均耕地面积仅0.61亩,村民收入普遍不高。

转机发生在2017年,平林村被选为巴马县"五位一体"农村信用体系建设的示范点。通过建立信用等级评价和激励约束机制,以经济指标为主,充分考虑政治、文化、社会、生态文明指标,将农户信用分为B级和1A~5A级共6个等级。

"以前做梦都没想到自己能当上老板。"几年前,信用等级为5A级的村民小邓结束了10多年在外务工的生活,回到家乡发展。在农村信用体系支持下,依托巴马仁寿乡舍乡村旅游区建设,向银行申请了信用贷款,把家里的房子改造成农家旅舍。

农村信用体系评级采取赋分制,信用分值越高,获得的支持就越多。引导农户摒弃"等靠要"思想,破除"干部干,群众看""越扶越懒"等贫困治理困境。

在小邓经营的小卖部,络绎不绝的游客前来选购,他告诉记者:"家里拿出7间房做民宿,剩下3间自己住,楼下再经营一间小卖部,一个月六七千元收入不成问题,贷款很快就还清了。"

农村信用体系的建设,优化了平林村的信用环境,金融机构加大了信贷支持力度,有效激发了村民的内生动力。几十户农户开设了农家民宿,并引进企业对民宿日常运营进行专业化管理,农户通过经营农家旅舍每年增收近3万元。由此,平林村成为巴马旅游扶贫明星村。

"自农村信用体系建设工作全面铺开以来,我们组织了全县干部职工下到各个村屯采集农户信用信息。"巴马县财政局副局长告诉记者,目前,全县已完成5.8万户农户信用信息的采集、电子化管理和信用等级评级工作,2016年以来全县累计发放农户贷款3.8万户次共24亿多元。

党建引领彰显"文旅力量"

"要走上脱贫致富的路子,必须要推倒旧房,建农家旅舍,发展乡村旅游。"巴马县甲篆镇百马村坡纳屯党支部黄书记回忆起几年前自己的"豪言"。

"刚开始发展乡村旅游的时候,政府有资金补贴建旅舍,但全屯也只有27户愿意参与进来。"黄书记坦言,当时自己也害怕投资风险太大,"但身为一名共产党员,要起到模范带头作用。"

正是有了黄书记的示范,坡纳屯才迎来华丽蝶变。如今,全域旅游方兴未艾,每天前来养生度假的游客源源不断。

"拥有今天这个成绩,离不开村里几名老党员苦口婆心的动员工作。当时我们一致认为,盘阳河一带风光旖旎,发展旅游是一条不错的出路。"黄书记说,面对群众的质疑,村里成立党员小组,顶住重重压力,终于做通了群众的思想工作。

随着坡纳的乡村旅游逐渐走上正轨,越来越多的村民自发参与其中。现全屯70户村民都在家门口建起农家旅舍,发展乡村旅游,村民们告别当年的"穷窝窝",吃上旅游"香饽饽"。

为了让村民都能接待游客,村理事会监督村务管理,推行群众自治。理事会、协会负责协调产业发展、引导行业自律,逐步形成了"党支部谋事、理事会议事、群众大会定事、党员带头干事"的良好格局。

如今的坡纳,已成为广西农业旅游示范点,成功创建党建促旅游脱贫的"坡纳模式",并在巴马县28个村屯推广,辐射带动5784户建档立卡贫困户增收脱贫。

"通过文旅扶贫把巴马的生态资源优势,转化为脱贫攻坚的强大动力,一直是我们秉持的理念。"文化和旅游部挂职巴马县委常委、副县长的蔡山帝说,脱贫攻坚战打响以来,文化和旅游部高度重视、大力支持巴马旅游业发展,通过党建引领、产业转型、志智双扶,不断探索深度贫困地区脱贫致富奔小康的新路子,为高质量打赢脱贫攻坚战贡献了"文旅力量"。

2015年以来,文化和旅游部先后向巴马选派3名优秀干部担任巴马县委常委、副县长和驻村第一书记;广西文化和旅游厅先后向巴马派出6名扶贫工作人员担任驻村第一书记。一名又一名党员干部扎根基层扶贫一线,为巴马全域旅游发展和文旅扶贫工作奔忙,成为群众脱贫致富路上的"引路人"。

一个景区带动一个村

山清水秀、洞奇物美的巴马风景独好。但如何让好风景变成"钱景",让"开门见景"的群众拥有一条特色旅游脱贫致富之路?

"我从景区开发建设以来,一直在这里上班,每个月有2000元左右的收入",75岁的甲篆镇仁乡村村民老陈是洞天福地景区的一名清洁工,与他一起在此上班的还有儿媳妇小韦。

"在家门口就能上班,赚钱养家的同时还方便照顾孩子。"小韦告诉记者。如今,靠着勤劳的双手,他们一家建起新房、摘掉穷帽,日子越过越红火。

洞天福地景区是2018年广西壮族自治区层面统筹推进的重大项目,总投资6.3亿元,项目全部完工后能提供500个就业岗位,并通过景区辐射带动周边贫困村落的经济发展。

"景区属于村里面的资源,村子以资源入股,每年能拿到6万元的资金分红"。广西文化和旅游厅派驻仁乡村驻村第一书记说,由旅游公司带动群众务工就业,效果十分明显。

仁乡村通过"合作社+基地+农户""公司+合作社+农户"等方式,发展农业生态观光五彩田园建设项目,目前企业已和37户农户签订了协议,解决了28户贫困户45人的就业问题。

巴马县坚持"一个景区带动一个村发展",百魔洞景区所在的坡月村,百鸟岩景区所在的甲篆村,盘阳河漂流景区所在的甘水村等,通过村集体资金入股企业,企业每年给村集体分红120多万元,村民每年都能从企业分红的利润中受益。

"正常情况下,一个月能有1万元以上的纯收入"。自2016年开始,家住那社乡大洛村的小王到水晶宫景区停车场售卖土特产品,仅一年时间就脱了贫。

巴马县的部分景区通过统一标准规划建设了一批商铺,累计带动3.68万村民实现就业和创收。

凭借多年的探索,巴马给出了旅游脱贫致富的答案——通过"企业＋村集体＋农户""乡村旅游＋企业＋农户"等旅游扶贫模式多点发力,康养旅游助力脱贫发展格局日益显现。

资料来源 整理自《光明日报》,有改动。

思考:巴马旅游经济效益体现在哪些方面?巴马是如何实现旅游扶贫的?

第一节　旅游经济效益

健全旅游标准化工作机制和协调机制,加快相关国家标准制修订,完善行业标准、地方标准,推动企业标准和团体标准发展,提升标准质量,加强标准宣传贯彻和实施情况分析,继续在旅游领域开展标准化试点示范建设,推动旅游标准国际化。

在新发展阶段,必须实现旅游经济的高质量发展,牢牢把握旅游经济的发展效益与评价标准,推动旅游业健康发展,坚持正确的历史观、民族观、国家观、文化观,加强对旅游场所、旅游项目、旅游活动的导向把关,高扬主旋律、传播正能量。

一、旅游经济效益的概念

(一)经济效益

经济效益指人们从事经济活动所取得的有效成果同相应的劳动占用和消耗的比较,即从事经济活动的投入与产出的比值。

(二)旅游经济效益

旅游经济效益指旅游经济活动过程中的旅游有效成果同旅游劳动占用和消耗的比较。

$$旅游经济效益=旅游有效成果/旅游劳动占用和消耗$$

所谓劳动占用和消耗,是指旅游企业和部门在规划组织旅游活动,向旅游者提供旅游产品和服务过程中所占用和消费的物化劳动和活劳动,即成本与费用。旅游有效成果,是指旅游经济活动的最终产出。

二、旅游经济效益的范畴与分类

(一)旅游经济效益的范畴

一是研究各个旅游企业在经营活动中耗费与所得的关系,属于微观经济效益的范畴。例如,一个旅游企业、一个经营实体或者一个旅游项目的经济运行效益都属于微观经济效益的范畴。

二是研究旅游活动的开展对全社会的经济、文化及其他方面带来的正面和负面影响,属于宏观经济效益的范畴。

(二)旅游经济效益的分类

1. 旅游直接经济效益与间接经济效益

旅游直接经济效益是指旅游业投入的生产要素的费用与其取得的经济收入之间的数量比较关系。这是旅游企业和旅游部门衡量旅游经济效益的指标。旅游间接经济效益是指发展旅游业对国民经济中其他相关行业和部门乃至对整个国民经济的影响,形成全社会的间接经济效益。由于旅游业是具有较强的关联带动性的产业,旅游业的发展对其相关行业或部门乃至对整个国民经济都会带来一定的经济效益。我们在研究旅游经济效益时,不仅仅要考虑直接的经济效益,同时也要考虑间接的经济效益。

2. 旅游长期经济效益和近期经济效益

无论是旅游企业,还是旅游行业,都存在长期经济效益和眼前经济效益的关系。任何企业和部门为了求得生存和发展,首先都必须考虑眼前的近期经济效益,因为没有眼前的经济效益便无法生存和发展。但是这并非说,我们可以牺牲长远利益而单纯地盲目地追求眼前效益。因为单纯追求眼前效益,很容易造成对旅游资源掠夺式的开发,不考虑环境的保护和对社会的负面影响。实际上,如果我们不能从社会发展和环境保护的角度去发展旅游业,企业的长远利益也就无从谈起。因此,在当今的旅游经济活动中,任何企业都必须将眼前效益和长远利益统筹兼顾,综合考虑。

3. 旅游经济的正效益和负效益

旅游经济效益应该包括正负两个方面。当旅游业的投入大于产出时,就是负效益;当旅游业的产出大于投入时,就是正效益。对于旅游的社会效益和环境效益来说,有利于社会、环境的就是正效益,不利于社会、环境的就是负效益。

4. 旅游的微观经济效益和宏观经济效益

旅游微观经济效益也就是指旅游企业的经济效益。它是旅游企业在从事旅游经营活动时,对劳动的占用和耗费与劳动成果之间的数量对比关系。旅游宏观经济效益是指一个国家或地区在一定时期内,在发展旅游业过程中所有投入与产出之间的数量对比关系,即为发展旅游业所付出的各种成本与各种所得之间的数量对比关系。旅游微观经济效益与宏观经济效益之间是相互制约、相互影响的,体现着局部与全局的辩证关系。微观效益是宏观效益的基础,宏观效益必须以微观效益为前提和条件。有时二者也会发生矛盾,如一旅游景点的开发可能微观效益较好,但从宏观上来说,可能带来不利影响。因此,当微观效益和宏观效益发生矛盾时,微观效益要服从宏观效益的需要,即局部应当服从整体的需要。

三、旅游经济效益的特点

旅游业作为一个综合性的经济产业,有其自身的特点和运行规律。因此,旅游经济效益既有和一切经济活动相同的特点,又有区别于其他经济活动的不同特点。

(一) 旅游经济效益是微观经济效益与宏观经济效益的统一

旅游经济不仅体现旅游企业的经济效益,使旅游经济活动的主体及其组织得以生存和发展,而且还要体现整个旅游产业的宏观经济效益,并通过旅游经济活动及其较强的产业带动效应,把旅游经济活动所产生的经济效益辐射、渗透到其他产业和部门,带动整个社会经济的发展。

(二) 旅游经济效益的衡量标准是多方面的

在社会主义场市场经济条件下,旅游经济活动必须在充分满足人们旅游消费需求的基础上,取得合理的经济收入和利润,不断提高旅游业的宏观、微观经济效益。因此,从以上两方面来衡量旅游经济效益,可采用接待游客人数、旅游外汇收入、游客逗留天数、旅游收入等指标进行综合分析和评价。

(三) 旅游经济效益具有质和量的规定性

旅游经济效益的质的规定性,主要表现为取得旅游经济效益的途径和方法必须在国家有关法律、法规和政策的范围内和指导下,通过加强管理、技术进步和改善服务质量来实现。

旅游经济效益的量的规定性是指旅游经济效益不仅能用量化的指标来反映,而且还能通过对指标体系的比较分析,发现旅游经济活动中的问题,从而寻求提高旅游经济效益的途径和方法。

四、影响旅游经济效益的因素

影响旅游经济效益的因素是多方面的,既有主观因素,又有客观因素;既有宏观因素,又有微观因素;既有经济、技术因素,又有政策、法律因素;既有国内因素,又有国际因素等。因此,为了有效地提高旅游经济效益,就必须对影响旅游经济效益的主要因素进行科学的分析和研究。

(一) 旅游者数量及构成

在旅游经济活动中,旅游者是旅游活动的主体和旅游服务的对象,也是旅游活动产生的前提。旅游者数量的多少与旅游活动中所占用和耗费的劳动量之间存在着一定的比例关系。如果以较少的劳动占用和耗费，为更多的旅游者及时提供优质的旅游产品和服务，则旅游经济效益就好；反之，如果为一定的旅游者服务而劳动占用和耗费不断增加，则旅游经济效益就差。因此，旅游者数量的多少对旅游经济效益具有直接的影响。这种影响具体表现在以下两个方面。

一方面旅游经济活动中旅游者数量的增加，必然相应增加旅游收入，从而提高旅游产品和旅游服务的利用效率。

另一方面，旅游经济活动中的劳动占用和耗费，特别是表现为固定费用部分，在一定范围内会随着旅游者数量的增加而相对减少，于是在其他条件不变的情况下，旅游者数量增加，则对于每一个旅游者所花费的成本费用就相对减少，从而相应使旅游经济效益增加。

另外，由于旅游者来自不同的国家或地区，来自不同的经济阶层，来自不同的社会文化圈，因而具有不同的爱好、习俗、消费习惯及旅游支付能力，他们在旅游活动中的旅游消费和支出具有不同的构成和特点，从而对旅游经济效益也产生着重要的影响。例如，在旅游者数量既定的情况下，旅游者逗留时间越长，所需旅游服务项目越多，则每个旅游者的平均消费支出就越大，于是旅游目的地的经济效益就越高。因此，不仅旅游者的数量规模大小对旅游经济效益具有直接的影响作用；而且旅游者的结构状况也对旅游经济效益产生直接的影响。

（二）旅游物质技术基础及其利用率

旅游物质技术基础是各种旅游景观、旅游接待设施、旅游交通和通信、旅游辅助设施的总称。在旅游经济活动中，各种旅游物质技术基础与旅游经济效益具有直接的关系。通常，旅游物质技术基础条件好，则吸引的旅游者多，旅游收入多，劳动占用和耗费少，从而提高了旅游经济效益。因此，旅游业应适度超前地发展各种旅游设施，尽可能配备现代化程度较高的物质技术设备和手段，以提高劳动效率，减少劳动耗费，增加经济效益。配备现代化的旅游设施，为提高旅游经济效益奠定了基础。但是，要真正提高旅游经济效益还必须不断提高旅游物质技术设施的利用率。而提高旅游物质技术设施利用率，意味着花费在单位游客上的劳动占用和耗费减少，从而降低旅游成本，提高经济效益。

（三）旅游活动的组织和安排

旅游活动全过程涉及旅游者的食、住、行、游、购、娱等多方面的需求，这些需求是相互联系、衔接配套的。因此，在旅游活动中能否有效地提供旅游产品和服务，能否高质量地组织和安排好旅游者的旅游活动，直接影响旅游经济效益。例如，在其他条件既定情况下，如果旅游时间超过了计划安排，则势必增加旅游成本而减少旅游利润；如果旅游活动组织得单一、重复、枯燥，则可能产生负面影响，导致客源减少，效益下降；如果旅游服务质量不高，不能较好地满足旅游者的身心需求，就不能刺激旅游者增加旅游消费，从而也就无法增加更多的经济效益。因此，在旅游活动的组织和安排中，一定要针对不同旅游者的类型、需求特点、消费习惯等，有目的地规划和组织好旅游活动。尽可能在旅游时间安排上张弛结合,留有余地,保证旅游时间有效利用;在旅行线路上尽可能安排紧凑、内容丰富、生动有趣,提高旅游者的兴致,使其得到最大的身心需求满足;在旅游服务质量上,要礼貌谦和、服务周到,使旅游者真正能够高兴而来,满意而归。

(四)旅游业的科学管理

旅游经济效益的提高,最根本的是劳动生产率的提高,而劳动生产率的提高离不开现代科学管理。因此,必须科学地组织劳动分工与协作,把食、住、行、游、购、娱等方面衔接配套好,才能有效地提高劳动生产率。另外,劳动者是生产力诸要素中最活跃、最关键的因素,也是决定劳动生产率能否提高的关键,因而要积极培训和提高职工的业务技术水平,充分调动职工的劳动积极性和创造性,真正实现劳动生产率的提高。总之,对旅游经济活动的管理越科学、合理,职工的业务技术水平越高,职工对本职工作的责任心越强,则劳动时间的利用越充分,劳动效率就越高,创造的劳动成果就越多,于是旅游经济效益就越好。反之,如果旅游劳动效率低,则旅游劳动的成果就少,相应旅游经济效益也就差。

五、旅游经济效益的评价

(一)旅游经济活动的有效成果同社会需要的比较

旅游产品作为旅游者在旅游活动过程中所购买的物质产品、精神产品和服务的总和,同样具有价值和使用价值。只有当旅游产品能够有效地满足旅游者的需求,才能实现其价值。否则,不仅不能体现旅游产品的价值和使用价值,使旅游经营单位遭受损失,而且会因旅游者的反面宣传而使旅游产品失去更多的客源。因此,必须努力生产和提供旅游者满意且物美价廉的旅游产品,才能促进旅游经济效益的不断提高。

(二)旅游经济活动的有效成果同劳动消耗和占用的比较

作为旅游经营部门和单位,为了向旅游者提供旅游产品,必然要耗费社会劳动,占用资金,从而形成旅游经济活动的成本和费用。如果旅游经济活动只讲满足社会需求,而不计成本高低,则是违背经济规律的。因此,要讲求经济效益就必须把旅游经济活动的有效成果(主要是利润和税金)同劳动占用和消耗进行比较,以评价旅游经济活动的合理性和旅游经济效益的好坏。

(三)旅游经济活动的有效成果同资源利用的比较

旅游经济活动必须以旅游资源为基础,以市场为导向,充分有效地利用各种资源。通过把旅游经济活动的有效成果同旅游资源的利用相比较,可以揭示利用旅游资源的程度和水平,从而寻找充分利用旅游资源的途径和方法。另外,在利用旅游资源时,还要考虑对旅游资源的保护。因为旅游资源是一种特殊的资源,不论是自然景观还是人文风情,对其保护就是保持旅游产品的质量。如果自然生态环境恶化,人文风情遭受破坏,就直接表现为旅游产品质量的下降和损坏,就不能持续地带来旅游收入和经济效益。

(四)旅游经济活动的宏观效益与微观效益是否统一

任何一项旅游经济活动都必然涉及和影响旅游业的宏观效益和微观效益。旅游经济活动的微观效益主要指旅游企业的经济效益,其表现为旅游企业的经营收入与成本之间的比较,从而导致旅游企业必然把追求利润作为其行为目标。旅游经济活动的宏观效益是指整个旅游产业的整体效益,其不仅要讲求本产业的经济效益,同时还要考虑对社会经济所做的贡献和对生态环境的保护和改善。如果旅游经济活动只考虑旅游企业的经济效益,而不顾旅游业整体的宏观效益,则旅游企业持续的经济效益也是无法保障的。因此,讲求旅游经济效益必须把旅游经济活动的微观效益同宏观效益统一起来,才能保证旅游经济效益有效实现和提高。

第二节 旅游企业经济效益

思政引导

做强做优做大骨干旅游企业,稳步推进战略性并购重组和规模化、品牌化、网络化经营,培育一批大型旅游集团和有国际影响力的旅游企业。大力支持中小微旅游企业特色发展、创新发展和专业发展,营造公平竞争环境。支持旅游行业协会等中介组织积极发挥作用,为企业创业创新、交流合作、人才培养等提供平台服务。

思政内容

旅游企业作为旅游经济发展的主力军,加强旅游企业经济效益管理,能够增强市场主体活力,促使旅游业发展前景更加光明,提供更多就业机会,承担更多社会责任,增强学生的就业意愿,完善旅游经济发展体系。

一、旅游企业经济效益的概念

(一)定义

旅游企业经济效益是指旅游企业在旅游经济活动中,取得的经营收益同为了向旅游者提供旅游产品和服务而花费的物化劳动和活劳动的比较,也就是旅游企业的经营收益同成本的比较。

1. 旅游企业成本

旅游企业的成本是指旅游企业在生产经营旅游产品或提供旅游服务时所耗费的物

化劳动和活劳动的价值形态,也就是提供物质产品、精神产品和服务时所支出的全部费用。旅游企业的成本通常可以按照费用类别和成本性质进行划分。

(1) 按照费用类别划分。

按照费用类别,旅游企业成本可分为营业成本、管理费用和财务费用三大类。

(2) 按照成本性质划分。

按照成本性质,旅游企业成本可分为固定成本和变动成本两部分。

2. 旅游企业收益

旅游企业收益,是指旅游企业从事旅游经济活动所创造的利润和税收。它是通过出售旅游产品或提供旅游服务后所取得的营业收入,在补偿了旅游产品或服务成本以后的余额。从经济学意义上讲,它也是旅游企业为社会创造的新增价值。旅游企业的收益,是分析旅游企业经营状况和评价其经济效益的重要指标。

3. 旅游企业利润

旅游企业利润是指旅游企业的全部收入减去全部成本,并缴纳税金后的余额,它包括营业利润、投资净收益和营业外收支净额。

二、旅游企业经济效益分析

(一) 旅游企业经济效益的主要分析指标

1. 营业收入

(1) 含义。

营业收入是旅游企业在出售旅游产品或提供旅游服务中所实现的收入,包括基本业务收入和其他业务收入。

(2) 作用。

不仅可以反映企业经营规模的大小,而且反映其经营水平高低。

$$S = TS/P$$

式中:S——人均旅游营业收入;

TS——年旅游营业收入;

P——年职工平均人数。

2. 经营成本

(1) 含义。

经营成本指旅游企业在一定时期内为生产旅游产品而发生的各种消耗和支出的货币表现,即旅游企业的成本费用。

$$TC = C_0 + C_1 + C_2$$

式中:TC——旅游经营成本;

C_0——营业成本;

C_1——管理费用;

C_2——财务费用。

(2) 作用。

可以反映企业经营压力的大小。

3. 经营利润

（1）定义。

经营利润指旅游企业全部收入减去成本，并缴纳税金后的余额。包括营业利润、投资净收益和营业外收支净额。

（2）作用。

可以反映企业生存能力的强弱、经营效率的高低。

（二）旅游企业经济效益分析方法

1. 利润率分析法

（1）利润率。

利润率是反映一定时期内旅游企业的利润同经营收入、劳动消耗和劳动占用之间的相互关系，可从不同角度分析和评价企业的经济效益状况。

（2）具体指标。

①资金利润率。

$$资金利润率 = 旅游营业利润/(固定资金+流动资金) \times 100\%$$

$$R_m = \frac{TP}{M_g + M_l} \times 100\%$$

②成本利润率。

$$成本利润率 = 旅游营业利润/(固定成本+变动成本) \times 100\%$$

$$R_c = \frac{TP}{TC} \times 100\%$$

③销售利润率。

$$销售利润率 = 旅游营业利润/年旅游营业收入 \times 100\%$$

$$R_s = \frac{TP}{TS} \times 100\%$$

2. 损益平衡分析法

损益平衡分析法，又称盈亏临界点分析法。这是一种通过对企业成本、收入（销售量）和利润三者关系进行综合分析，由此确定企业的保本营业收入（不亏损条件下的最低收入或最低销售量），进而确定产品的销售收入与总成本相等的盈亏临界点并分析和预测一定收入水平上可能实现的利润水平的方法，亦称为量本利分析法。

一般情况下，影响企业利润的因素有两个：营业收入和经营成本。按照成本性质划分，经营成本又可分为固定成本和变动成本。

于是，营业收入 R、经营成本 C 与业务销售量 Q 之间的关系为：

$$R = PQ$$
$$C = C_v Q + C_f$$

利润（L）、收入（R）、成本（C）之间的关系为：

$$L = R - C = (P - C_v)Q - C_f$$

式中：P——单位产品价格；

C_v——单位变动成本；

C_f——固定成本。

当企业盈亏平衡时,利润 $L=0$,即 $R=C$,则在盈亏平衡点(又称保本点)上的经营业务量 Q_0 为:

$$Q_0 = \frac{C_f}{P-C_v}$$

我们将总成本 C、总收入 R 和总利润 L 线画在同一坐标系中,构成的图称为盈亏平衡分析图。

用盈亏平衡分析图来表达盈亏平衡点是一种直观、简易的方法。在盈亏平衡分析图 11-1 上,总成本线和总收入线之间的交点就是盈亏平衡点,该点所对应的横轴上的点表示盈亏平衡时的产销业务量,纵轴上的点表示盈亏平衡时的收入和成本,即收入等于成本。

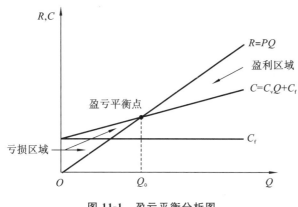

图 11-1 盈亏平衡分析图

了解企业盈亏平衡时的业务量和收入额,企业就可以科学地分析和预测目标收入和利润,科学地制定经营方案,促进旅游企业经济效益的提高。

例 11-1 一旅游公司开展某地风景点的十日游业务,由旅游公司为游客提供食、住、行等旅游服务。组团完成十日游所需全部固定费用为 6000 元,每位游客的全部变动费用为 800 元,问:

(1) 如果向每位游客收费 1000 元,至少有多少游客才能保本? 如果向每位游客收费 1200 元,又至少要有多少游客才能保本?

(2) 如果公司组团完成一次十日游的目标利润为 2000 元,收费标准为 1000 元/人,那么,至少要有多少游客才能实现这个利润? 如果收费标准为 1200 元/人,又至少要有多少游客?

解 已知 $C_f=6000$ 元,$C_v=800$ 元。

(1) 当 $P=1000$ 元时,$Q_0 = \dfrac{C_f}{P-C_v} = \dfrac{6000}{1000-800} = 30(人)$

当 $P=1200$ 元时,$Q_0 = \dfrac{C_f}{P-C_v} = \dfrac{6000}{1200-800} = 15(人)$

即向每位游客分别按 1000 元和 1200 元的标准收费时,要使企业经营保本,其相应的组团游客数分别至少须有 30 人和 15 人。

(2) 当 $P=1000$ 元时,$Q = \dfrac{C_f+L}{P-C_v} = \dfrac{6000+2000}{1000-800} = 40(人)$

当 $P=1200$ 元时，$Q=\dfrac{C_f+L}{P-C_v}=\dfrac{6000+2000}{1200-800}=20$（人）

即向每位游客分别按 1000 元和 1200 元的标准收费时，欲实现 2000 元的利润目标，其相应的组团游客数分别至少须有 40 人和 20 人。

3. 边际分析方法（最佳利润分析法）

边际分析方法又称为最大利润分析法，即引进边际收益（MR）和边际成本（MC）概念，通过比较边际收益与边际成本来分析旅游企业实现最大利润的经营规模的方法。

边际分析方法相关公式如下：

（1）L＝R－C（利润＝收入－成本）。

（2）MR＝MC 时才能取得最佳利润（边际收益等于边际成本时，所获得的利润为最佳利润）。

$$MR=TR2-TR1$$

式中：TR——收入总额；

TR1、TR2——报告期收入总额、基期收入总额。

$$MC=TC2-TC1$$

式中：TC——总成本；

TC2、TC1——报告期成本总额、基期成本总额。

4. 边际收益分析法

边际收益又称边际贡献、边际利润，指每增加一单位销售量所得到的收入对增加的成本的超过部分。

边际收益分析法就是通过对每增加一个单位的销售量所得到的收入对增加的成本的超过部分的多少来测量经济效益大小的方法。简言之，就是通过边际贡献大小来测量经济效益状况的方法。

（1）当 MR＞MC 时，说明增加一个游客（或出售单位产品）时，所增加的收入大于成本，因而还能增加利润，从而使旅游企业的总利润增加。因此，当 MR＞MC 时，可以继续扩大接待人数，以获取更多经济收益。

（2）当 MR＜MC 时，说明每增加一个游客（或出售单位产品）时，所增加的收入小于支出，即产生亏损，从而会使旅游企业的总利润减少。因此，当 MR＜MC 时，旅游企业应减少接待人数，以保证企业的经济收益。

（3）当 MR＝MC 时，说明每增加一个游客（或出售单位产品）时，所增加的收入与支出相等，即增加单位游客的利润为零。在这种情况下，旅游企业的总利润既不会增加，也不会减少，因而是企业实现最大利润的经营规模。

三、提高旅游企业经济效益的途径

旅游企业经济效益的好坏，不仅决定着其自身的生存和发展，而且直接影响整个旅游业的宏观经济效益。

（一）加强旅游市场调研，扩大旅游客源

旅游客源是旅游业赖以生存和发展的前提条件，也是增加旅游企业营业收入的重

要途径。因此,必须随时掌握旅游客源市场的变化,对现有客源的流向、潜在客源的状况,以及主要客源国的政治经济现状及发展趋势进行调查、研究和分析,以便有针对性地进行旅游宣传和促销,提供合适的旅游产品和服务,不断扩大客源市场,增加旅游企业的经营收入,提高经济效益,否则就会失去市场竞争力、失去客源。没有客源就没有旅游经济活动,也就无法实现和提高旅游企业的经济效益。

(二)提高劳动生产率,降低旅游产品成本

提高劳动生产率,就是要提高旅游企业职工的素质,加强劳动的分工与协作,提高劳动组织的科学性,尽可能实现以较少的劳动投入完成同样的接待任务,或者以同样的投入完成更多的接待任务,达到减少资金占用和人财物力的消耗、降低旅游产品的成本的目的。同时,提高劳动生产率还有利于充分利用现有设施,扩大营业收入,达到提高利润、降低成本、增加旅游经济效益的目的。

(三)加强经济核算,提高经济效益

旅游企业的经济核算,是旅游企业借助货币形式,通过记账、算账、财务分析等方法,对旅游经济活动过程及其劳动占用和耗费进行反映和监督,为旅游企业加强管理、获取良好的经济效益奠定基础。加强旅游企业的经济核算,有利于发现旅游经济活动中的薄弱环节和问题,分析其产生的原因和影响因素,有针对性地采取有效的对策和措施,开源节流,挖掘潜力,减少消耗,提高经济效益。

(四)提高旅游从业人员素质,改善服务质量

旅游服务质量的好坏,不仅表现在旅游景观是否具有吸引力,旅游活动的内容是否丰富多彩,旅游接待设施是否舒适、安全上,还体现在旅游从业人员的服务态度、文化素质和道德修养上。改善和提高服务质量就能满足游客的需求,促使他们增加逗留时间,增加消费,从而相应提高旅游经济效益。既然服务质量的好坏主要体现在旅游从业人员身上,因此必须提高旅游从业人员的政治素质、专业知识、业务技能和道德修养,这也是提高服务质量的保证。

(五)加强旅游企业的管理基础工作

不断改善经营管理良好的管理基础工作,不仅是改善旅游企业经营管理的前提,也是创造良好经济效益的重要途径。因此,加强旅游企业的管理基础工作,必须切实做好以下工作。一是要加强标准化工作,促使企业各项活动都能纳入标准化、规范化和程序化的轨道,建立良好的工作秩序,提高工作效率。二是要加强定额工作,制定先进合理的定额水平和严密的定额管理制度,充分发挥定额管理的积极作用。三是加强信息和计量工作,通过及时、准确、全面的信息交流和反馈,不断改善服务质量。并在加强计量

监督和管理前提下,不断提高服务质量、降低成本、提高经济效益。四是加强规章制度的制定和实施,严格各种工作制度、经济责任制度和奖惩制度,规范职工行为,促进经营管理的改善和提高。

第三节　旅游宏观经济效益

思政引导

国内旅游业蓬勃发展,水平不断提升,国际影响力、竞争力明显增强,文化和旅游深度融合,旅游创新能力显著提升,旅游无障碍环境建设和服务进一步加强,产业链现代化水平明显提高,市场主体活力显著增强,旅游业在服务国家经济社会发展、满足人民文化需求、促进社会文明程度提升等方面作用凸显。

思政内容

依据旅游经济的地位和作用,特别是旅游业的带动功能,认识我国旅游经济发展对于丰富人民精神世界、促进地区经济平衡发展、建成文化强国贡献重要力量,为基本实现社会主义现代化作出积极贡献。

一、旅游宏观经济效益的概念

（一）旅游宏观经济效益的含义

1. 定义

旅游宏观经济效益是指在旅游经济活动中,社会投入的活劳动、物化劳动及自然和社会资源的占用和消耗,与旅游业及全社会效益的比较。它包括广义与狭义两个方面的含义。

狭义的旅游宏观经济效益体现为整个旅游业的综合经济效益,各个旅游企业的微观经济效益之和构成旅游宏观经济效益。

广义的旅游宏观经济效益体现为包括旅游业在内的整个社会的经济效益。既包括旅游业本身直接获得的经济效益,又包括旅游业发展所带动的其他相关行业、部门的发展而产生的间接经济效益。

2. 旅游宏观经济效益的影响因素

（1）旅游经济发展模式。

不同的旅游经济发展模式决定了不同的投入与产出之间的关系。我国的旅游产业发展模式经历了从速度型向效益型转变的过程。在速度型的旅游产业发展模式下,旅游产业注重产业规模的扩张及增长速度,主要表现为重规模、轻效益,重速度、轻比例,重外汇收入、轻旅游结汇等,这种情况是一种典型的速度型发展模式。由于过分强调速度与规模,旅游产业的发展在一定程度上脱离了国民经济发展的现实,致使旅游投入较大而经济效益较小。而效益型发展模式注重的是旅游经济协调的比例、适当的速度和恰当的规模,并通过内涵扩大再生产实现综合经济效益的提高。在社会主义市场经济条件下,如果我国的旅游产业发展不能尽快实现向效益型发展模式的转变,这将对未来的旅游宏观经济效益产生不利的影响。

(2) 人员素质与宏观决策。

影响旅游宏观经济效益的另一个重要因素是宏观决策正确与否,即使旅游经济发展模式和管理体制科学、正确,但是,错误的宏观决策同样会影响旅游宏观经济效益的提高,但这种效益的提高是以破坏生态环境等不利于人类生态和发展的做法为前提的,是不可取的。旅游宏观决策的科学性一方面取决于体制和决策程序的科学性,另一方面也取决于决策人员的良好素质。宏观决策人员的素质是一个国家或地区形象的代表,是影响旅游产业发展和经济效益的重要因素。

(3) 旅游经济管理体制。

旅游经济活动所产生的经济效益总是在特定的经济体制约束下实现的,而行业管理体制对产业的发展影响更大。以行政管理为主和旅游经济管理与其运行部门、地区之间的分割,不仅割断了旅游经济的内在联系,同时加大了不必要的行政干预,不利于旅游宏观经济效益的提高。

(二) 旅游宏观成本

旅游宏观成本是指为开展旅游经济活动而形成的整个社会的耗费和支出,即旅游的社会总成本。旅游宏观成本也存在不同分类方法。

1. 有形成本和无形成本

(1) 有形成本是指为开展旅游经济活动而必须付出的直接成本,主要体现在经济上的支出。

(2) 无形成本是指为发展旅游业而导致社会、经济和生态环境等方面产生的消极影响,是开展旅游经济活动而支付的间接成本。

2. 私人成本、附加成本、相关财政成本

(1) 私人成本是指旅游者直接支付的成本。

(2) 附加成本是指旅游活动对社会产生的负面效应,包括直接附加成本和间接附加成本两大类。

(3) 相关财政成本是指政府为发展旅游业而用税收收入支出的费用。

(三) 旅游宏观收益

1. 旅游宏观经济效益

旅游宏观经济效益,是指旅游产业在旅游经济活动中,以尽可能少的劳动和资源的占用和耗费，获得尽可能多的经济效益、社会效益和环境效益。

旅游宏观收益，是反映通过开展旅游经济活动而为全社会带来的成果和收益。有形收益是指开展旅游经济活动而直接给社会带来的经济收益，它可以通过一定的方法统计和测算，无形收益是指发展旅游业给社会带来的难以测算的收益。

2．旅游经济活动所产生的宏观经济效益

旅游经济活动所产生的宏观经济效益主要包含以下几方面。

（1）旅游企业盈利。

（2）旅游企业及相关部门上缴的税金和外汇收入。

（3）相关部门、行业的发展与收益。

（4）旅游业及相关产业、部门就业机会的增多。

（5）促进地区、国家产业结构的改善。

（6）旅游活动给社会带来的不能以货币衡量的经济的、非经济的效益等。

二、旅游宏观经济效益的分析和评价

（一）旅游宏观经济效益评价指标

1．旅游创汇收入和旅游总收入

旅游创汇收入，是指通过开展旅游经济活动，直接从海外游客的支出中所得到的外汇收入。通常是以年度内旅游产业内部各部门（如旅行社、酒店等）的创汇总计来表示，货币单位统一使用美元。

旅游总收入，是指通过开展旅游经济活动从国内外旅游者的支出中所得到的全部收入，其反映了旅游产业发展的总规模收益，也是考核评价旅游宏观经济效益的重要指标。

2．旅游提供就业能力

该指标反映了旅游产业发展过程中，为社会提供的劳动就业人数的总量。

$$旅游提供就业能力 = \frac{一定时期直接、间接旅游就业人数增加量}{同期旅游经济增加量}$$

3．旅游投资效果系数

该指标是指旅游投资所获得的年利润额与投资总额的比值，是反映旅游投资效益的重要指标，又称旅游投资利润率或旅游投资回收率。

$$旅游投资效果系数 = \frac{投资年利润额}{投资总额}$$

4．旅游投资回收期

旅游投资回收期是指一项旅游投资回收的年限，是旅游投资效果系数的倒数，也是反映旅游投资效益的重要指标之一。

$$旅游投资回收期 = \frac{投资总额}{投资年利润额}$$

5．旅游带动系数

旅游带动系数是指旅游直接收入的增加对国民经济各部门收入增加的促进作用。

（二）旅游宏观经济效益的评价

旅游宏观经济效益的评价，主要是评价旅游产业的发展对整个国民经济发展的贡献。

1. 对旅游业自身经济效益评价

对旅游产业的自身经济效益的评价是旅游宏观经济效益评价的主要内容，即通过分析旅游业满足社会需要的程度，与发展旅游业所消耗的社会总劳动量之间的比较等来评价旅游业的宏观经济效益。

旅游业满足社会需要的程度，主要指通过对旅游业及相关产业的投资，最大限度地满足旅游市场的消费需求，通常使用接待旅游者数量、旅游收入、接待设施规模等指标来体现。

发展旅游业所消耗的社会总劳动量，主要指用于提供食、住、行、游、购、娱等多种旅游产品要素，而在基础设施、接待设施、游乐设施及旅游服务方面所花费的全部物化劳动和活劳动消耗，通常用旅游投资及经营成本来反映。对于这方面的分析评价一直是旅游经济研究中的薄弱环节，自1990年以来，世界旅游组织、世界旅游理事会等国际组织通过多年研究，已经建立"旅游卫星账户"来进行综合评价。

此外，分析旅游产业投资效果还可以通过投入和产出进行比较，具体就是用所有旅游接待单位的接待能力投资额、劳动生产率、资金利税率、投资效果系数及投资回收期等主要指标来反映，也可以通过编制旅游业的投入-产出表，计算旅游业的投入-产出的各种系数对旅游业自身经济效益的状况和水平进行评价。

2. 对旅游业的社会经济效益评价

旅游业是一个综合性的经济产业，与国民经济的其他许多部门有着紧密的联系，因此，对旅游业的社会经济效益评价，主要分析和评价其对相关产业的带动及对整个社会经济的促进作用。

对国民经济相关产业的带动，一般是通过计算旅游产业同其他相关产业的关联性、带动系数等指标来反映旅游业的重要作用。计算旅游业对其他产业的关联性、带动系数，通常是以投入-产出表为基础，通过计算旅游业对相关产业的影响系数和诱导系数，然后分析其对相关产业的带动力和影响力，从而分析和评价旅游业对整个国民经济的综合带动作用和贡献。

对社会经济的促进作用，一般是通过分析旅游创汇收入、增加就业机会，以及提高人们收入水平等指标来反映。尤其是通过分析和评价旅游业在外汇收支平衡、创造就业岗位、促进贫困地区脱贫致富、推动产业结构调整等方面的积极作用，可以使人们更好地认识旅游经济在国民经济中的地位。

通过上述两个方面的分析和评价，就可以评价旅游业关联带动功能强弱。尤其对于旅游资源丰富、具备发展旅游业的条件及关联带动功能较强的地区，可通过大力发展旅游业，带动相关产业的发展，从而促进整个国民经济发展。

3. 对旅游业的社会非经济效益评价

旅游业对社会经济的影响不仅体现在经济效益方面，还体现在非经济效益方面，如对环境的保护、优秀传统文化的弘扬、精神文明建设等。但是，由于旅游业对社会文化、环境保护、生态平衡、污染治理等方面的影响无法以具体准确的数据来反映,因此只能根据某些定性的判断来评价。为了在定性评价中增加评价的科学性,减少主观臆断,可组织有关专家利用德尔菲法或影子定价法对其各方面进行综合评价,使对旅游宏观经济效益的宏观评价结果尽可能接近和反映实际的情况。评价的指标包括:对恢复、保护和合理利用名胜古迹的影响;对传统艺术和文化遗产的作用;对人们思想和职业道德的影响;对当地居民消费方式的影响;对国内旅游的促进作用;等等。

三、旅游宏观经济效益的途径与方法

(一)改善宏观调控,完善旅游产业政策

旅游业与国民经济中许多行业和部门都是密切相关的,旅游经济活动的顺利开展必须得到其他相关部门行业的支持与配合;同时旅游产品和服务又是由多个旅游部门和企业共同完成的,客观上也需要这些部门和企业达到最优化的配合。因此,要提高旅游宏观经济效益,就要求国家不断改善和加强宏观调控,对整个旅游产业的发展作出统一的、科学合理的规划,制定和完善旅游产业政策,充分利用和发挥经济、行政、法律等调控手段,调动社会各方面的积极性,促进整个旅游产业的发展。

另外,由于我国现代旅游业起步较晚,基础薄弱,因此为了促使旅游业适度超前发展,不断提高经济效益,在完善旅游产业政策时,必须抓好以下几方面工作。

第一,要确立和完善旅游产业结构政策,明确旅游产业的发展重点及优先顺序,制定保证实现旅游产业发展重点的政策措施。

第二,制定旅游产业布局政策,运用区域经济理论推动旅游资源的区域开发,并从空间上对旅游业及其产业结构进行科学、合理的布局。

第三,健全旅游产业组织政策,建立反垄断、促进竞争的政策和机制,推动旅游产业的规模化经营,实现优胜劣汰。逐步引导旅游企业的联合经营,走产业集团化经营之路。

第四,倡导旅游产业技术政策,强化现代科学技术进步对旅游业发展的促进意义,制定推动旅游业科技进步的政策和具体措施,促进旅游业科技含量的不断提高。

(二)改革旅游经济管理体制,建立现代企业制度

提高宏观旅游经济效益,还必须对传统经济管理体制进行改革,按照市场经济的要求,建立适应社会主义市场经济的现代企业制度和旅游经济管理体制。

第一,在宏观旅游经济管理中,要做到政企分离,明确划分旅游行政管理部门和企业的权利和责任,充分调动旅游企业的积极性,提高旅游企业的经济效益。

第二,要改善旅游行业管理,促进行业管理的规范化和科学化,减少和杜绝行政管理部门对旅游企业正常经营活动的干预,促进旅游企业面向市场,在国家宏观调控下自负盈亏地从事各种旅游经济活动。

第三,必须加快国有旅游企业制度改革,建立适应社会主义市场经济要求的现代旅游企业制度,明确国有旅游企业所有者和经营者的地位和身份,促进企业行为规范化,建立合理的利益动力机制,调动各方面积极性,不断提高旅游经济效益。

（三）加快旅游设施建设，提高旅游服务质量

旅游业的发展和旅游宏观经济效益的提高，离不开旅游"硬件"和"软件"的建设。

所谓"硬件"，就是指旅游产业的基础设施和接待设施等方面。具体包括：第一，要对构成旅游经济活动的基本条件，如水、电、交通、通信等基础设施进行适度超前建设，为旅游者安全、快速地抵达和离开旅游目的地创造条件，满足旅游活动安全、舒适、方便的要求；第二，要抓好旅游产品的开发，在搞好生态环境保护的前提下，加快旅游景区景点的建设，不断完善各种旅游接待配套设施，努力开发对国内外旅游者具有吸引力的旅游产品，增强旅游目的地的市场竞争力。

所谓"软件"，是指旅游服务质量，即旅游从业人员的服务态度、服务技能和服务水平。旅游服务质量是旅游业的生命线，是旅游业发展过程中永恒的主题。因此，强调质量意识，抓好管理监督，不断提高服务质量，是改善旅游形象、增强竞争能力的关键。

（四）抓好旅游市场管理，加强法治建设

旅游业是一个新兴产业，涉及面广，因此在经济管理、行政管理及法治建设等多方面都有待进一步规范化和法治化。针对目前我国旅游市场建设和发展中存在的问题，应着重抓好以下工作。

第一，加快旅游业的法治化建设，建立健全旅游法规，使旅游业的发展有法可依，做到违法必究、执法必严，促进旅游业健康持续地发展。

第二，要依法规范旅游市场主体行为，提高旅游市场管理水平，严厉打击各种违法经营行为，制止各种不正当竞争手段，使旅游行业管理逐步实现法治化、规范化和国际化，加快与国际旅游市场的接轨，促进旅游服务质量和旅游经济效益的不断提高。不断完善各种旅游接待配套设施，努力开发对国内外旅游者具有吸引力的旅游产品，增强旅游目的地的市场竞争力。

案例分析

本章思考题

一、名词解释
旅游经济效益　旅游企业经济效益　旅游宏观经济效益

二、简答题
1. 旅游经济效益具有哪些特点？
2. 旅游经济效益的评价标准有哪些？
3. 旅游企业经济效益的衡量指标与衡量方法有哪些？
4. 旅游宏观经济效益包含哪些方面？

三、论述题
1. 阐述可以从哪些方面提高旅游经济效益。
2. 试述旅游宏观经济评价指标及评价内容。

四、计算题

1. 某酒店餐厅有餐座200个,每天应摊销的固定费用为1500元,每餐平均价格为25元,原材料消耗占销售价的40%,如不考虑营业税,试计算:①餐厅保本时的销售量;②餐厅每天保本时的销售额;③餐厅保本时的上座率。

2. 假设有一个80间客房的酒店,每日应摊固定费用为2500元,变动费用每间20元,营业税税率为5%,每间房价120元。试计算:①酒店每天的保本销售量;②酒店每天的保本销售额;③酒店的保本出租率。

3. 某酒店有客房200间,平均房价为100元,变动成本占房价的15%;餐厅每天平均销售600份饭菜,平均每份售价35元,其中变动成本占售价的40%;商品部每天平均销售商品200件,平均每件价格按25元计算,变动成本为20元。客房、餐厅和商品部固定费用分摊每天各为2500元、1800元和800元。试计算该酒店每天的保本销售额。

4. 现有两家不同的旅游酒店,其经营情况如下表:

项　　目	饭店 A	饭店 B
分摊的固定成本	12000元	6000元
销售价格	140元	140元
单位变动成本	40元	80元
销售量	120间	120间

试计算这两家酒店杠杆率测定度,并分析说明它们如何降低成本,增加利润。

本章思政总结

日前,中国旅游研究院发布《中国国内旅游发展年度报告(2022—2023)》,对国内旅游的市场规模、客源地、目的地和旅游流等进行了系统分析。报告表明,国内旅游人数较2020年快速增长,城镇居民和高学历人群是我国最主要的旅游客源市场,占比分别达到72.15%和42.27%。国内旅游呈现本地化、近程化特征,省内旅游客流占国内旅游客流的81.24%,且81%的省际旅游客流为相邻省份间的旅游流动。由此可见,旅游业将会迎来加快发展的机遇期,发挥出巨大的经济效益。旅游业具有带动作用大、投入产出比低、产业关联度高等特点,加快其发展既管当前又利长远,既促投资又助消费,既发展经济又绿色低碳。不能只将眼光盯在少数资源型或资本密集型产业上,要高度重视、立足长远,深入挖掘那些具有巨大增长潜力的现代服务产业,放大旅游经济的各种效益,推动市场经济高质量发展,实现绿色、协调、共享共同进步,为人民提供美好生活。

第十二章
旅游经济可持续发展

学习目标

1. 了解旅游经济可持续发展的相关概念。
2. 熟悉不同的旅游经济可持续发展模式。
3. 掌握新发展时期旅游经济可持续发展的相关发展措施。

思政引导

高举中国特色社会主义伟大旗帜,全面贯彻党的二十大精神,坚持以习近平新时代中国特色社会主义思想为指导。坚持稳中求进工作总基调,着力推动文化和旅游深度融合,着力完善现代旅游业体系,加快旅游强国建设,努力实现旅游业更高质量、更有效率、更加公平、更可持续、更为安全。

思政内容

可持续发展体现出和谐、发展、绿色、共享等理念,体现出人、自然、社会和谐共生,表现出一种责任与道德意识,提升学生对自然生态环境和人文社会环境的责任感与保护意识。

章前引例

以"冬奥"为引擎——助力冰雪旅游经济可持续发展

伴随着2022年北京冬季奥运会顺利开展,"冰墩墩"和"雪容融"火爆出圈,我国的体育旅游、冰雪旅游的发展迎来黄金时期,我们应当抓住这一千载难逢的机会,做好冰雪经济旅游发展战略布局,全面提升冰雪旅游产业影响力,促进北城冰雪旅游经济的可持续发展。

我国北方冰雪旅游经济发展具备得天独厚的优势:一是优异的自然禀赋,北部冬季积雪较深,气候较为适宜冰雪经济发展,例如张家口市崇礼区拥有华北地区最大的天然滑雪场,是我国发展滑雪产业最理想的区域之一;二是发达的交通通信,冬奥期间,不仅打造了奥运专列,同时各类高新技术设备,为冰雪旅游经济提供了完善的基础设施;三是我国冰雪旅游人数以及冰雪旅游收入逐年增长,说明我国冰雪旅游消费市场非常庞大,同时深厚的旅游消费潜力亟待挖掘。

但我国冰雪旅游发展较晚,冰雪经济可持续发展还面临着诸多问题:一是群众普及性较低,虽然全民热情,但大众的参与度十分有限。二是冰雪旅游品牌建设缺乏特色,冰雪旅游的品牌号召力相比往年不断攀升,但总体来看,张家口的冰雪旅游品牌建设仍然不够亮眼,品牌支撑效力较为有限,应打造专属自己的冰雪旅游国际品牌,提升冰雪旅游经济的内源力。三是冰雪专业人才储备不足,2022年冬奥会大约需要8万名冰雪专业人员,其中滑雪、滑冰教练需求近万人。有专家估计,到2024年全国雪场数量将达到1500家,冰雪专业人才缺口将达到约10万人。其中,滑雪、滑冰体育指导员、专业教练员全国预计需求近万人。此外,场馆运营和管理方面的人才也有较大缺口。冰雪专业人才储备不足已成为制约张家口冰雪旅游经济可持续发展的重要瓶颈。四是冰雪生态环境保护意识较淡薄,生态环境保护问题会伴随着当地冰雪旅游产业的高速发展而日益凸显。一些企业的管理者会被短期利益冲昏头脑,对冰雪生态环境保护的长远利益缺乏认识,过度消耗冰雪生态环境和冰雪自然资源。在相关法律法规和政策引导尚不健全的情况下,从业者、旅游者的环境保护意识和观念缺失势必会对冰雪生态环境保护造成不利影响。

当然,目前也有许多学者进行了冰雪旅游经济可持续发展的相关研究。学者张淑娟(2021年)针对冰雪旅游发展问题,提出了一系列持续发展措施:一是提倡全民健身,改善大众认知;二是加大社会和新媒体宣传力度;三是打造冰雪旅游创意品牌;四是建立并完善冰雪旅游协同开发机制;五是搭建国际交流合作平台,增强冰雪旅游国际竞争力;六是以市场为导向,构建可持续发展的四季旅游体系;七是开展冰雪特色教育,培养特色人才;八是搭建区域高校合作联盟平台;九是创建冰雪高端专业人才库;十是借鉴别国冰雪旅游经济可持续发展成功经验;十一是强化生态保护机制,增强生态保护意识。

发展冰雪经济需要拥有全新思维,打破时间、空间和行业的限制,群众、政府、行业、企业要同心协力,培育市场主体、优化产业结构、夯实发展根基,不断推动冰雪运动融入百姓日常生活,让冰雪消费的热火烧得更旺。

资料来源 张淑娟.冬奥视域下张家口冰雪旅游经济可持续发展路径研究[J].营销界,2021(Z2):13-15.

思考: 随着互联网的发展与直播的兴起,网红景点如雨后春笋,但其往往生命周期较短,只是昙花一现,而旅游给目的地带来的经济效益往往小于负面效益。你认为网红景点应如何做到旅游经济可持续发展呢?给出你的建议。

经过几十年的发展,旅游业已经发展成为世界上规模较大的产业,并显示出广阔的发展前景。但是当今世界正在经历百年未有之大变局,这是世界之变、时代之变、历史之变。当前,世界经济脆弱性更加突出,地缘政治局势紧张,全球治理严重缺失,粮食和能源等多重危机叠加,人类发展面临重大挑战。面对这些挑战,旅游经济如何增强韧性、实现可持续发展成为旅游业健康发展的重要问题。本章在阐述总结旅游业可持续发展的定义、特点、原则与目标、内容、意义的基础上,进一步介绍了世界各地旅游经济发展的不同模式及其特点,论述了中国旅游经济的超前型发展方式、推进式发展模式、跳跃式非均衡发展模式等内容;在总结旅游业发展现状和面临的问题基础上,为新发展阶段旅游经济可持续发展提供相关可行建议。

第一节　旅游经济可持续发展概述

思政引导

贯彻落实习近平生态文明思想,坚持生态保护第一,坚持文化引领、生态优先,把文化内涵融入旅游业发展全过程。适度发展生态旅游,实现生态保护、绿色发展、民生改善相统一。充分考虑生态承载力、自然修复力,推进生态旅游可持续发展。

思政内容

坚持"绿水青山就是金山银山"理念,通过发展旅游业促进人与自然和谐共生,稳步推进国家文化公园、国家公园建设,打造人文资源和自然资源保护利用高地。加强生态保护宣传教育,让学生在感悟大自然神奇魅力的同时,自觉增强生态保护意识,形成绿色消费和健康生活方式。

一、旅游经济可持续发展的定义

旅游经济可持续发展的定义比较权威的有两个。

一是 1993 年世界旅游组织《旅游业可持续发展:地方旅游规划指南》中的论述为"可持续发展的旅游是既顾及现时的旅游者和旅游地区的需要,同时又保障和增加未来的发展机会。为达到这个目标,在管理资源时应同时满足经济、社会和美学的需要,也要保存当地的文化传统、基本的生态发展、生物品种和生态系统。"

二是 1995 年制定的《可持续旅游发展宪章》中提出"可持续旅游发展的实质就是要求旅游与自然、文化和人类生存环境成为一个整体",即旅游、资源、人类生存环境三者统一,以形成一种旅游业与社会经济、资源、环境良性协调的发展模式。

总而言之,关于旅游经济可持续发展,比较有代表性的定义有三个。

(1) 保证从事旅游开发的同时,不损害后代为满足其旅游需求而进行旅游开发的可能性。

(2)满足当代人的旅游需求,又不损害子孙后代满足其旅游需求能力的发展。

(3)在全世界范围内实现旅游的环境资源保护目标、社会发展目标和经济发展目标相结合,在不超越资源与环境承载能力的前提下,促进旅游可持续发展,提高人类的生活质量。

国内探讨的"旅游经济可持续发展",其实质是经济效益、社会效益和环境效益相统一,旅游开发是以生态效益为前提,经济效益为依据,社会效益为目标,使旅游取得最佳生态效益、经济效益和社会效益的一种发展模式。综上,旅游可持续发展主要包括三个方面的内涵。一是公平性,强调本代人的公平、代际的公平以及旅游资源分配的公平。二是持续性,强调旅游资源的开发与旅游业的发展应在生态系统的承载能力之内,保持生态生命支持系统和生物多样性,保证可更新资源的持续利用,同时使不可更新资源的消耗最小化。三是共同性,强调把可持续作为全球发展的总目标,强调公平性和持续性是共同的,因此,为实现这一总目标必须采取全球共同的行动。

二、旅游可持续发展的表现形式

旅游业的内容丰富、形式多样,为维护旅游业可持续发展,满足现代旅游者对旅游环境的需求,同时又能达到保护环境、均衡生态系统的目的,将旅游可持续发展的表现形式归纳为以下几个方面。

(一)协调性

协调性作为旅游业发展的重要形式,集中体现在两方面。一方面,旅游经济发展与生态环境之间的协调发展。生态环境是旅游经济发展的重要保障和首要条件,生态环境为旅游业的发展创造了客观的物质条件,是旅游业持续发展的有效保障,在旅游业发展的同时最直接的体现就是经济发展突飞猛进,所以协调好旅游经济发展与生态环境之间的关系至关重要。另一方面,旅游业与社会之间的协调发展。社会是旅游业发展的载体,旅游业的发展离不开社会环境因素的影响。所以要保持旅游业的可持续发展,必须规范旅游行业的综合行为,保障服务质量,创造良好的社会形象,为旅游业的发展创造更广阔的发展空间,有效开发潜在客户资源。

(二)系统性

旅游业所涉及区域广,经营业务多,但都是社会这个大系统的一个组成部分,与其他行业或者其他经济活动是相通的。就当前旅游业的发展来说,各类人群、各个领域都共同推进着旅游业的可持续发展,对旅游业进行系统性管理能充分发挥各种资源、各个区域对旅游业的促进作用。系统性对旅游业发展规范化具有重要作用,独立的、超前的、单一的旅游发展形势不能形成规范化、系统性的旅游规模,其做法相对滞后,不仅不能满足当前较大需求的旅游市场,接纳大量的旅游人群,而且还阻碍了旅游业可持续发展目标的实现。

(三)普及性

在旅游业繁荣发展的今天,旅游早已不再是富人的一种生活方式,它没有年龄、区域的限制,已成为大众休闲娱乐的一种生活方式。由于改革开放的深入,出国旅游不再成为国人的奢望,出游线路明确、交通便捷、价格优惠等有利因素,使得各国的旅游业发展成为经济发展的重要推动力量。就我国而言,旅游业不断趋于大众化,其已成为我国第三产业发展的主要力量。

三、旅游经济可持续发展的特点

旅游经济可持续发展与传统旅游业发展相比,具有以下不同的特点。

(一)旅游经济可持续发展的目标是满足人们的多样化需求

旅游是一种满足人类精神文化需求和生态环境需求的高层次消费活动。旅游经济的可持续发展以满足人类的多样化需求为根本目标。特别是要积极强调那些有利于环境和文化的旅游活动,要积极为人们(特别是老人、妇女、儿童和后代)提供健康、安全的旅游环境和条件;要改变目前的消费模式,减少或避免那些对环境和文化造成危害的旅游活动,尽可能增加有利于持续发展的旅游项目。

(二)旅游经济可持续发展的重点是保护资源和环境

资源和环境的保护是旅游经济可持续发展的基本出发点。这一出发点建立在旅游资源生态环境的承载能力之上,要避免对自然资源、生物多样性和生态环境造成负面影响;要求旅游业的发展能够有效地维护地方特色、文化和旅游胜地的特色,避免对当地文化遗产、传统习惯和社会活动造成负面的影响。

(三)旅游经济可持续发展的前提是合理规划和开发

合理的规划和开发是旅游经济实现可持续发展的前提条件,是保护资源和环境的重要手段。要充分认识合理规划对旅游经济可持续发展的重要意义,从而在旅游业发展中认真、科学地制定好旅游业总体发展规划和旅游资源开发规划,尽可能使规划与可持续发展的目标一致。要认真评价和鼓励那些有利于环境和文化的旅游需求的发展,合理地开发和提供各种旅游产品,促进旅游供给多样化,提高旅游供给的质量。

(四)旅游经济可持续发展的保障是加强旅游行业管理

加强对旅游行业的管理要求建立高效有力的旅游管理机构来实现政府的职能,通过政府的主导作用和各种行业协会的配合,来提高旅游者和旅游企业对环境保护重要性的认识,建立旅游信息系统,来为旅游市场营销、旅游资源开发和旅游业运行监督提供信息,要及时开展科学研究,传播可持续发展的知识和环境方面的技术等。

四、旅游可持续发展的原则与目标

在1990年全球可持续发展大会上通过的《旅游持续发展行动战略》草案上,提及的旅游可持续发展目标主要有以下五个。

(1)增进人们对旅游所产生的环境效应与经济效应的理解,强化生态意识。
(2)促进旅游的公平发展。

(3) 改善旅游接待地区的生活质量。

(4) 向旅游者提供高质量的旅游经历。

(5) 保护未来赖以开发的环境资源。

随后,1995年的《可持续旅游发展宪章》和《可持续旅游发展行动计划》提出了旅游可持续发展理论的基本框架,包括18条原则和目标,如表12-1所示。

表12-1 可持续旅游发展的18条原则与目标

序号	原则与目标
1	旅游发展必须建立在生态环境的承受能力之上,符合当地经济发展状况和社会道德规范
2	可持续旅游发展的实质,就是要求旅游与自然、文化和人类生态环境成为一个整体
3	必须考虑对当地文化、传统习惯和社会活动的影响
4	为了使旅游对可持续发展作出贡献,所有从事这项事业的人们必须团结一致,互相尊重和积极参与
5	保护自然和文化资源,并评定其价值为我们提供了一个特殊的合作领域
6	地方政府要下决心,保证旅游目的地的质量和满足旅游者需求的能力
7	为了与可持续发展相协调,旅游必须以当地经济发展所提供的各种机遇作为发展基础
8	所有客观选择的旅游发展方案都必须有助于提高人民的生活水平;有助于社会文化之间的相互关系,并产生积极影响
9	各国政府和政府机构应该加强与当地政府和环境方面非政府组织的协作,完善旅游规划,实现可持续旅游发展
10	可持续发展的基本原则,是全世界范围内实现经济发展目标和社会发展目标相结合
11	环境文化易受破坏的地区无论现在还是将来,在技术操作和资金方面应予以优先考虑,以实现可持续旅游发展
12	提高那些与旅游可持续发展原则相协调的旅游形式,以及各种能够保证中期和长期可持续旅游发展的旅游形式
13	对旅游和环境负有责任的政府、政府机构和非政府组织应当支持并参与建立一个开放式信息网络,以便交流信息,开展科学研究,传播适宜的旅游和环境知识,转移环境方面的可持续发展技术
14	需要加强可行性研究,支持普及性强的科学试点工作,落实可持续发展框架下的示范工程,扩大国际合作领域的合作范围,引进环境管理系统
15	对旅游发展及负有责任的政府机构和协会、环境方面的非政府组织要拟定可持续发展框架,并建立实施这些方案的项目,检查工作进展,报告结果,交流经验
16	要注意旅游中交通工具的作用和环境影响,应用经济手段减少对不可再生资源的使用
17	旅游发展中的主要参与者,特别是旅游从业人员,应坚决遵守这些行为规范,这是旅游持续发展的根本所在
18	应采取一切必要措施,使旅游业的所有团体(无论当地的、国家的、还是国际的),都必须重视可持续旅游发展世界会议的内容和目标,执行由全体会议代表一致通过的《可持续旅游发展行动计划》

五、旅游可持续发展的内容

旅游可持续发展包含了旅游经济可持续发展、旅游生态环境可持续发展和旅游社会文化可持续发展三个基本要素,即在旅游发展过程中,既要保证旅游业的经济增长,又不能破坏环境,还要兼顾社会文化因素,尽量做到经济、社会、生态三者协调发展。旅游可持续发展是三者的交集(图12-1)。

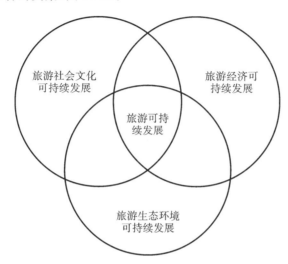

图 12-1　旅游可持续发展图

（一）旅游经济可持续发展

要求确保长远可行的经济运行模式,能公平地向所有利益相关者分配社会经济利益,包括向旅游目的地社区提供稳定的就业及创造收益机会、社会服务,以及致力消灭贫困;确保观光地点及旅游行业的生存能力与竞争力,使之足以持续发展以创造长远利益,最大限度地发挥旅游业对当地经济繁荣的贡献作用。

（二）旅游生态环境可持续发展

旅游生态环境的持续性,是指旅游业的发展必须建立在生态环境和资源的承受能力之上,以现实的旅游资源存量为基础,保证旅游资源的永续利用和旅游环境的保护与改善;是对资源进行全面管理的指导性方法,以有效运用资源,维护自然完整性以及生物多样性。

（三）旅游社会文化可持续发展

要求在制定旅游发展战略过程中,必须考虑旅游对当地文化遗产、传统习惯和社会活动的影响,要充分理解当地传统习惯和社会活动,要注意保护地方特色、文化和旅游胜地,尤其在发展中国家更是如此;尊重所在社区的历史传统、文化、习俗和独特性;扶持弱势群体,促进社会公平;消除性别歧视、种族歧视以及残疾歧视,为旅游者提供满意、充实的旅游体验。

六、旅游经济可持续发展的意义

旅游经济可持续发展作为一种新的旅游经济发展模式，对现代旅游经济和社会经济的发展都具有十分重要的意义。

（一）有利于对旅游资源的保护和持续利用

由于旅游资源的构成十分复杂，其中有许多不可再生的旅游资源，如珍稀濒危动植物、奇山异水、历史文化古迹等，对这些旅游资源的开发和利用的同时会伴随着资源受到破坏乃至消亡的危险，加之开发利用的技术较差、层次较低、保护不当，往往会导致这些旅游资源的毁损及特色的丧失。实施旅游经济可持续发展战略，有利于在做好保护工作的前提下，有计划、有重点地开发和利用对旅游者有足够吸引力的资源，并不断挖掘潜力，使有限的资源得到长久持续的利用。

（二）有利于经济与社会、环境协调发展

可持续发展是一种综合、系统的发展观。通过旅游经济的可持续发展，强调以旅游资源为基础，与生态环境承载能力相协调，努力降低自然资源的消耗速度，维护良好的生态环境及和谐的人与人、人与自然的关系，有利于实现旅游与自然、文化和人类生存环境的融合。

（三）有利于旅游市场的繁荣和稳定

旅游市场是旅游业得以存在和发展的前提。旅游经济可持续发展有利于减少旅游市场波动的不利因素，鼓励和维持旅游市场的稳定和繁荣。特别是各级政府把旅游经济可持续发展作为社会经济发展的重要问题而予以重视和考虑，制止和反对旅游市场中不利于资源利用和环境保护的行为，从而促进旅游市场繁荣、稳定、有序地发展。

（四）有利于促进旅游经济增长方式的转变

旅游业发展的重要前提之一就是要有充裕的客源市场。但是，追求接待旅游者人数的增长并不是无限度的。坚持旅游经济可持续发展，将促进旅游业转变增长方式，由单一地追求接待旅游者人数增长的目标转向追求旅游者规模、质量、效益等综合发展的目标，通过对旅游资源的深度开发和有机组合，丰富旅游活动的内容，提高旅游服务质量，扩大旅游活动范围，增强旅游目的地对旅游者的吸引力，进而提高旅游经济的综合效益。

（五）有利于促进贫困地区尽快脱贫致富

通过旅游开发扶贫，对具有丰富旅游资源和一定开发条件的贫困地区，有计划地进行旅游开发，不仅能带动贫困地区人民脱贫致富，加快贫困地区经济发展，缩小贫困地区与发达地区的差距，而且还能促进贫困地区认识到保护环境的重要性，自觉地保护生态环境，实现社会经济的可持续发展。

七、旅游经济可持续发展的一般性措施

(一)树立新观念,充分认识旅游经济可持续发展的重大意义

树立系统观、资源观、平等观、协调观与全球观的新观念(图12-2),宣传绿色、生态、协调等新发展理念,增强旅游可持续发展意识,努力实现旅游业的经济、生态、社会可持续发展相统一,让更多人认识并感受到旅游经济可持续发展的意义。

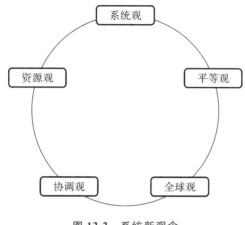

图12-2 系统新观念

(二)保护旅游生态

合理利用农村的特色旅游资源,依托当地生态环境,积极发展草原旅游、湖泊旅游、山川旅游等,同时借助历史文化资源,开发一大批特色古镇、古村,完善乡村旅游设施和旅游产品,增加乡村旅游的吸引力,推动乡村经济发展;加强对旅游工艺品、纪念品的创新设计,鼓励旅游用品的研发,推动旅游装备制造业的发展;充分借助文化、体育、信息、交通等行业优势,实现不同行业间的交叉互补,推动旅游产品和行业的发展。

(三)坚持旅游资源保护性开发

转变旅游业发展方式,要着重将简单粗放的发展模式向规模化、效益化转变,不仅要注重硬件设施的建设,还要优化服务和提高环境质量,实现旅游业与其他产业的融合发展。在景点建设开发时,要充分考虑当地生态环境的可持续发展以及对当地居民生活可能造成的影响,坚持保护为主的原则,适度、科学地开发生态旅游资源。

(四)采取行之有效的营销策略

旅游产品开发要从市场需求出发,同时采取有效的营销策略。要抓住人们对休闲旅游的内在需求开发休闲旅游产品,建设公共休闲设施,营造积极健康的休闲文化。例如,要遵循深化改革开放、实现可持续发展的理念,切实加强规划工作,在编制旅游规划时本着高标准、高要求的原则,做到专业、个性、创意和特色;要实施精品战略计划,加快重点景区建设步伐,将景区打造成集观光、度假、休闲、商务等多位一体的综合景区。

第二节　旅游经济可持续发展模式

思政引导

坚持生态优先、科学利用。尊重自然、顺应自然、保护自然，牢牢守住生态底线，增强生态文明意识，合理利用自然资源，加快推动绿色低碳发展。

思政内容

建设文明强国为旅游业明确了发展方向，也需要旅游业更加主动发挥作用。推进文明强国建设，要求坚持推进文化和旅游融合发展，顺应保护自然与人文。同时，选择正确的旅游经济发展模式，充分发挥旅游业在传播中国传统文化、展示现代化建设伟大成就、培育社会主义核心价值观方面的重要作用。

一、旅游经济发展模式的概念

旅游经济发展模式是指一个国家或地区在某一特定时期旅游业发展的总体方式。不同的国家或地区，由于国情或地区情况的不同，其旅游经济发展模式可能完全不同。

由于各国政策、经济上的差别，旅游业发展的情况差异较大。但从总体上讲，这些国家旅游业的发展与其经济基础、经济发达程度有着十分重要的联系，因此每个国家也形成了各具特色的旅游经济发展模式。

二、旅游经济发展模式的影响因素

决定和影响旅游经济发展模式的因素主要有以下几方面。

(一) 社会经济发展水平

不同国家或地区的社会经济发展水平存在着较大的差异。一般而言，经济发展水平的不同可能会影响一个国家对于旅游产业的依赖性以及发展模式的选择。

(二) 社会经济制度和经济发展模式

不同国家的经济制度和经济模式不同。从社会经济制度来说，当前世界上主要有两大类型：社会主义经济制度和资本主义经济制度。不同的经济制度，其经济发展的根本目的是不同的，对旅游业的发展模式会产生重大影响。从经济模式而言，世界上绝大多数国家实行的是市场经济模式。在市场经济模式中,又分资本主义市场经济模式和社会主义市场经济模式,分别对应于不同的所有制形式,这对旅游业的发展模式也会产生重大影响。其中资本主义市场经济模式又有不同的模式,比如美国的垄断主导的市场经济、德国的社会市场经济、日本的政府主导型的市场经济、法国的计划经济及瑞典的福利市场经济等。这些不同的社会经济制度和经济发展模式对该国的旅游经济发展模式会产生重要的影响。

(三) 旅游业形成时期和所处的发展阶段

如果旅游业形成时期早,其发展就具有较好的基础,而形成时期晚,则基础薄弱,从而决定不同的发展模式。中国旅游业起步相对较晚,所以选择了一条具有中国特色的旅游发展模式。

三、国外的旅游经济发展模式

由于各个国家在政策、经济上存在差别,旅游业发展差异较大。但从总的情况来看,这些国家的旅游业发展与其经济基础、经济发达程度有十分密切的联系。根据这些国家旅游业发展的情况,大致可以分为以下几种模式:以美国为代表的经济发达国家模式(美国模式);以西班牙为代表的旅游发达国家模式(西班牙模式);以印度为代表的欠发达国家模式(印度模式);以斐济为代表的岛国模式(斐济模式);以土耳其和以色列为代表的国家主导型发展模式(土耳其和以色列模式)。

(一) 美国模式

美国模式是经济发达国家发展旅游的模式。属于这一模式的国家的基本特征是:人均国内生产总值高;服务业在国内生产总值中所占比例高;旅游收入占商品出口总收入的比重为10%左右;国际旅游收入小于旅游支出,旅游国际收支平衡呈逆差。除美国外,属于这一模式的国家包括英国、法国、德国、加拿大、比利时、荷兰、挪威、日本等。

美国模式的主要特点有以下几点。

1. 旅游事业开展比较早,国内旅游与国际旅游都比较发达

发达国家由于经济发展水平高,旅游业的发展首先从国内旅游开始,随着社会经济的发展,国内旅游产业发展水平不断提高。然后,逐步经历由国内旅游到近程邻国旅游,再到远程国际旅游的常规发展过程。它们的国内旅游与国际旅游都发展到成熟阶段,国内旅游是整个旅游业的基础,这些国家既是主要的客源国,又是主要的接待国。

2. 发展旅游业以稳定经济、扩大就业、提高国家声誉为主要目标

虽然旅游业在这些国家是重要的产业部门,但追求外汇收入、平衡国际收支并非它们发展旅游的主要目标。这些国家更重视旅游业在政治文化方面的意义,更注重国家旅游业发展的总体规划,而且把发展旅游作为扩大就业机会、促进经济稳定的一种手段,提倡消除旅行障碍等。

3. 旅游行政管理以半官方旅游机构为主,而管理职能主要是推销与协调

由于这些国家旅游开展的历史比较长,旅游业比较成熟,各方面法规比较健全,因此相比之下旅游行政管理比较灵活,不直接从事或干预旅游企业的经营。

4. 旅游经营体制以公司为主导，以小企业为基础，行业组织发挥着重要作用

在这些国家中，由于多年的竞争形成了一些大的旅游公司、跨国公司，在旅游业经营中起主导作用，由于旅游业的发展比较均衡，旅游业又是由众多小企业组成，有着灵活的经营方式。

（二）西班牙模式

西班牙模式是旅游发达国家发展旅游的模式。这些国家的地理位置比较优越，与主要旅游客源国相毗邻；旅游资源丰富而独特，或是度假胜地，或是历史遗迹与风土人情旅游地；国民经济比较发达；服务业占其国内生产总值的比重大。除西班牙外，属于这一模式的国家有奥地利、瑞士、葡萄牙、希腊、意大利、摩洛哥、突尼斯、泰国、墨西哥、新加坡等。

西班牙模式的特点主要有以下几方面。

1. 把旅游业作为国民经济的支柱产业

这些国家依托地理位置与旅游资源的优势，旅游业已成为国民经济的支柱产业，一般国际旅游收入占其商品出口收入的10%以上，旅游业的收入相当于国内生产总值的5%~10%。

2. 旅游发展速度快

在这些国家中，虽然有的国家早就是驰名世界的旅游目的地国家，但大多数国家都是20世纪60年代以后才发展起来的，20世纪70年代以来旅游业持续高速发展，无论在国际旅游者接待人次上还是国际旅游收入上，其发展速度都高于世界旅游平均增长速度，也高于美国模式国家的平均增长速度。

3. 以大众市场为目标

由于这些国家的旅游资源集中，特点突出，而且又多靠近主要客源国，交通条件便利，因此这些国家的旅游业务多以邻国的大众旅游市场为主要目标，大多是邻国与本区域内的自驾旅游、周末旅游或短期度假旅游等。

（三）印度模式

印度模式是欠发达国家发展旅游的模式。在众多欠发达国家中，也有一些国家正致力于发展旅游业，以期通过开展国际旅游活跃经济，改变经济落后的状况。这些国家的国民经济相对落后，人均国内生产总值较低，农业仍是国民经济的主体，工业与服务业均处于较低水平。除印度外，属于印度模式的国家包括巴基斯坦、斯里兰卡、尼泊尔、孟加拉国、肯尼亚、坦桑尼亚、卢旺达与不丹等。

从旅游业发展的情况来看，其具有下列特点。

1. 有特殊的旅游资源，但旅游业的发展受其经济落后的制约

这些致力于旅游业发展的欠发达国家大多拥有一些独特的旅游资源，有发展旅游业的潜力，但由于国家资金短缺、旅游基础设施薄弱、人才缺乏等因素制约，旅游资源的潜力难以充分发挥出来。

2. 旅游管理体制不完善

这些国家虽设立了不同的管理机构，有的成立了独立或混合的部门或其他形式的

旅游组织,但由于对旅游业的认识不一致,旅游业的发展不稳定,因而往往得不到各有关部门应有的重视与支持。

3. 国有企业发挥着主要作用

这些国家为了发展旅游业,专门成立了旅游开发公司,从事资源开发和旅游服务设施的投资、建设与经营,由于旅游业规模小、范围窄,又涉及外汇收入与外国人的活动,这些国有公司在一定程度上占据着垄断的地位。

(四)斐济模式

斐济模式代表着岛国发展旅游的模式。这里的岛国不包括上面曾提及的诸如澳大利亚、日本、英国、新西兰等经济发达、面积比较大的岛国,而是指那些面积比较小、人口比较少、在历史上曾是殖民地的岛国。这些岛国经济状况差异也很大,但一般为中等或偏上,属于岛国模式的国家除斐济外,还有塞舌尔、马耳他、巴哈马、百慕大、牙买加、特立尼达和多巴哥、塞浦路斯、马达加斯加、马尔代夫、多米尼加与海地等国家。

斐济模式的主要特点有以下几个方面。

1. 有着发展旅游业的优越条件

岛国大多风光秀丽,气候宜人,是比较典型的阳光、沙滩和海水型的目的地。由于它靠近旅游客源国或地处交通要冲,又与西方发达国家政治、经济、文化等方面存在着长期、紧密的联系,有着比较充裕的客源市场。

2. 旅游业逐渐成为国民经济的支柱产业

虽然有些岛国早在殖民地时期就已是旅游胜地,但大部分国家的旅游业是在20世纪70年代大规模发展起来的。现在在这些岛国中旅游业已经成为外汇收入的主要来源、国民经济最重要的产业;旅游收入一般都占国家外汇收入的20%以上,旅游业是国家经济的支柱和最大的产业。

3. 旅游行政管理机构地位高

由于旅游业对国家经济有至关重要的作用,这些国家的旅游行政管理机构在政府中的地位一般都比较高,权限比较大,而且多由国家首脑和政府要员直接管辖。

4. 在旅游业的经营中外国公司发挥着重要的作用

这些岛国地域狭小、人才缺乏,在发展旅游业中利用大批外资并引进外国公司管理,有的国家的旅游业主要靠外国公司来经营。特别是旅馆业,外国的旅馆联号、旅馆管理公司或外籍人员起支配作用。

(五)土耳其和以色列模式

土耳其与以色列这两个旅游业发达国家,采用国家主导型(亦称中央政府主导型)旅游业发展模式,即以国家为中心,以中央政府产业政策为基础,以市场经济为依托,强有力地推动旅游业快速增长。土耳其和以色列模式的本质特点,是将国家和市场有机地结合起来,通过中央行政权力的强制性干预,使旅游经济实现有序繁荣和高速增长。

这一模式的具体特点有以下几个方面。

(1)具有优越的地理位置、丰富的历史文化资源和相对便利的交通条件,对国际游客具备较大吸引力。

(2)政府支持力度大,当地领导者会积极引导和开发会展旅游市场,通过举办国际性大型会议带动当地旅游发展。

(3)具有明显的依赖性和波动性,这一模式具有外向型旅游经济特点,存在过度依赖外国游客的特点,一旦国内外局势发生变动,对其旅游业将造成致命性的打击,脆弱性突出。

四、我国的旅游经济发展模式

我国旅游经济发展模式是在政府主导下的超前的、推进型发展模式,这是由我国的基本国情决定的。

(一)旅游经济的超前发展模式

世界旅游经济实践表明,各国在旅游发展模式上,可以有两种选择:一种是超前型发展战略模式;另一种是滞后型发展战略模式。

超前型和滞后型发展战略模式,是不同经济条件下的世界各国在旅游发展道路上的两种选择,具有一定的客观必然性。两种发展战略模式的运行环境和经济特点有着明显的差异。超前型发展战略模式的适应条件是:旅游的自然环境条件较好,旅游资源量大且旅游产品吸引力强。适应范围主要是:经济基础较好的沿海地区和旅游资源丰厚且开发程度较高的地区。由于超前型发展战略模式是建立在国民经济较低水平之上的,因此该战略追求的不是本行业内在的经济效益而是旅游经济的波及效益,即利用旅游经济的综合性的特点,通过对旅游业的高强度投入,全面带动国民经济相关行业的发展。旅游业的作用不仅是获取外汇和回笼货币,而且已成为经济腾飞的突破口。人们常说的"旅游搭台,经贸唱戏"就是这种战略下旅游业功能的形象化说明。

旅游业是伴随着我国对外开放政策的实施而发展起来的一个新兴产业。从产业运行环境来看,这种产业是建立在较弱的经济基础之上的,要使旅游业在短期内形成较强的产业体系,就要加大对旅游业的资金投入。因此,从短期效益分析,产业的投入与产出严重失衡,在这种情况下,旅游业本身所具有的"投资少、见效快、收益大"的经济特性难以充分体现。如果仅从旅游产业自身效益分析,在国民经济基础较弱的条件下,旅游产业的投入似乎是没有道理的。但是,如果从旅游产业的宏观功能去分析,以下三点是值得思考的。

首先,从 1978 年以后,我国逐渐打开国门,向全世界开放。实行对外开放政策,必须寻找一个开放的"切入点",而这个"切入点"就是旅游业。旅游业是一个具有特殊优势的外向型国际性产业,它的运行依赖世界范围的客源不断注入,通过旅游业的发展可以广泛地吸引世界各国的旅游者,向他们提供产品和服务。大量来自世界各国的旅游者通过旅游这个对外窗口,了解我国对外开放的方针、政策及投资的各种有利环境,有利于我国对外开放政策的落实。

其次,旅游业具有较强的综合性特点。旅游产业体系的形成,涉及众多的相关产业,对旅游业高强度的资金投入,可以带动一定区域范围内国民经济的全面发展。尤其是那些拥有较丰富旅游资源的地区,旅游业的带动作用更为显著。

最后,在中国经济大发展的历史时期里,需要借助国外的先进技术与设备。从国外引进技术与设备,就必须建立一大批创汇能力强、见效快的产业,以满足技术与设备引进对外汇资金的需要。与其他产业相比较,作为外向型产业之一的旅游业,在获取外汇方面,具有得天独厚的产业优势。大力发展旅游产业,在一个较短的时期内,可以得到一定数量的外汇流入,对于急需外汇又缺乏强有力创汇产业的国家,不失为一种行之有效的举措。

综上所述,中国旅游经济发展现状和基本国情,使得中国的旅游业发展必须采取超前型发展战略。按照这种发展战略模式,在评价中国旅游产业运行质量时,不能就其产业内在效益去评价,而应从旅游产业外部效益,特别是从波及与连带效益方面去评价,只有这样才能对中国旅游业发展作出客观的评价,提高对发展旅游业的认识。

(二)旅游经济的推进式发展模式

世界旅游业有两种发展模式:一种是国内旅游向国际旅游延伸的常规发展模式;另一种是国际旅游向国内旅游推进的非常规发展模式。所谓国内旅游向国际旅游延伸发展模式,是一种先发展国内旅游,通过国内旅游的发展、旅游地域的延伸,形成出境旅游,然后再发展国际接待旅游的模式。从社会经济背景来看,延伸发展模式的引入是内聚式生活消费方式的变化。在一些国家里,随着生产力水平的提高,科学技术的进步、工作节奏的加快,人们的生活方式也得到改变。在紧张工作和生活环境压抑下,人们需要暂时摆脱枯燥的城市生活环境,到大自然中寻求精神上的调整和体力上的恢复,于是旅游消费就成为这些国家居民生活消费的重要组成部分。最初,居民的旅游活动仅限于国内地域范围,随着国际政治经济关系的改善和旅游需求力度的增强,国内地域已不能适应旅游活动发展的需要,人们开始走出国门,去领略异国的自然风光和风土人情。发达国家以国内旅游为主的旅游结构,不仅充分满足了国内居民的旅游需要,而且伴随着国际旅游需求的增长,原先用于本国居民的旅游资源和旅游设施,也逐渐用于接待外国旅游者,从而出现了国内旅游与国际旅游协调发展的局面。

所谓国际旅游向国内旅游推进模式,是一种先发展国际接待旅游,然后发展国内旅游,随着社会经济的发展和人民生活水平的提高,再发展出境旅游,最终形成以国内旅游为主、国内旅游与国际旅游协调发展的模式。这是一种先发展国际接待旅游,通过国际接待旅游的发展,来全面带动以城市为主体范围内的旅游资源的开发、旅游设施的建设,逐渐形成以中心城市为重心的国际旅游体系。随着国内经济的发展,人民生活水平的提高,国内居民的旅游活动开始引入,成为这个体系的一个组成部分。

中国的社会条件、经济条件和消费条件决定了我国旅游业发展只能采用推进发展战略模式。采用这一模式使得我国旅游业发展具有以下几个基本的特点。一是旅游业发展以基础和资源条件较好的城市为中心,由旅游城市向其他地区推进,逐渐形成我国的旅游业体系。因此,旅游城市便构成中国旅游业发展的基本框架。不论是旅游资源的开发、设施的建设,还是线路的设置、区域的划分,都是以旅游城市为依托的。二是旅游资源的开发是以现存的自然与人文景观为基础,由观光型旅游资源为主向混合型旅游资源推进。因此,目前中国旅游目的地大多是由自然景观与人文景观较为丰富的地区所构成的。三是旅游的组织方式,是以全程旅游路线为主体,由路线型产品向板块型产品推进,逐步形成以路线型产品为基础、主题型产品与特种型产品为主体的旅游产品体系。四是旅游设施的建设以高等级为主体,由高档设施向中、低档设施推进,最终形成以中档旅游设施为主体,高、中、低相结合的旅游设施体系。

(三) 旅游经济跳跃式非均衡发展模式

旅游经济的跳跃式非均衡发展包含两层含义:跳跃式发展和非均衡发展。所谓跳跃式发展是指旅游业发展在历史阶段上的超越性,在较短的时间内走完常规发展的历程,这是在时间意义上的发展;所谓非均衡发展是指旅游业发展在地区布局上的不均匀状态,使旅游业在不同国家或地区的地位与作用不同,这是在空间意义上的发展。

从时间发展的意义上而言,中国旅游经济发展应充分利用国情特点,选择跳跃式发展战略,有可能较快地跨越单一的接待海外入境旅游者阶段,而进入接待海外入境旅游者和接待国内旅游者共同发展的阶段,从而形成具有特色的旅游产业发展道路。这一判断的依据如下。一是中国的旅游经济基础国情兼具发达国家与发展中国家的双重特征。一方面由于人口众多,造成人均水平的诸多指标在世界各国排序中处于较低水平,表现出不发达的特点;另一方面国家整体的经济实力并不弱,产业门类齐全,特别是旅游所依托的相关部门已粗具规模。旅游业是天然的外向型产业,国家总体对外的实力水平至关重要,我国的国家经济实力完全能够支撑我国成为入境旅游业的接待大国。二是中国旅游业的客源市场广阔丰富。目前中国远离欧美等主要国外旅游客源产出地,入境旅游规模受限。但从长远来看,我国拥有可替代的巨大新市场,表现在:拥有大量具有血统亲缘的华裔客源;拥有以日本、东南亚等为代表的邻近国家或地区的旅游客源市场;再加上国内发达地区自然产生和"示范效应"激发的数量可观的国内旅游者。多层次多渠道的巨大客源市场,促使我国旅游业实行跳跃式发展。

从空间意义上而言,国际上拥有旅游发达城市或国土面积相对狭小的国家,旅游业成为国民经济支柱产业甚至主体产业者不乏其例,如意大利、西班牙、奥地利、泰国、新加坡等。但是在美国、日本、德国等工业发达国家或旅游接待大国,旅游业都未成为支柱产业。从旅游业在我国总体发展中所处的地位进行判断,我国某些具备条件的地区和城市,如北京、西安、杭州、桂林、昆明、承德、深圳等,旅游业完全可能发展成为支柱产业。可以肯定,经过多方面的共同努力,旅游业同样可以成为主导产业或支持局部地区国民经济与社会发展的重要产业,并将对国民经济的全局发展产生积极的影响。

第三节　新发展时期的旅游经济可持续发展

思政引导

党的二十大报告指出,贯彻新发展理念,构建新发展格局。推动"十四五"时期高质量发展,为全面建设社会主义现代化国家开好局、起好步。贯彻党中央、国务院关于统筹推进经济社会发展工作的决策部署,及时、全面落实减税降费政策,充分利用好各项扶持政策,切实为旅游市场主体纾困解难,推动旅游经济可持续发展。

创新、协调、绿色、开放、共享要求在旅游业得到全面展现。明晰旅游业在新发展时期所面临的挑战,明确发生突发事件的处置措施,培育学生的问题意识。举办全校导游大赛,鼓励在校学生担任志愿景点讲解员,培养专业学生职业素养。

当今世界面临百年未有之大变局,旅游业发展环境正在发生深刻变化,急需重新审视"传统旅游发展模式"。旅游业需要在"可持续"理念引领下,落实《"十四五"旅游业发展规划》相关精神,秉持"以文塑旅,以旅彰文"主旨,充分发挥"旅游+"效能,深入探索高质量产业发展之路。可持续、高质量应该成为各国政府和业界共同追求的目标,而支撑这个目标的核心要义是建立以人为本、以游客为中心及需求导向的旅游治理体系,包括理念指引、方式创新、模式优化、管理科学、人才结构等,唯有从数量发展走向高质量发展,旅游业才能保持不竭动力,才能奠定旅游业在经济社会发展中的重要地位,才能不偏离可持续发展的战略目标。

一、新发展时期旅游业发展的"新变化"

(一) 旅游市场结构发生变化

疫情对旅游业的国内游、出境游和入境游三大市场造成重挫,旅游业消费心理、消费体验和消费倾向均产生相应变化。旅游市场供需两侧也发生重大改变,游客消费观念将会更加倾向于安全、自然、绿色和健康。从旅游体验来说,游客会更关注健康,青睐休闲、康养类型的旅游。消费频次的变化体现在自驾游、短途游、乡村游和家庭游会明显增长,成为旅游业新的增长点,为转型升级提供时机和方向。

(二) 旅游消费内涵发生变化

消费者对旅游服务和网络结合的要求进一步提高,助推5G、人工智能(AI)等网络信息技术与旅游服务的融合进一步深化,有利于解决旅游消费领域存在的供需数量和结构之间的不匹配问题,进而推动旅游业高质量发展。百度地图上线的"AI云旅游,足不出户看世界"体验,AI导游服务用户数达1亿,覆盖超过2000家景区。敦煌研究院推出的"云游敦煌"系列展,人们透过屏幕全方位地欣赏莫高窟一年四季的美景,全景式地浏览30个敦煌石窟的内景。国家博物馆以及各地区博物馆也运用AR/VR、AI技术对文物进行虚拟讲解,"复活"展览对象并与之互动,展示暂时无法展出的藏品,创建博物馆AR游戏以及AR馆内导航等一系列云游服务,充分满足人们的旅游需求。随着新一代网络信息技术不断发展及其在旅游业的应用程度和水平不断提高,文旅融合迎来新契机。线上虚拟旅游体验和线下沉浸式体验的旅游互动发展得到明显提速,新发展时期的旅游业将在线化、数字化和智能化加速中高质量发展。

(三)旅游产品升级趋势发生变化

长期以来,我国旅游产品存在着"大众化产品过剩,中高端产品不足"的问题,个性化、品质化旅游服务供给不足导致旅游业收益一直较低,企业之间竞争也主要依赖价格变化。旅游企业为提高在新发展时期旅游核心竞争力,将对旅游消费特点和倾向进行科学分析、合理预测,利用现代科技充分发挥产业融合优势,围绕文化、体育、健康、医疗等与文化相关的主题内容,以实现旅游产品的迭代创新。乡村度假、家庭休闲、医药康养等一批产业融合性旅游产品将会有着较大的增长空间。从旅游产品升级趋势来看,中短期内旅游产品创新会以"旅游+健康""旅游+科技"为主题,长期将呈现平台式创新的特点,旅游业态和服务产品会趋于多样化、品质化和个性化。

二、新发展时期旅游经济可持续发展的思路

(一)推进区域旅游协同发展

首先,加快旅游区域协同发展。推进实施长三角、京津冀以及川东北等区域旅游协同发展示范建设,联合设立旅游专项资金,整合各地旅游资源,共同推出面向不同消费群体的旅游枢纽、旅游产品及线路,加快形成旅游品牌互动体系,推进旅游业区域协同发展,积极开发有区域特色的品牌旅游产品,形成区域特色鲜明、需求层次多样的文化旅游产品供给体系。其次,积极发挥旅游协会作用,支持旅游企业建立旅游合作联盟,积极开展市场营销活动。再次,搭建旅游合作平台。搭建政府主导、企业合作的旅游合作平台,以国际旅游名城、国际特色旅游目的地和世界遗产为着力点,推进我国与"一带一路"战略沿线国家或地区跨境旅游合作,打造"一带一路"国际旅游精品线路,提升区域旅游竞争力。

(二)加快旅游业数字化转型

首先,完善旅游业基础设施和公共服务,优化旅游服务环境和配套设施,提升旅游服务水平,为国内外游客提供便捷语言服务和移动支付解决方案。其次,开发符合游客偏好的旅游产品,培育迎合新消费理念的康养旅游、生态旅游等新业态,挖掘我国旅游资源潜能。利用短视频直播建立旅游新业态的流量平台,为国内外游客提供线上虚拟景区观光服务,做好5G时代的新媒体运营。再次,加快旅游产业与新兴信息技术的融合,是推进旅游业转型升级的核心动力。要注重开发云产品,将旅游数据和产品迁移上云,为国内外游客提供线上云旅游产品等数字化服务,增加线上渠道的黏性。

(三)创新旅游服务营销方式

首先,各地区要结合旅游当地资源,制定有前瞻性的旅游营销宣传方案,利用现代互联网技术,充分挖掘旅游需求,发挥各类旅游推广联盟和机构、新媒体在旅游宣传的重要媒介作用,加快建设旅游消费示范城市。其次,开发、制定旅游的新路线、新产品、新元素,加大科技支持服务创新的力度,将景区亮点和新元素融入云游体验,提高景区云游产品的体验感,加强景点建设,提升景区和企业竞争力。再次,疫情导致游客消费

习惯发生重大改变,社交媒体工具在搜集景区、餐馆、住宿等城市旅游资源中的作用更加突出,引导公众参与到城市旅游形象传播中来,充分调动公众的积极性、参与性,旅游企业一定要利用互联网、5G、VR 和 AI 等技术加强旅游宣传营销。例如,发布短视频宣传片、线上直播等形式在全域范围内进行旅游形象宣传,提升旅游枢纽品牌和形象,打造全域旅游新形象,激发潜在旅游意愿。

三、新发展时期旅游经济可持续发展的措施

(一)适应旅游消费心理变化实现韧性增长

企业韧性的增长不仅要经受危机冲击,还有强大的抗冲击能力和化解冲击的能力。当前我国旅游市场将以国内游为主。旅游企业应重视市场消费心理行为变化。首先,受疫情影响,游客对旅游品质、安全的要求和期待逐渐提高,今后的旅游消费中可能会倾向于家庭式旅游、更高质量的深度体验旅游、康养旅游等。游客的线上消费倾向更加强烈,对线上旅游产品的多样性、个性化、便利化提出更高要求。其次,要善于利用大数据、云计算等技术进行信息收集、传递和存储,联合娱乐、购物、休闲及住宿、餐饮等行业构建旅游业供应链平台,协同上下游企业,聚集各类旅游要素,实现旅游资源供需精准匹配和流动,增强旅游业增长的韧性。

(二)加速旅游企业数字化转型进程

疫情期间涌现的数字旅游表现出明显的发展优势,将加速旅游业向数字化、智能化和社交化转型,催生出一批新的业态和模式,重塑游客消费观念与习惯。首先,发展数字经济成为推动旅游经济的优先选项,而 5G、人工智能、大数据中心等"新基建"工程与旅游业的融合将成为推动旅游经济增长的新动能。其次,在旅游数字化转型过程中,大型企业负责搭建旅游转型平台,中小型企业要积极融入线上云平台。加强企业云计算、数字化、智能化等数字化技术能力,帮助企业加快数字化转型、提升战略应变和数字化实战能力,建设智慧旅游企业。再次,加快推进全域旅游大数据城市建设,创新旅游管理,利用大数据搭建全域旅游综合应用和服务平台。利用大数据、人工智能、5G 等技术将全域旅游信息进行汇总并分析潜在旅游风险,为全域旅游提供有效智慧支撑。以大数据为支撑,围绕旅游基础设施、行业应用服务、旅游信息安全等关键领域,参考国家标准、行业标准和地方标准,提高旅游公共基础设施供给水平,构建全域旅游大数据服务标准体系,在挖掘游客潜在旅游消费需求时,保障游客权益。打造旅游企业数字化核心能力,主要包括数字化基础设施建设、数字化应用、大数据分析等功能,夯实企业数字化基础支撑,提高企业应对不确定性、动态环境的能力。

(三)加快开发康养加休闲旅游产品

疫情使全国各地旅游景区均受到极大冲击,游客更多地关注旅游的安全性,消费心理更加倾向自然环境。各景区应精准掌握这一变化,对其旅游形象进行重构,精准对接游客新的消费心理,以吸引游客。首先,应重视医疗、健康产业与旅游业融合发展空间。医疗健康产业本来就是我国消费服务业转型升级的核心领域,疫情使得公众的健康意

识大幅提升,健康旅游成为我国经济高质量发展的新增长点。其次,全力做好健康旅游的观念推广及理念导入,加大数据、科研等要素资源在旅游康养新业态中的投入,培育健康旅游的市场主体,拓宽健康旅游的国际合作范围。加强旅游与健康医疗、生态发展之间的合作,推进医疗旅游、康养旅游和生态旅游等融合发展,培育旅游产业新业态,精准迎合消费心理转变。

(四)营造放心安全旅游消费环境

首先,推进"智慧景区"服务提升工作,通过小程序或 App 对当地旅游资源和产品、元素进行整合,利用信息技术提升景区服务水平。其次,加大与高校深度合作,培育入境旅游服务专业人才,为游客在旅游购物、娱乐、住宿和餐饮方面提供便捷的多语种服务,提高旅游服务供给水平,改善旅游市场结构。再次,健全旅游企业信用体系建设,加强旅游市场监管,做好旅游企业信用等级公开工作,帮助游客合理选择消费对象。加快推进各地探索建设特色旅游商品无理由退换制度,为国内外游客提供放心的旅游消费环境。此外,疫情使得人们更加重视安全、健康的科学普及教育。旅游企业要抓住机会,围绕安全、放心、健康旅游主题,结合产业链条上下游企业推出"安心游"保障措施,发挥"安心游"在启动旅游市场中的关键作用,启动暂时被抑制的旅游消费需求,引发国内休闲度假旅游的重大机遇。

本章思考题

1. 谈谈旅游经济可持续发展的重要性。
2. 旅游经济发展模式主要有哪些?请查找资料,了解并学习还存在的其他旅游经济发展模式。
3. 比较中外旅游经济发展模式的特点。
4. 旅游经济可持续发展的具体措施有哪些?谈谈你对旅游经济可持续发展的看法。

本章思政总结

坚持绿水青山就是金山银山的理念,旅游经济发展需要以新发展理念为引导,完善生态文明旅游体系,健全旅游资源保护体制,绿色、循环、低碳发展迈出坚实步伐,促进旅游业发生历史性、转折性、全局性变化,我们的祖国天更蓝、山更绿、水更清,让旅游经济成为真正的"绿色经济"。

参考文献
References

[1] Jackman M, Greenidge K. Modelling and forecasting tourist flows to barbados using structural time series models[J]. Tourism and hospitality research, 2010, 10(1).

[2] Cisneros-Montemayor A M, Townsel A, Gonzales C M, et al. Nature-based marine tourism in the Gulf of California and Baja California Peninsula: Economic benefits and key species[J]. Natural Resources Forum, 2020, 44(2).

[3] Burkart A J, Medlik S. Tourism: past, present and future[M]. London: Heinemann, 1981.

[4] 程瑞芳.旅游经济学[M].重庆:重庆大学出版社,2018.

[5] 张琳.从旅游活动的动机看旅游的定义[J].旅游纵览(下半月),2015(16):45-46.

[6] 苏东水.产业经济学[M].3版.北京:高等教育出版社,2010.

[7] 唐开康.旅游产品的脆弱性及其对策研究[J].北京第二外国语学院学报,1996(3):45-49.

[8] 杨军辉.太白山国家森林公园旅游地生命周期分析与调控[J].干旱区资源与环境,2009,23(8):129-134.

[9] 吴承照,欧阳燕菁."双碳"目标下的旅游业环境责任[J].旅游学刊,2022,37(5):8-10.

[10] 徐斌.纵向一体化选择的动因:理论与模型[J].经济问题探索,2010(1):60-63.

[11] 保继刚,戴光全.评《区域旅游规划原理》[J].地理学报,2001(6):744.

[12] 陈道山,阮跃东.旅游经济学[M].3版.大连:大连理工大学出版社,2016.

[13] 迟景才.改革开放20年旅游经济探索[M].广州:广东旅游出版社,1998.

[14] 陈岩峰.近年旅游可持续发展研究综述[J].资源开发与市场,2009,25(1):91-93.

[15] 陈怡宁,张辉,朱亮.中国旅游经济研究发展与思考[J].生产力研究,2010(12):285-287.

[16] 杜江.旅行社管理[M].天津:南开大学出版社,1997.

[17] 丁玉平.旅游经济学[M].北京:机械工业出版社,2019.

[18] 范士陈.旅游经济学[M].北京:经济科学出版社,2018.
[19] 冯宗苏.我国旅游饭店业发展趋势与对策[J].管理世界,1986(5):194-198.
[20] 黄国良.旅游经济学[M].北京:中国旅游出版社,2017.
[21] 黄高原.有序引导文化和旅游领域绿色消费[N].中国旅游报,2022-01-28.
[22] 黄杰华.旅游经济的发展与环境保护之间的关系[J].老区建设,2009(22):13-14.
[23] 何玉荣,卢剑鸿.旅游经济学[M].上海:上海交通大学出版社,2016.
[24] 黄羊山.新编旅游经济学[M].天津:南开大学出版社,2010.
[25] 李炳义.旅游经济学[M].北京:高等教育出版社,2010.
[26] 李金铠.旅游经济学[M].北京:高等教育出版社,2022.
[27] 陆林,吕丽.《旅游规划原理》教材的内容组织[J].安徽师范大学学报(自然科学版),2011,34(4):386-389.
[28] 罗明义.现代旅游经济学[M].昆明:云南大学出版社,2008.
[29] 林南枝,陶汉军.旅游经济学[M].天津:南开大学出版社,2009.
[30] 刘玉琴.旅游经济学[M].北京:清华大学出版社,2016.
[31] 马海龙.旅游经济学[M].西安:宁夏人民教育出版社,2020.
[32] 马勇,周娟.旅游管理学理论与方法[M].北京:高等教育出版社,2004.
[33] 普国安,王静.旅游经济学[M].北京:中国旅游出版社,2016.
[34] 粟娟.旅游消费经济学[M].成都:西南交通大学出版社,2014.
[35] 田里.旅游经济学[M].3版.北京:高等教育出版社,2016.
[36] 谢彦君.对旅游学学科问题的探讨[J].旅游论坛,1999(S2):11-14,47.
[37] 吴必虎.旅游研究与旅游发展[M].天津:南开大学出版社,2009.
[38] 王大悟.科学发展观与旅游可持续发展[J].旅游科学,2005(1):1-5.
[39] 王潞,李树峰.旅游伦理、旅游环境保护与旅游可持续发展关系探讨[J].河北大学学报(哲学社会科学版),2009,34(2):62-65.
[40] 温秀.旅游经济学[M].西安:西安交通大学出版社,2017.
[41] 魏鹏,杜婷.旅游经济学[M].北京:北京大学出版社,2016.
[42] 王柱,李晓东.近30年中国旅游经济学文献分析——10种旅游学和经济学主要期刊发表的旅游经济类论文研究[J].旅游研究,2013,5(2):14-22.
[43] 杨爱华,苗长川.旅游经济学[M].北京:清华大学出版社,2009.
[44] 朱伟.旅游经济学[M].2版.武汉:华中科技大学出版社,2021.
[45] 张晓明.论旅游经济效益及评价[J].合作经济与科技,2013(17):21-22.
[46] 周振东.旅游经济学[M].5版.大连:东北财经大学出版社,2014.

教学支持说明

为了改善教学效果,提高教材的使用效率,满足高校授课教师的教学需求,本套教材备有与纸质教材配套的教学课件(PPT 电子教案)和拓展资源(案例库、习题库、视频等)。

为保证本教学课件及相关教学资料仅为教材使用者所得,我们将向使用本套教材的高校授课教师赠送教学课件或者相关教学资料,烦请授课教师通过电话、邮件或加入旅游专家俱乐部 QQ 群等方式与我们联系,获取"电子资源申请表"文档并认真准确填写后反馈给我们,我们的联系方式如下:

地址:湖北省武汉市东湖新技术开发区华工科技园华工园六路

邮编:430223

电话:027-81321911

传真:027-81321917

E-mail:lyzjjlb@163.com

旅游专家俱乐部 QQ 群号:758712998

旅游专家俱乐部 QQ 群二维码:

群名称:旅游专家俱乐部5群
群　号:758712998

电子资源申请表

填表时间：_____年___月___日

1. 以下内容请教师按实际情况填写，★为必填项。
2. 可以酌情调整相关内容提交。

★姓名		★性别	□男 □女	出生年月		★职务	
						★职称	□教授 □副教授 □讲师 □助教

★学校		★院/系	
★教研室		★专业	
★办公电话		家庭电话		★移动电话	
★E-mail				★QQ号/微信号	
★联系地址				★邮编	

★现在主授课程情况	学生人数	教材所属出版社	教材满意度
课程一			□满意 □一般 □不满意
课程二			□满意 □一般 □不满意
课程三			□满意 □一般 □不满意
其 他			□满意 □一般 □不满意

教 材 出 版 信 息			
方向一		□准备写 □写作中 □已成稿 □已出版待修订 □有讲义	
方向二		□准备写 □写作中 □已成稿 □已出版待修订 □有讲义	
方向三		□准备写 □写作中 □已成稿 □已出版待修订 □有讲义	

请教师认真填写下列表格内容，提供申请教材配套课件的相关信息，我社根据每位教师填表信息的完整性、授课情况与申请课件的相关性，以及教材使用的情况赠送教材的配套课件及相关电子资源。

ISBN（书号）	书名	作者	申请课件简要说明	学生人数（如选作教材）
			□教学 □参考	
			□教学 □参考	

★您对与课件配套的纸质教材的意见和建议有哪些，希望我们提供哪些配套教学资源：